**500 recetas fáciles,
rápidas y prácticas**

500 recetas fáciles, rápidas y prácticas

PLAZA JANÉS

Primera edición: octubre, 2006

© 2006, Canal Cocina, S. L. Unipersonal
© 2006, Random House Mondadori, S.A.
Travessera de Gràcia, 47-49. 08021 Barcelona

Printed in Spain – Impreso en España

ISBN-13: 978-84-01-37962-8
ISBN-10: 84-01-37962-8

Depósito legal: B. 37.701-2006

Fotocomposición: Lozano Faisano, S. L. (L'Hospitalet)

Impreso y encuadernado en Litografía Rosés, S. A.
Progrés, 54-60. Gavà (Barcelona)

L 3 7 9 6 2 8

Introducción

Todos hemos sido novatos en la cocina, empezando por nosotros mismos, cuando hace ya siete años nació Canal Cocina con vocación de ser el primer y único canal temático dedicado íntegramente a la gastronomía en su más amplio sentido.

Es una trayectoria bastante breve pero intensa, en la que Canal Cocina se ha convertido en todo un referente de la cultura del buen comer y beber. Pero también hemos tenido resbalones, en su gran mayoría graciosos, que nos han hecho aprender a hacer las cosas mejor a lo largo y ancho de nuestros programas: a más de uno se le ha destrozado una tortilla de patatas al darle la vuelta, cuando sólo quedaba cortarla y emplatarla ante las cámaras; algún chef experimentado ha echado la cáscara del huevo en aceite hirviendo convencido de estar haciendo lo correcto; flanes imposibles de desmoldar, que tuvimos que sacar a golpe limpio para poder terminar la grabación... en fin, grandes y pequeñas cosas que forman parte de la memoria colectiva del equipo de Canal Cocina y que nos hacen reír cuando nos acordamos de ellas.

Lo mismo te sucederá a ti cuando, casi sin darte cuenta, sólo llevando a la práctica algunas de nuestras recetas, te veas convertido en el mejor cocinero entre tus familiares y amigos. Entonces, como nosotros, recordarás con una sonrisa tus «torpezas» de principiante.

Si *Recetas para todos* fue una recopilación de las mejores recetas del canal y *Un menú para cada día del año* nos ofrecía menús diarios sanos, equilibrados y económicos, *500 Recetas fáciles, rápidas y prácticas* es el libro perfecto para todos los niveles de destreza culinaria, desde quien no ha cogido un cacharro de cocina en su vida, hasta quien tiene mayor habilidad pero poco tiempo para ejercitarla. *500 Recetas fáciles, rápidas y prácticas* es una recopilación de recetas sencillas y sugerentes que te acompañarán desde que haces la compra hasta que te sientas a la mesa, ya sea para comer solo o acompañado.

El tercer libro de Canal Cocina pretende ayudar a todas aquellas personas que se enfrentan al arte de cocinar por primera vez en su vida, o a aquellos que, aunque lleven una vida frenética, no renuncian a comer bien y variado. Estudiantes, recién casados, separados... pero también «cocinillas» de todo tipo, muy liados, pero con ganas de lucirse ante sus invitados. Ofrecemos en estas páginas nuestras mejores recetas, las más fáciles y originales, las más rápidas, para que todo el mundo se acerque a la cocina sin miedo y, poco a poco, aprenda a sentir pasión por los fogones. Esa es nuestra intención, porque al fin y al cabo, comer es una de nuestras principales necesidades del día a día, y comer bien y sabroso es lo que te proponemos.

¡Que aproveche!

MANDI CIRIZA
Directora de Canal Cocina

Acelgas a la cazuela

Ingredientes
Para 4 personas

1 kg de acelgas
1 chorizo de guisar
1 patata
2 ajos
pimentón

1 dl de tomate triturado
harina
aceite de oliva virgen extra
sal

Elaboración

1. Corta un poco del tallo de las acelgas y trocea la parte verde.

2. Pela y corta en trozos la patata.

3. En una olla con agua hirviendo, incorpora las acelgas y la patata, sazona y déjalas cocer durante 12 minutos.

4. Una vez cocidas las acelgas y la patata, escúrrelas y resérvalas.

5. Por otro lado, pela y corta en láminas el ajo y corta en rodajas el chorizo.

6. En una cazuela puesta al fuego con aceite, dora los ajos fileteados y saltea el chorizo.

7. Agrega a la cazuela una cucharada de harina, una pizca de pimentón y el tomate triturado.

8. Rehoga el conjunto e incorpora las acelgas cocidas con la patata.

9. Rectifica de sal si fuera necesario.

10. Por último, sube un poco el fuego y deja hervir el plato 1 minuto más.

11. A continuación, sirve el plato muy calentito directamente de la misma cazuela.

Aguacates veraniegos

Ingredientes
Para 4 personas

4 aguacates
1 loncha de salmón ahumado
4 langostinos cocidos y pelados
1 bote de mayonesa

unas cucharadas de ketchup
el zumo de media naranja
unas yemas de espárrago

Elaboración

1. Parte los aguacates por la mitad y sácales el hueso.

2. Con cuidado, y con ayuda de una cucharita, saca parte de la pulpa del aguacate, dejando una parte pegada a la piel (cáscara).

3. Trocea en dados la pulpa del aguacate que has sacado.

4. Corta el salmón en tiras.

5. En un bol incorpora el aguacate, el salmón y los langostinos troceados.

6. En otro recipiente prepara una salsa rosa con la mayonesa, el ketchup y el zumo de naranja y mezcla todos los ingredientes muy bien.

7. Incorpora esta salsa preparada al bol con el aguacate y mézclalo todo muy bien.

8. Rellena cada mitad de aguacate (la cáscara) con esta mezcla y sirve dos mitades por persona en un plato.

9. Decora cada plato con las yemas de espárrago.

Albóndigas con salsa de setas

Ingredientes
Para 4 personas

500 g de carne de ternera picada
100 g de champiñones
75 g de setas de cardo
1 ajo
2 rebanadas de pan de molde
2 huevos
75 g de beicon

1 vasito de leche
sal
pimienta negra
harina
aceite de oliva virgen extra
media copa de vino oloroso

Elaboración

1. Desmenuza las dos rebanadas de pan de molde.

2. Pela el ajo y pícalo.

3. Pica el beicon.

4. Casca en un bol 2 huevos y bátelos.

5. Pon en otro bol el pan de molde desmenuzado con la leche.

6. Incorpora a la mezcla anterior los huevos batidos, la carne picada, el ajo picado, la sal y la pimienta.

7. Mezcla a mano todos los ingredientes del bol hasta que obtengas una masa consistente.

8. Con la masa forma bolitas con las manos y, a continuación, reboza cada una de ellas en harina.

9. Pon una cazuela con aceite al fuego y dora las bolitas (albóndigas) agregando el beicon picado anteriormente.

10. Lava las setas y córtalas en tiras.

11. Lava los champiñones y córtalos en cuartos.

12. Una vez cortados las setas y los champiñones, agrégalos a la cazuela en la que estás cocinando las albóndigas.

13. Incorpora el vino a los ingredientes de la cazuela y deja que se evapore el alcohol.

14. Cubre a continuación el contenido de la cazuela con agua y deja cocer todo durante 15 minutos.

15. Retira la cazuela del fuego y sirve las albóndigas en una fuente, salseándolas por encima.

Albóndigas de atún

Ingredientes
Para 4 personas

500 g de carne de atún fresco
2 rebanadas de pan de molde
1 dl de leche
2 ajos
2 huevos

perejil picado
1 cebolla
2 dl de salsa de tomate
aceite de oliva virgen extra
sal

Elaboración

1. Pela la cebolla, trocéala y, a continuación, tritúrala con la batidora.
2. Rehoga la cebolla triturada en una sartén puesta al fuego con un poco de aceite de oliva.
3. Por otro lado, corta una porción de atún fresco y trocéala.
4. Incorpora también el atún al vaso de la batidora y tritúralo ligeramente.
5. Pela y pica los ajos.
6. Vierte los ingredientes triturados en un bol y añade la miga del pan de molde, la leche, el huevo batido y los ajos picados.
7. A continuación mezcla muy bien todos los ingredientes del bol y sazónalos.
8. Con esta mezcla forma las albóndigas con la ayuda de dos cucharas.
9. Dora las albóndigas en una sartén puesta al fuego con un poco de aceite. Una vez fritas deja que escurran el aceite que les sobra en un plato previamente cubierto con papel de cocina absorbente.
10. Sirve las albóndigas en una fuente y añádeles la salsa de tomate caliente.
11. Decora el plato con perejil picado por encima.

Albóndigas de cordero en pepitoria

Ingredientes
Para 4 personas

500 g de carne de cordero picada
2 rebanadas de pan de molde
1 dl de leche
harina
2 huevos cocidos
menta seca
½ l de caldo de carne
2 ajos

1 cebolleta
1 dl de vino blanco
50 g de almendras en polvo
perejil
sal
pimienta
aceite de oliva

Elaboración

1. Pela la cebolleta y los ajos.
2. Desmenuza las dos rebanadas de pan de molde.
3. Pela los huevos cocidos y separa las yemas de las claras.
4. Pica la menta seca.
5. Pica la cebolleta y los ajos con la ayuda de un cuchillo y rehógalos en una cazuela puesta al fuego con aceite de oliva.
6. Sazona los ingredientes de la cazuela. Incorpora el vino blanco y deja que evapore el alcohol al fuego.
7. A continuación, añade el caldo de carne y cocínalo hasta que hierva.
8. Por otro lado, en un mortero maja la miga de pan, la yema de huevo y la almendra en polvo y añádelo todo a la cazuela.
9. En otro bol, remoja en leche el pan de molde desmigado y añade la carne picada a esta mezcla.
10. Adereza la mezcla del bol con sal, menta seca picada y pimienta.
11. Forma albóndigas con la mezcla del bol. Pásalas por harina para, a continuación, freírlas en una sartén con aceite caliente.
12. Una vez fritas las albóndigas, incorpóralas a la cazuela y cocina todo el conjunto a fuego lento durante 20 minutos.
13. Sirve las albóndigas en una fuente y decóralas por encima con huevo duro picado y perejil.

Albóndigas de jamón y queso

Ingredientes
Para 4 personas

media taza de semillas de sésamo
100 g de jamón de york en
   taquitos

100 g de queso para untar
50 g de queso rallado

Elaboración

1. En un bol mezcla la crema de queso, el queso rallado y los taquitos de jamón de york.
2. Con la mezcla obtenida, forma bolitas (albóndigas) con la ayuda de una cuchara.
3. A continuación, reboza las albóndigas en las semillas de sésamo.
4. Mete las albóndigas rebozadas en la nevera por espacio de una hora.
5. Transcurrido el tiempo indicado, sírvelas en una fuente y ¡a la mesa!

Albóndigas de merluza y pulpo

Ingredientes
Para 4 personas

400 g de carne de merluza limpia
100 g de pulpo cocido
1 rebanada de pan de molde
1 huevo
1 puerro

1 dl de leche
200 g de tomate triturado
harina
aceite de oliva
sal

Elaboración

1. Incorpora aceite de oliva en un cazo puesto al fuego y saltea el puerro, una vez lo hayas limpiado y picado.

2. Sazona el puerro y agrégale el tomate triturado.

3. Baja el fuego y deja que se vaya cocinando lentamente el tomate con el puerro.

4. Tritura la carne de merluza y el pulpo cocido con la batidora. Incorpora ambos ingredientes en un bol y mézclalos con la miga de pan y la leche.

5. Ve formando las albóndigas con la mezcla anterior y con la ayuda de dos cucharas.

6. Pasa las albóndigas por harina y fríelas en una sartén puesta al fuego con aceite moderadamente caliente.

7. Una vez fritas las albóndigas deja que escurran el aceite que les sobra en un plato previamente cubierto con papel de cocina absorbente.

8. Sirve las albóndigas en una fuente y acompáñalas con la salsa de tomate caliente.

9. ¡Disfruta el plato!

Albóndigas de pavo y beicon

Ingredientes
Para 4 personas

500 g de carne de muslo de pavo
2 rebanadas de pan de molde
1 dl de leche
2 ajos
50 g de beicon picado
1 huevo

perejil
1 cebolla
2 dl de caldo de ave
harina
aceite de oliva virgen extra
sal

Elaboración

1. Pica la cebolla en tiras y rehógala en una sartén con aceite a temperatura media.

2. Una vez que la cebolla esté dorada añade en la sartén la harina y el caldo de ave.

3. Deja hervir 10 minutos la cebolla, la harina y el caldo de ave. Sazona este sofrito; una vez listo, retíralo del fuego y resérvalo.

4. Pica la carne de muslo de pavo (si no tienes un picador de carne o una batidora con suficiente potencia para picar la carne, pídele al carnicero cuando la compres que te la pique) y mézclala con el pan de molde, la leche, el huevo batido, el beicon picado, el ajo picado y el perejil picado.

5. A continuación forma las albóndigas de pavo y fríelas en una sartén con aceite caliente.

6. Una vez fritas las albóndigas, añádelas al sofrito de cebolla y hiérvelas suavemente dos minutos antes de servirlas.

7. Sirve el plato.

Albóndigas de pollo con anacardos

Ingredientes
Para 4 personas

2 pechugas de pollo	1 ajo
1 rebanada de pan de molde	2 pimientos verdes
50 g de anacardos	aceite de oliva
1 dl de leche	sal

Elaboración

1. Maja los ajos y los anacardos en un mortero.

2. Vuelca la mezcla anterior en un bol.

3. En ese mismo bol incorpora el pan de molde y la leche y, a continuación, mézclalo todo muy bien.

4. Pica la pechuga de pollo (si no tienes un picador de carne o una batidora con suficiente potencia para picar carne, pídele al carnicero, cuando la compres, que te la pique) y añádela a la mezcla del bol. Salpiméntalo todo.

5. Con la mezcla anterior preparada, forma las albóndigas de pollo.

6. Fríe las albóndigas en una sartén con aceite de oliva caliente y no las retires hasta que estén doradas.

7. En otra sartén con aceite, fríe los pimientos verdes cortados en tiras.

8. Seca el exceso de grasa, tanto de las albóndigas como de los pimientos, en un plato cubierto con papel de cocina absorbente.

9. Sirve el plato.

Alitas de pollo empanadas

Ingredientes
Para 4 personas

1 ¼ kg de alitas de pollo
salsa de soja
4 ajos
½ kg de cebolla
2 dl de tomate triturado
harina

1 huevo
pan rallado
aceite de oliva
perejil picado
azúcar
sal

Elaboración

1. En un bol incorpora aceite de oliva, el ajo, una vez picado, la salsa de soja y el perejil picado.

2. Introduce las alitas de pollo en la mezcla del bol preparada con anterioridad y déjalas macerar por espacio de 1 hora en la nevera.

3. Pica la cebolla en dados y sofríela en una sartén con un poco de aceite de oliva.

4. A continuación, sazona el sofrito de cebolla e incorpórale el tomate triturado y el azúcar necesario para rectificar la acidez.

5. Rehoga el sofrito hasta que la cebolla esté cocinada.

6. Por otro lado, reboza las alitas de pollo con harina, huevo y pan rallado.

7. Fríe las alitas de pollo en aceite de oliva caliente hasta que se doren y, una vez fritas, escurre el aceite sobrante.

8. Sirve y termina el plato presentando las alitas de pollo fritas con la salsa de tomate y cebolla.

Almejas salteadas con verduras

Ingredientes
Para 4 personas

280 g de almejas
1 pimiento verde
medio pimiento rojo
1 cogollo de lechuga

50 g de jamón ibérico
aceite de oliva virgen extra
azafrán
sal

Elaboración

1. Pon las almejas en un recipiente con agua salada para que suelten la arenilla.

2. Lava los pimientos y córtalos en juliana y, a continuación, pon una sartén al fuego con un poco de aceite de oliva y saltéalos.

3. Lava el cogollo y córtalo también en juliana.

4. Asimismo, incorpora el cogollo a la sartén en la que se rehogan los pimientos junto con un poco de azafrán.

5. Deja cocinar todos los ingredientes incorporados 2 minutos más y rectifica de sal si fuera necesario.

6. Finalmente, agrega las almejas a las verduras rehogadas.

7. Cuando las almejas se abran, sírvelas acompañadas de las verduras en una fuente y añade el jamón ibérico, previamente cortado en tiras finas.

Alones de pollo asados

Ingredientes
Para 4 personas

1 kg de alones de pollo	100 g de tomate triturado
salsa de soja	1 guindilla
4 ajos	medio pimiento verde
aceite de oliva	azúcar
perejil fresco	sal

Elaboración

1. Macera en un bol, durante 1 hora, los alones de pollo junto con el ajo troceado, el perejil fresco picado, la salsa de soja y un poco de aceite de oliva.

2. Pica el pimiento verde y rehógalo en una sartén con aceite de oliva a fuego muy suave.

3. Añade a la sartén el tomate triturado junto con la guindilla y cocina todo el conjunto a fuego lento.

4. A continuación, pon a punto de sal y azúcar el sofrito de pimiento y tomate.

5. Escurre los alones de pollo de la marinada dejándolos reposar en un plato con papel de cocina absorbente. Ponlos en una fuente de horno para hornearlos a 180 °C durante 25 minutos.

6. Sirve los alones de pollo acompañados con la salsa de tomate y los pimientos fritos.

Alubias blancas con bacalao

Ingredientes

Para 4 personas

800 g de alubias cocidas
1 cebolla picada
1 diente de ajo picado
perejil picado

4 lomos de bacalao desalado
de 100 g cada uno
aceite de oliva suave
sal

Elaboración

1. Pocha la cebolla picada y el ajo picado en una sartén puesta al fuego con un poco de aceite de oliva.

2. Añade a la sartén las alubias previamente cocidas en un caldo de verduras (valen también alubias en conserva).

3. Por otro lado, corta los lomos de bacalao en dados pequeños y saltéalos en una sartén a fuego fuerte con un poco de aceite.

4. Añade el bacalao salteado a las alubias y deja hervir lentamente el conjunto 2 minutos más.

5. Por último, prueba el plato por si hubiera que rectificar de sal y espolvorea por encima el perejil picado.

6. Sirve las alubias en una fuente y ¡disfrútalas!

Aperitivo de chatka

Ingredientes
Para 4 personas

100 g de chatka (carne de cangrejo)
50 g de mayonesa
2 pepinillos

1 bote de zanahoria rallada
1 bote pequeño de maíz
1 barra de pan

Elaboración

1. Corta la barra de pan en rebanadas y tuéstalas en un tostador o en una sartén puesta al fuego.

2. Pica la carne de cangrejo.

3. Pica los pepinillos.

4. En un bol, incorpora y mezcla la carne de cangrejo picada, los pepinillos picados, el maíz, la zanahoria rallada y la mayonesa.

5. Sirve las rebanadas de pan tostado en una fuente y, encima de cada una de ellas, unta la pasta obtenida de la mezcla anterior.

6. ¡Disfruta el plato!

Aperitivo de endibias con manzana

Ingredientes
Para 4 personas

24 hojas de endibia
1 manzana
queso azul en crema

zumo de limón
4 anchoas en salazón
1 yogur natural

Elaboración

1. Pela y corta la manzana en daditos y colócalos en un recipiente.
2. Échale a los dados de manzana el zumo de limón para que no se pongan feos (se oxiden).
3. Mezcla en un bol la crema de queso azul con el yogur natural.
4. Trocea las anchoas y añádelas a la mezcla del bol y mézclalo todo muy bien.
5. Incorpora los trocitos de manzana a la mezcla del bol.
6. Lava las hojas de endibia.
7. Reparte un poco de la mezcla sobre cada hoja de endibia.
8. Presenta el plato de forma atractiva en una fuente y sírvelo.

Aperitivo de pencas rellenas

Ingredientes
Para 4 personas

4 pencas de acelga grandes
200 g de jamón de york
200 g de queso Edam en lonchas
harina
1 huevo
pan rallado

salsa de tomate frito
1 cebolla
tomillo
aceite de oliva
sal

Elaboración

1. Limpia bien de hebras las pencas (que son la parte blanca de las acelgas). Córtalas en cuadrados y ponlas a cocer en agua con sal en una cazuela, dejándolas «al dente» (en su punto de cocción).

2. Escurre bien las pencas con la ayuda de un escurridor.

3. Coloca en una fuente entre cada dos cuadrados de penca una loncha de jamón de york y una lámina de queso. Recorta los bordes de jamón y queso si sobresaliesen mucho.

4. Pasa las pencas rellenas por harina, huevo batido y pan rallado.

5. A continuación, sofríe la cebolla en una sartén con aceite, una vez la hayas pelado y picado, y añade la salsa de tomate frito y el tomillo.

6. Cuando se haya cocinado el tomate, tritura la salsa por un pasapurés para que quede homogénea.

7. En otra sartén puesta al fuego con aceite moderadamente caliente, fríe las pencas hasta que se doren. Escúrrelas del aceite que les sobra dejándolas reposar en un plato cubierto con papel de cocina absorbente.

8. Por último, sirve en un cuenco la salsa de tomate preparada y coloca éste en el centro de una fuente

9. Sirve alrededor las pencas fritas y ¡disfruta el plato!

Aperitivo de pepino con cangrejo

Ingredientes
Para 4 personas

3 pepinos
250 g de palitos de cangrejo
hojas de lechugas variadas
150 g de mayonesa

3 cucharadas de zumo de limón
menta picada
sal
pimienta

Elaboración

1. Lava los pepinos y córtalos en rodajas de grosor medio.

2. Espolvorea las rodajas de pepino con sal y déjalas reposar durante 30 minutos para que pierdan parte de su amargor.

3. Mezcla en un bol los palitos de cangrejo, una vez troceados, con la mayonesa, el zumo de limón y la menta picada.

4. Sirve en una fuente las rodajas de pepino con una porción de la mezcla de cangrejo y mayonesa. Salpimenta.

5. ¡Perfecto como aperitivo para compartir!

Aperitivos de perrito caliente

Ingredientes
Para 4 personas

8 medias noches
8 mini salchichas de Frankfurt
tomate ketchup
mostaza

media cebolla
4 pepinillos
aceite de oliva

Elaboración

1. Pela la cebolla y pícala en medios aros.

2. Lava los pepinillos y ábrelos por la mitad.

3. Fríe las salchichas de Frankfurt en una sartén con aceite de oliva.

4. Abre las medias noches y coloca dentro las salchichas fritas.

5. Añade los medios aros de cebolla, dos mitades de pepinillo, el tomate ketchup y la mostaza al gusto.

6. Preséntalo en un plato. ¡Perfecto como aperitivo!

Aperitivos originales

Ingredientes
Para 4 personas

1 zanahoria
1 rama de apio
varias judías verdes

200 g de queso cremoso
100 g de queso azul
1 dl de nata

Elaboración

1. Lava y pela la zanahoria.

2. Lava el apio y las judías verdes.

3. Corta las verduras (zanahoria, judías verdes y apio) a lo largo y luego en tiritas.

4. Por otro lado, en un bol incorpora el queso cremoso, el queso azul y un poco de nata líquida.

5. Mezcla todos los ingredientes del bol hasta que quede una masa homogénea.

6. Sirve las tiras de verduras en una fuente y acompaña con la salsa en un cuenco.

Arroz a la cubana

Ingredientes
Para 4 personas

400 g de arroz
1 cebolla pequeña
1 brick de caldo de verduras
1 bote de salsa de tomate frito

4 huevos
4 plátanos
sal
aceite de oliva

Elaboración

1. Pica la cebolla y rehógala en una sartén con un poquito de aceite de oliva y sal hasta que coja un poco de color.

2. Incorpora el arroz.

3. Calienta el caldo de verduras en el microondas 2 minutos.

4. Agrega el caldo de verduras caliente al arroz (en una proporción del doble de caldo que la cantidad de arroz).

5. Deja cocer el arroz 18 minutos a fuego medio o hasta que se evapore el líquido. Prueba de sal por si estuviera soso y hubiera que rectificar.

6. Fríe los huevos en aceite de oliva bien caliente.

7. Por otro lado, pela los plátanos y pártelos por la mitad. A continuación, fríelos en otra sartén con un poco de aceite de oliva.

8. Calienta la salsa de tomate frito en el microondas 2 minutos.

9. Sirve cuatro raciones de arroz blanco en cuatro platos, utilizando un molde o un vasito, para darles forma.

10. Encima del arroz coloca los huevos y los plátanos fritos y, alrededor, añade la salsa de tomate.

Arroz a la milanesa

Ingredientes
Para 4 personas

320 g de arroz
200 g de champiñones
50 g de beicon
1 brick de caldo de ave

1 bote de salsa de tomate frito
50 g de queso parmesano rallado
aceite de oliva

Elaboración

1. Corta el beicon en tiras.
2. Lava los champiñones y pícalos en láminas.
3. Rehoga el beicon en una sartén con una pequeñísima cantidad de aceite de oliva.
4. Cuando comience a dorarse el beicon, añade los champiñones picados en láminas y rehoga a fuego medio hasta que se doren los champiñones.
5. Incorpora el arroz a la sartén para sofreírlo.
6. Por otro lado, calienta el caldo en el microondas 2 minutos.
7. Vierte el caldo caliente en el arroz (en una proporción del doble de caldo que la cantidad de arroz) y deja hervir el arroz hasta que absorba el líquido.
8. Antes de servir, incorpora el queso parmesano rallado.
9. Remueve bien el arroz con todos sus ingredientes y sírvelo, a continuación, con la salsa de tomate frito, en una fuente.

Arroz caldoso con perdiz

Ingredientes
Para 4 personas

250 g de arroz
2 perdices pequeñas deshuesadas
   de lata
medio pimiento verde
1 cebolleta
pulpa de pimiento choricero

1 vaso de vino blanco
1 trufa en conserva
sal
aceite de oliva
agua

Elaboración

1. Trocea las perdices y rehógalas en una paellera con un poco de aceite de oliva.

2. Pela y pica la cebolleta.

3. Lava y pica el pimiento verde.

4. Incorpora la cebolleta y el pimiento en la paellera en la que se rehogan las perdices.

5. A continuación, añade a la paellera la pulpa de pimiento choricero, el vino blanco y el agua (en una proporción del doble de cantidad de agua que de arroz).

6. Echa el arroz en la paellera con cuidado para que no se apelotone y déjalo hervir 20 minutos a fuego moderado.

7. Antes de retirar del fuego el arroz, ralla la trufa por encima.

8. El arroz tiene que quedar ligeramente caldoso.

9. Sírvelo y ¡disfruta el plato!

Arroz con cebolla

Ingredientes
Para 4 personas

400 g de arroz   1½ l de caldo de pescado
3 cebollas   azafrán
1 pimiento verde   aceite de oliva virgen extra

Elaboración

1. Pela y corta las cebollas en tiras finas.
2. Pica en tiras el pimiento verde.
3. Rehoga la cebolla y el pimiento a fuego lento en una paellera con un poco de aceite de oliva.
4. Remueve de vez en cuando y espera a que los dos ingredientes se reblandezcan y queden melosos.
5. Incorpora el arroz y rehoga un par de minutos.
6. Añade el doble de caldo de pescado que de arroz.
7. Echa un poco de sal y unas hebras de azafrán.
8. Deja que cueza a fuego lento unos 18 minutos.
9. ¡Listo para servir!

Arroz con varias delicias

Ingredientes
Para 4 personas

300 g de arroz de grano largo
1 bote de maíz
brotes de soja
75 g de jamón de york
1 bote pequeño de guisantes

2 huevos
sal
aceite de oliva
salsa de soja

Elaboración

1. Casca los huevos en un bol y bátelos sin olvidar sazonarlos.
2. Pon aceite de oliva en una sartén y, cuando esté caliente, echa los huevos y haz una tortilla francesa finita.
3. Corta la tortilla francesa en tiritas y haz lo mismo con el jamón de york.
4. En una cacerola, pon agua con sal a hervir e incorpora el arroz de grano largo, dejándolo cocer durante unos 20 minutos.
5. Saltea en una sartén, con un poquito de aceite de oliva, los brotes de soja y los guisantes.
6. Al salteado de brotes de soja y guisantes, échale un poquito de salsa de soja.
7. Incorpora al salteado anterior, las tiritas de tortilla y de jamón de york y el maíz.
8. Por último, añade el arroz cocido y escurrido y, antes de servir el plato, mezcla todos los ingredientes muy bien.
9. Sírvelo en una fuente y ¡ya está listo para disfrutarlo!

Arroz salteado con espárragos

Ingredientes
Para 4 personas

400 g de arroz de grano largo
medio manojo de espárragos
   blancos
2 ajos

medio manojo de espárragos
   verdes
aceite de oliva
sal

Elaboración

1. Quítale la parte más leñosa a los espárragos verdes y trocéalos en bastones. Lávalos con agua.

2. Asimismo, lava los espárragos blancos, pélalos y átalos con una goma.

3. Coloca los espárragos blancos atados de pie en un recipiente, con agua hirviendo y sal para cocerlos.

4. Agrega los bastones de espárrago verde y cuece todo el conjunto durante 10 minutos.

5. Por otro lado, hierve el arroz en el agua donde has cocido los espárragos blancos y verdes, entre 18 y 20 minutos.

6. Echa aceite de oliva en una sartén y rehoga los ajos, para aromatizar el aceite. Una vez conseguido esto, retira los ajos.

7. En la sartén en la que has rehogado los ajos, saltea los bastones de espárragos verdes ya cocidos y añádeles el arroz.

8. Finalmente, agrega los espárragos blancos cocidos.

9. ¡El plato ya está listo para servir!

Arroz salteado con verduras

Ingredientes
Para 4 personas

300 g de arroz de grano largo
1 pimiento verde
medio pimiento rojo
medio calabacín

1 zanahoria
aceite de oliva virgen extra
sal
salsa de soja

Elaboración

1. Incorpora el arroz de grano largo en una cazuela con agua hirviendo con sal y cuécelo entre 15 y 20 minutos.
2. Una vez cocido el arroz, escúrrelo y resérvalo.
3. Lava y corta los pimientos verde y rojo en tiras finitas.
4. Lava bien el calabacín y sécalo. Una vez seco, córtalo en bastones.
5. Pela la zanahoria y córtala en tiras finitas.
6. En una sartén grande, pon un poco de aceite de oliva a calentar, incorpora todas las verduras y rehógalas con un poco de sal.
7. Incorpora el arroz hervido a la sartén y rehógalo junto con las verduras.
8. Por último, sirve el arroz en una fuente y acompaña el plato con un poco de salsa de soja.

Bacalao a la burgalesa

Ingredientes
Para 4 personas

4 lomos de bacalao desalado
4 cebollas
2 pimientos rojos asados

1 diente de ajo
aceite de oliva
sal

Elaboración

1. Pela la cebolla y córtala en juliana.

2. A continuación, póchala muy suavemente en una sartén puesta al fuego con un poco de aceite.

3. Pela los pimientos asados y córtalos en tiras con los dedos.

4. Añade los pimientos a la cebolla y rehógalos suavemente en la sartén. A continuación, sazona el conjunto.

5. Pon el bacalao en una cazuela con aceite. Confítalo a 65 °C durante 5 minutos.

6. Retira el bacalao y colócalo en una fuente encima de la cebolla y el pimiento.

7. Remueve muy bien el aceite con el ajo de la cazuela para que se ligue la gelatina. A continuación rectifica de sal si fuera necesario.

8. Sirve el bacalao en una fuente y mójalo con la salsa de la cazuela. Añade la cebolla y el pimiento.

9. ¡El plato está listo!

Bacalao a la romana

Ingredientes
Para 4 personas

4 rodajas de bacalao fresco
2 patatas
150 g de judías verdes
2 ajos
harina

1 huevo
aceite de oliva
1 lima
perejil
sal

Elaboración

1. Pela las patatas y, con un cuchillo, córtalas en forma de diente de ajo.

2. Pela y pica los ajos.

3. Casca un huevo en un bol y bátelo.

4. Lava y limpia las judías verdes, córtalas en tiras y ponlas a cocer junto con las patatas en una cazuela al fuego.

5. Una vez cocidas las patatas y las judías, pon una sartén al fuego con un poco de aceite y rehógalas con los ajos picados.

6. Limpia el bacalao, sazónalo y pásalo por harina y huevo batido.

7. Pon otra sartén al fuego con aceite y fríe el bacalao. Una vez frito deja que escurra el aceite que le sobra en un plato previamente cubierto con papel de cocina absorbente.

8. Sirve el bacalao en una fuente acompañado con las verduras y las patatas y decorado con gajos de lima y perejil.

Bacalao ahumado con queso Roquefort

Ingredientes
Para 4 personas

4 lonchas de bacalao ahumado
60 g de queso Roquefort
pan de baguette
4 cucharadas de nata líquida

4 tomates cherry
aceite de oliva
sal

Elaboración

1. Corta el pan de baguette en rebanadas y tuéstalas.

2. En un bol bate el queso Roquefort con la nata líquida.

3. Unta la pasta obtenida en cada una de las rebanas de pan tostadas.

4. Corta las lonchas de bacalao ahumado del tamaño de las rebanadas de pan.

5. A continuación, cubre cada rebanada de pan con un trocito de bacalao.

6. Lava y corta por la mitad los tomates cherry.

7. Por último, decora las tostadas de bacalao con los tomates cherry y echa un poco de aceite de oliva y sal.

Bacalao con salmorejo

Ingredientes
Para 4 personas

200 g de bacalao desalado
4 tomates maduros
1 pimiento verde
pan candeal

2 ajos
aceite de oliva virgen extra
vinagre
sal

Elaboración

1. En un recipiente pon a marinar, por espacio al menos de 1 hora, el bacalao con aceite de oliva, pimienta y sal.

2. Mientras el bacalao se marina, lava y pela los tomates y trocéalos en dados.

3. Lava el pimiento verde y trocéalo en dados.

4. Pela los ajos y trocéalos en dados.

5. Corta asimismo el pan en dados.

6. Incorpora en el vaso de la batidora el tomate, el pimiento, el ajo y el pan y tritúralo todo añadiendo en el proceso aceite de oliva, vinagre y sal.

7. Cuando hayas triturado muy bien los ingredientes anteriores, habrás obtenido el salmorejo.

8. Por otro lado, cuando haya transcurrido el tiempo necesario para que se marine el bacalao, deja que éste escurra colocándolo en un plato cubierto con papel de cocina absorbente y déjalo reposar unos minutos.

9. Para presentar el plato, sirve el salmorejo como base en una fuente y encima de éste, coloca el bacalao.

10. ¡Listo para disfrutar!

Bacalao marinado al limón

Ingredientes
Para 4 personas

300 g de bacalao desalado
200 ml de aceite de oliva virgen
    extra
el zumo de 1 limón

perejil picado
cebollino picado
nueces

Elaboración

1. En el vaso de la batidora, incorpora el aceite de oliva virgen extra con el zumo de limón y bate ambos ingredientes.

2. Por otro lado, lamina el bacalao, colócalo en una fuente y, a continuación, cúbrelo con la mezcla anterior.

3. Mete el recipiente con el bacalao en la nevera y déjalo enfriar entre 6 y 8 horas.

4. Pela las nueces y pícalas.

5. Cuando haya transcurrido el tiempo indicado, saca el bacalao de la marinada y deja que escurra colocándolo en un plato cubierto con papel de cocina absorbente.

6. Sirve el bacalao en una fuente espolvoreándolo por encima con el perejil y el cebollino picados y termina el plato incorporando las nueces.

Banderilla doble

Ingredientes
Para 4 personas

12 boquerones limpios en
   vinagre
12 anchoas en salazón
aceitunas verdes
aceitunas negras

1 lata de pimiento morrón
1 cebolla
1 huevo duro picado
perejil picado
aceite de oliva

Elaboración

1. Pincha en palos de brocheta de forma alterna los boquerones en vinagre, las anchoas en salazón, el pimiento morrón (cortado en cuadritos) y las aceitunas verdes y negras.

2. A continuación, pica la cebolla en daditos y mézclala en un bol con el huevo duro picado y un poco de aceite de oliva.

3. Sirve las banderillas en una fuente con la mezcla anterior por encima.

4. Asimismo, espolvorea perejil picado por encima y ¡ya está listo el plato para disfrutar!

Batido de plátano

Ingredientes
Para 4 personas

½ l de leche
3 plátanos
75 g de azúcar

13 cubitos de hielo
canela en polvo

Elaboración

1. Pela los plátanos y córtalos en rodajas. Reserva unas cuantas rodajas para la presentación final del plato.

2. Incorpora las restantes rodajas de plátano y el azúcar en el vaso de la batidora, tritúralo y bátelo todo muy bien.

3. Añade a continuación los cubitos de hielo y vuélvelo a triturar todo muy bien con la batidora.

4. Sirve la mezcla obtenida en cuatro copas anchas. Decora con las rodajas de plátano reservadas.

5. Finalmente espolvorea los batidos con canela en polvo y disfrútalos.

Batido de vainilla

Ingredientes
Para 4 personas

½ l de leche
1 vaina de vainilla
1 rodaja de piel de limón
1 yema de huevo

75 g de azúcar
hojas de menta fresca
helado de vainilla (opcional)

Elaboración

1. Cuece en un cazo al fuego la leche con la cáscara de limón y la vainilla en rama abierta por el centro para que suelte la esencia contenida en las semillas.

2. Retira la leche del fuego y déjala enfriar. Cuélala.

3. Una vez fría la leche, viértela en el vaso de la batidora. Añade el azúcar y la yema de huevo y bátelo todo.

4. A la mezcla obtenida anteriormente se le puede añadir, si quieres, un poco de helado de vainilla.

5. Una vez batidos todos los ingredientes sirve en cuatro copas.

6. Decora con unas hojas de menta y con el palito de la vaina de vainilla empleada para la elaboración del batido.

Bavette con chopitos y rúcola amarga

Ingredientes
Para 4 personas

400 g de chopitos pequeños
400 g de pasta «bavette»
200 g de rúcola
aceite de oliva virgen extra

1 diente de ajo triturado
media guindilla roja
sal

Elaboración

1. Limpia los chopitos quitándoles la cabeza y la pluma interna. Lávalos y resérvalos.

2. Por otro lado, en una cazuela puesta al fuego con agua y sal, cuece la pasta.

3. En una sartén con un poquito de aceite, pon a saltear el ajo y la guindilla, y seguidamente, los chopitos.

4. Cuando el conjunto anterior se haya cocinado un poco en la sartén, añade la rúcola, una vez la hayas lavado. A continuación prueba de sal y corrige si fuera necesario.

5. Una vez que la pasta se haya cocido, escúrrela con la ayuda de un colador. A continuación, añádela a la sartén con la rúcola y los chopitos y saltea todo el conjunto.

6. Para presentar el plato, sirve la pasta con los chopitos y la rúcola en una fuente y llévala a la mesa al instante para que no se enfríe.

Bisqué de carabineros

Ingredientes
Para 4 personas

2 carabineros
1 puerro
1 tomate
1 zanahoria pequeña
1 copa de brandy

50 g de arroz
1 dl de nata
cebollino
aceite de oliva
sal

Elaboración

1. Limpia y trocea el puerro.

2. Pela la zanahoria y trocéala.

3. Lava el tomate y córtalo en trozos.

4. Pela los carabineros, córtalos en trozos y reserva sus cabezas para preparar el «bisqué».

5. En una sartén puesta al fuego con un poco de aceite, rehoga el puerro, la zanahoria y el tomate troceados.

6. Añade a la sartén las cabezas de los carabineros, y a continuación, agrega el brandy. Flambea el conjunto.

7. Una vez flambeados los ingredientes, cúbrelos con agua y cuando rompa a hervir, agrega el arroz.

8. Deja hervir el arroz unos 25 minutos, y cuando haya transcurrido este tiempo, tritúralo todo con la batidora o con un triturador de cocina.

9. Vierte esta mezcla en un cazo y déjalo hervir. Rectifica de sal, si fuera necesario, e incorpora la nata, reservando una pequeña cantidad.

10. Por último, sirve el «bisqué» guarneciéndolo con la carne de los carabineros.

11. Decora el plato con el cebollino picado y un hilo de nata.

Bocaditos de mantequilla aromatizada (salados y dulces)

Ingredientes
Para 4 personas

1 caja de mini biscotes	pimentón
250 g de mantequilla	azúcar «avainillada»
comino	café soluble
eneldo	cacao en polvo

Elaboración

1. Saca la mantequilla de la nevera 1 hora antes de preparar el plato para que no esté muy dura.

2. Vas a preparar bocaditos de mantequilla aromatizada salados y dulces.

3. Para preparar los bocaditos de mantequilla aromatizada salados, incorpora en tres boles un poquito de mantequilla. Asimismo, añade a los boles referidos, en uno, comino; en otro, eneldo picado y en otro, pimentón. Mezcla los ingredientes de cada bol por separado y unta, a continuación, los mini biscotes con los tres tipos diferentes de mantequilla salada.

4. Para preparar los bocaditos de mantequilla aromatizada dulces, incorpora en otros tres boles distintos un poquito de mantequilla. Asimismo, añade a los boles referidos, en uno, café soluble; en otro, azúcar «avainillada» y en otro, cacao en polvo. Mezcla los ingredientes de cada bol por separado y unta, a continuación, los mini biscotes con los tres tipos diferentes de mantequilla dulce.

5. Por último, sólo has de servir en dos bandejas los mini biscotes dulces y salados.

Bocaditos de marisco

Ingredientes
Para 4 personas

16 medias noches tamaño mini
8 palitos de «surimi» o cangrejo
1 bote de salsa rosa

100 g de pepinillos
1 bolsa de lechuga

Elaboración

1. Parte las medias noches por la mitad.

2. En un bol, desmenuza los palitos de «surimi».

3. Por otro lado, corta los pepinillos en trocitos y añádelos al bol con el «surimi» desmenuzado.

4. Lava e incorpora la lechuga troceada al bol.

5. Añade la salsa rosa a los ingredientes del bol y mézclalos.

6. Rellena las medias noches con la pasta anterior.

7. Ya sólo queda servir las medias noches en una fuente y ¡listo!

Bocaditos de sobrasada y queso

Ingredientes
Para 4 personas

8 tartaletas de hojaldre
200 g de sobrasada ibérica
8 huevos de codorniz
2 cucharadas de miel

1 tarrina de queso Camembert
  de untar
aceite de oliva
sal

Elaboración

1. Fríe los huevos de codorniz en una sartén puesta al fuego con aceite y échales un poco de sal por encima.

2. En un bol aparte, mezcla la sobrasada con la miel.

3. Rellena cada tartaleta con un poco de queso en el fondo y, encima de éste, incorpora una porción de sobrasada con miel.

4. Corona cada tartaleta con un huevo frito de codorniz.

5. Sirve las tartaletas en una fuente y ¡a hincarle el diente!

Bolitas de melón con jamón

Ingredientes
Para 4 personas

200 g de lonchas finas de jamón serrano   1 melón

Elaboración

1. Corta el melón por la mitad con la ayuda de un buen cuchillo de cocina.
2. Con la ayuda de un sacabocados, haz bolitas con la pulpa de melón.
3. Corta el jamón en tiras.
4. Envuelve cada bolita de melón con una tira de jamón y pincha el conjunto con un palillo.
5. Una vez seguido el proceso anterior con todas las bolitas de melón, sirve el plato en una fuente y ¡disfrútalo!

Bolitas de verduras salteadas

Ingredientes
Para 4 personas

1 calabacín
1 zanahoria grande
un trozo de calabaza
2 ajos

100 g de beicon
aceite de oliva
vinagre
sal

Elaboración

1. Limpia y pela el calabacín, la zanahoria y la calabaza.

2. Con un sacabocados saca unas bolitas del calabacín, la zanahoria y la calabaza.

3. En una cazuela puesta al fuego con agua, cuece, por orden de dureza, primero la calabaza y la zanahoria y luego el calabacín.

4. Una vez cocidas las verduras, escúrrelas y resérvalas.

5. Por otro lado, maja los ajos pelados con sal en un mortero e incorpora un chorro de aceite de oliva.

6. Sofríe el resultado del mortero en una sartén puesta al fuego con aceite.

7. Incorpora el beicon troceado en tiras y las bolitas de verdura cocidas a la sartén.

8. Saltea y adereza el conjunto con unas gotas de vinagre.

9. Sirve el plato en una fuente como guarnición de una carne o un pescado.

Bollitos de paté de mejillones al estilo de Blanca

Ingredientes
Para 4 personas

medias noches pequeñas
   (cantidad al gusto)
1 lata de mejillones en escabeche

1 lata de atún en aceite vegetal
3 porciones de quesito

Elaboración

1. Vierte en el vaso de la batidora el contenido de la lata de mejillones en escabeche, el contenido de la lata de atún en aceite y las porciones de quesito.

2. Tritúralo hasta que quede una mezcla batida homogénea que denominaremos paté de mejillones.

3. Por otro lado, parte las medias noches por la mitad y úntalas con el paté de mejillones obtenido.

4. Por último, sirve las medias noches en una fuente y ¡disfruta el plato!

Boquerones rebozados

Ingredientes

Para 4 personas

½ kg de boquerones
2 manzanas reineta
harina
1 huevo

4 tomates de cóctel
1 limón
aceite de oliva
sal

Elaboración

1. En un bol exprime el zumo de un limón con la ayuda de un exprimidor.

2. Pela la manzana y rállala, con la ayuda de un rallador de cocina, sobre el zumo de limón y mezcla ambos ingredientes.

3. Por otro lado, limpia los boquerones, sazónalos y cuando los hayas colocado en un recipiente, cúbrelos con la mezcla de manzana y limón.

4. Deja macerar los boquerones en la mezcla anterior durante 1 hora.

5. Casca el huevo en un bol y bátelo.

6. Asimismo lava los tomates y córtalos por la mitad.

7. En una sartén puesta al fuego con aceite de oliva caliente, saltea a fuego suave, los tomates cortados por la mitad.

8. Después de 1 hora, retira los boquerones del bol en el que se maceraban con la manzana y escúrrelos un poco del líquido de la maceración. A continuación, pásalos por la harina y por el huevo batido.

9. En otra sartén puesta con aceite de oliva caliente, fríe los boquerones a temperatura moderada.

10. Por último, deja que los boquerones fritos suelten el aceite sobrante colocándolos sobre un plato cubierto con papel de cocina absorbente.

11. Sirve a continuación los boquerones rebozados en una fuente y acompáñalos de las mitades de tomate salteadas.

12. ¡Disfruta el plato!

Brocheta de anchoas con tomate

Ingredientes
Para 4 personas

1 bote de anchoas en conserva
1 bandeja de tomates cherry

200 g de queso de Burgos
albahaca fresca

Elaboración

1. Lava y pica la albahaca fresca.
2. Trocea el queso de Burgos en daditos, del tamaño de los tomates cherry.
3. Ensarta en palos de brocheta, de forma alterna, una anchoa, un tomate cherry y un dado de queso de Burgos.
4. Una vez ensartadas todas las brochetas, espolvoréalas con la albahaca fresca picada.
5. Presenta el plato y sírvelo.

Brocheta de cerdo agridulce

Ingredientes
Para 4 personas

500 g de carne de cerdo cortada en daditos
medio vaso de salsa de soja
3 cucharadas de miel
1 cucharada sopera de curry
1 cucharada de cúrcuma
1 cucharada de tomillo
medio vaso de leche de coco
300 g de arroz blanco de grano largo
aceite de oliva

Elaboración

1. Pon un cazo con agua y sal al fuego y una vez que esté hirviendo, incorpora el arroz. Cuece 15-20 minutos.

2. Por otro lado, en un bol, pon a macerar los daditos de cerdo con la leche de coco, el curry, la cúrcuma, el tomillo, la miel y la salsa de soja.

3. A continuación, tapa con papel de cocina transparente la mezcla del bol y deja marinar durante 1 hora en la nevera.

4. Una vez transcurrida la hora de maceración, escurre bien los trocitos de cerdo de la marinada y reserva el líquido.

5. Ensarta los daditos de cerdo en los palos de brocheta y cocina las brochetas a la plancha en una sartén con un poquito de aceite.

6. Sirve en una fuente el arroz cocido preparado con anterioridad y coloca encima las brochetas.

7. Para finalizar el plato, se puede aprovechar un poco de jugo de la marinada reservado en el bol para salsear el plato.

Brocheta de chistorra con queso Idiazábal

Ingredientes
Para 4 personas

1 ristra de chistorra
200 g de queso Idiazábal

1 plancha de hojaldre congelado
1 huevo batido

Elaboración

1. Corta el queso Idiazábal en taquitos medios.
2. Deja fuera del congelador el hojaldre y, una vez que se haya descongelado, estíralo con un rodillo (si no tienes rodillo puedes utilizar una botella grande de vidrio vacía) sobre una superficie con harina hasta dejarlo muy fino.
3. Una vez que el hojaldre está muy fino, corta un rectángulo.
4. Coloca encima del rectángulo de hojaldre la chistorra y enróllalo.
5. Pinta el hojaldre con el huevo batido (puedes realizar esta operación con un pincel de cocina o simplemente con los dedos siempre que te hayas lavado las manos previamente) y colócalo sobre una fuente de horno.
6. A continuación, introduce la fuente en el horno y hornea el plato a 180 °C, hasta que el hojaldre quede doradito.
7. Una vez fuera del horno, corta el hojaldre en porciones de 1 centímetro y ve ensartándolo en palos de brocheta, alternando con los taquitos de queso Idiazábal ya preparados.
8. ¡Sírvelo rápido para que no se enfríe!

Brocheta de frutas con salsa de yogur

Ingredientes
Para 4 personas

4 fresones
1 bote de piña en almíbar
2 plátanos
1 papaya
2 yogures naturales cremosos

2 cucharadas de azúcar
una pizca de canela en polvo
hojas de menta fresca

Elaboración

1. Lava los fresones y trocéalos.

2. Pela los plátanos y la papaya y trocéalos.

3. Pincha en palos de brocheta, de forma alterna, trozos de plátano, fresón, piña en almíbar y papaya.

4. Asimismo, lava y pica las hojas de menta fresca.

5. Por otro lado, prepara la salsa de yogur para acompañar a las brochetas, mezclando en un bol el yogur, la menta fresca picada, el azúcar y la canela en polvo.

6. Para presentar las brochetas, sírvelas en una fuente redonda con un cuenco en el centro en el que servirás la salsa.

Brocheta de gambón y emperador

Ingredientes
Para 4 personas

300 g de emperador
200 g de gambón
8 champiñones
1 pimiento verde

aceite de oliva virgen extra
mayonesa
cebollitas en vinagre
sal

Elaboración

1. Quítale la piel al emperador y córtalo en dados.

2. Lava y corta un pimiento verde en trozos del mismo tamaño que los del emperador.

3. Lava los champiñones, quítales el tallo y reserva los «sombreros».

4. Ensarta en los palos de brocheta el emperador, el sombrero del champiñón y un trozo de pimiento.

5. Por otro lado, pela unos gambones y córtalos por la mitad. A continuación, pínchalos también en los palos de brocheta.

6. Termina la composición de las brochetas colocando una cebollita en vinagre en la punta de cada una de ellas.

7. Sazona las brochetas y también úntales un poco de aceite para saltearlas en una sartén puesta al fuego.

8. Por otro lado, en otra sartén, saltea las cabezas de los gambones aprovechando bien el jugo que suelten.

9. Sirve las brochetas en una fuente con el jugo de las cabezas de los gambones y acompaña el plato con un poco de mayonesa.

Brocheta de langostinos y calabacín

Ingredientes
Para 4 personas

12 langostinos
1 calabacín grande
sal
pimienta
1 cucharada de tomillo picado

1 cucharada de romero picado
un chorrito de brandy
aceite de oliva
1 cebollino

Elaboración

1. Pela los langostinos y ponlos en un bol, a macerar con un poco de aceite de oliva, un chorrito de brandy, el tomillo picado y el romero picado.

2. Salpimenta, una vez incorporados en el bol, todos los ingredientes.

3. A continuación, tapa el bol con un papel transparente y deja marinar su contenido por espacio de 1 hora en la nevera.

4. Lava bien el calabacín y córtalo en rodajas muy finas. Una vez cortado en rodajas, sazónalo.

5. Después de 1 hora, saca el bol de la nevera y escurre muy bien los langostinos de la marinada (para ello puedes dejarlos escurrir en un plato cubierto con papel de cocina absorbente). El líquido de la marinada resérvalo para más adelante.

6. Ensarta en cada palo de brocheta, tres langostinos y tres rodajas de calabacín.

7. En una sartén con un poquito de aceite, cocina las brochetas a la plancha.

8. Sirve las brochetas en una fuente y aprovecha un poco del jugo de la marinada para salsearlas.

9. Termina de montar el plato, añadiéndole a las brochetas el cebollino picado.

Brocheta de langostinos y setas

Ingredientes
Para 4 personas

24 langostinos crudos
600 g de setas de temporada
lechugas variadas
aceite de oliva
vinagre balsámico

hierbas aromáticas
pimienta negra
1 bote de mayonesa
nueces
sal

Elaboración

1. Pela los langostinos y resérvalos.
2. Limpia y corta las setas en trozos medianos y resérvalas.
3. Pincha en los palos de brocheta los langostinos y las setas en crudo de forma alterna y salpimenta.
4. Pon una sartén al fuego con un poco de aceite, incorpora las brochetas y saltéalas hasta que se doren por las dos caras.
5. Lava las lechugas variadas y ponlas en un recipiente. Alíñalas con el aceite de oliva y el vinagre balsámico.
6. Por otro lado casca las nueces, pélalas y pícalas.
7. Mezcla en un bol las nueces picadas con la mayonesa.
8. Sirve las brochetas en un plato grande o fuente y dispón la ensalada como guarnición.
9. Por último, acompaña el plato con una cucharadita de la mayonesa de nueces preparada.

Brocheta de lata con patatas chips

Ingredientes
Para 4 personas

1 bolsa de patatas fritas
1 lata de mejillones en escabeche

1 lata de berberechos gordos en
   vinagre

Elaboración

1. Abre las latas de conserva de mejillones en escabeche y de berbere-chos en vinagre y escurre el líquido que ambas contienen.

2. Ve pinchando, en palos de brocheta, los mejillones y los berbere-chos de forma alterna.

3. Una vez preparadas las brochetas, sírvelas en una fuente redonda y, en el centro de la misma, coloca un buen montón de patatas fritas.

Brocheta de mozzarella, tomate cherry, aceitunas y albahaca

Ingredientes
Para 4 personas

12 bolitas de mozzarella
4 tomates cherry
4 aceitunas negras sin hueso

albahaca fresca
aceite de oliva
sal

Elaboración

1. Lava los tomates cherry.

2. Pincha en los palos de brocheta de forma alterna las bolitas de queso, los tomates cherry y las aceitunas.

3. Por otro lado, lava la albahaca y pícala e incorpórala en un bol con aceite de oliva y sal.

4. Bate esta mezcla con una varilla.

5. Por último, sirve las brochetas en una fuente y salséalas por encima con el aceite de albahaca.

Brocheta de mozzarella y sésamo

Ingredientes
Para 4 personas

16 bolitas de queso mozzarella
semillas de sésamo
1 piña

aceite de oliva
vinagre balsámico
1 cucharada de miel

Elaboración

1. Pela y corta la piña en bolitas con una cucharita sacabocados, o si no tienes esta herramienta, parte la piña en taquitos pequeños.

2. Reboza las bolitas de queso con las semillas de sésamo.

3. Una vez rebozadas, ensarta las bolitas de queso en los palos de brocheta, alternándolas con la piña.

4. Aparte, prepara una vinagreta ligera en un bol, con aceite de oliva, unas gotas de vinagre balsámico y una cucharada de miel.

5. Sirve las brochetas en una fuente y coloca en el centro el bol con la vinagreta elaborada.

Brocheta de pato y puerro

Ingredientes
Para 4 personas

2 pechugas de pato
2 puerros
1 cebolla
4 cucharadas de mermelada de
  naranja amarga

aceite de oliva
sal fina
pimienta
cristales de sal

Elaboración

1. Quita la grasa adherida a las pechugas de pato y córtalas en dados.

2. Limpia y pela los puerros y la cebolla y trocéalos en aritos finos.

3. En una sartén con aceite de oliva, pon a pochar a fuego lento, los puerros y la cebolla y sazónalos.

4. Salpimenta los trozos de pechuga de pato y ensártalos en crudo en los palos de brocheta.

5. Cocina a la plancha, en una sartén con poco aceite, las brochetas, dejando el interior de la carne rosado para que queden jugosas.

6. Sirve en una fuente las brochetas, acompañadas con la guarnición de puerro y cebolla, y con un cuenquito en el que pondrás la mermelada de naranja amarga.

7. Para finalizar el plato, echa por encima de las brochetas unos cristales de sal.

Brocheta de pollo a la oriental

Ingredientes
Para 4 personas

250 g de pechuga de pollo limpia
pimienta blanca
2 calabacines
200 g de arroz basmati
1 brick de caldo de ave
sal

Para la salsa agridulce
100 ml de vinagre de vino blanco
100 g de azúcar
50 ml de salsa de soja
aceite de oliva

Elaboración

1. Pon un cazo al fuego y cuece el arroz basmati con el caldo de ave durante 15 minutos.

2. Corta el pollo en trozos.

3. Lava el calabacín y también córtalo en trozos.

4. A continuación monta las brochetas, insertando los trozos de pollo y calabacín en crudo de forma alterna.

5. Una vez montadas las brochetas, salpiméntalas.

6. En una sartén puesta al fuego con un poco de aceite, fríe las brochetas hasta que estén doradas. Una vez doradas las brochetas, retíralas del fuego y resérvalas.

7. Prepara la salsa agridulce calentando en una cazuela al fuego el vinagre y el azúcar.

8. Cuando los ingredientes empiecen a hervir, retira el cazo del fuego y añade la salsa de soja. A continuación mezcla muy bien todos los ingredientes y deja enfriar la salsa.

9. Hornea unos minutos las brochetas en el horno a 160 ºC y, a continuación, sírvelas en una fuente acompañadas del arroz basmati cocido. Salsea el plato con la salsa agridulce preparada.

Brocheta de pollo con manzana y pera

Ingredientes
Para 4 personas

300 g de pollo limpio cortado en dados
1 manzana Granny Smith
1 pera
6 cucharadas de coco rallado

4 cucharadas de azúcar moreno
1 cucharada de jengibre en polvo
2 cucharadas de nata líquida
el zumo de 1 limón
6 cucharadas de salsa de soja

Elaboración

1. Pon a macerar el pollo cortado en dados en un bol con la salsa de soja, el azúcar moreno, el zumo de limón y la nata líquida.

2. Tapa el bol con un papel film y métalo en la nevera durante 1 hora y 30 minutos.

3. Por otro lado, pela la manzana y la pera y corta ambas en dados.

4. A continuación, reboza los dados de manzana y pera con el coco rallado.

5. Saca el bol de la nevera y escurre el pollo en un plato cubierto con un papel de cocina absorbente.

6. Reserva el líquido de la marinada.

7. Pincha en los palos de brocheta los trozos de pollo marinado y los trozos de fruta, de forma alterna.

8. Pon en un cazo al fuego el líquido de la marinada reservado con anterioridad y déjalo reducir.

9. Cocina las brochetas en una sartén con un poco de aceite y retíralas una vez estén listas.

10. Sirve las brochetas en una fuente y salséalas con la marinada anteriormente reducida.

Brocheta de pollo crujiente

Ingredientes
Para 4 personas

400 g de pechugas de pollo
5 cucharadas soperas de salsa
   de soja
el zumo de 1 lima

100 g de cacahuetes
100 g de copos de maíz inflado
1 cucharada de azúcar
aceite de oliva

Elaboración

1. Limpia las pechugas de pollo y córtalas en taquitos.

2. Pon los taquitos de pollo a macerar en un bol con la salsa de soja y el zumo de lima.

3. Deja marinar los ingredientes incorporados en el bol durante 30 minutos.

4. Tritura los cacahuetes con los copos de maíz inflado en la batidora.

5. Una vez transcurridos los 30 minutos, escurre los taquitos de pollo de la marinada (puedes escurrirlos en un plato previamente cubierto por un papel de cocina absorbente) y reserva el líquido resultante.

6. Ensarta los taquitos de pollo en palos de brocheta.

7. A continuación, reboza las brochetas con el polvo de cacahuete y copos de maíz.

8. Una vez rebozadas, dora las brochetas en una sartén con un poco de aceite de oliva.

9. Al mismo tiempo que rebozas las brochetas, pon en un cazo al fuego el líquido de la marinada, añádele una cucharada de azúcar y déjalo reducir.

10. Sirve las brochetas en una fuente y salséalas con la marinada reducida.

Brocheta de pulpo

Ingredientes
Para 4 personas

200 g de pulpo cocido
aceitunas
1 tomate
1 chalota
200 ml de aceite oliva

70 ml de vinagre de Jerez
cebollino picado
1 cebolla
sal

Elaboración

1. Lava y corta el tomate en dados pequeños.
2. Pela y pica la chalota y el cebollino.
3. En un bol echa el aceite de oliva, el vinagre de Jerez y la sal y bate todo el conjunto muy bien.
4. Agrega el tomate en dados, la chalota y el cebollino picado y, vuelve a mezclarlo todo muy bien. Reserva la vinagreta para acompañar a las brochetas.

Montaje del plato

1. Corta el pulpo cocido en trozos. Pincha en los palos de brocheta de forma intercalada una aceituna y un trozo de pulpo.
2. Coloca las brochetas en una bandeja de horno y hornéalas durante unos minutos a 160 °C.
3. Para terminar, sirve las brochetas en una fuente y salsea el plato por encima con la vinagreta preparada.

Brocheta de rape con gambas

Ingredientes
Para 4 personas

400 g de rape limpio cortado en
dados
200 g de gambas grandes
1 pimiento verde
1 cebolla

1 tomate
1 diente de ajo
aceite de oliva
perejil
sal

Elaboración

1. Pela las gambas.
2. En un mortero, haz un majado con el ajo, el perejil y un chorrito de aceite de oliva.
3. Unta con la mezcla obtenida del majado los trozos de rape cortados en dados.
4. Corta el pimiento verde, la cebolla y el tomate también en dados.
5. Pincha en los palos de brocheta los trozos de rape, las gambas y los trozos de pimiento verde, cebolla y tomate, de forma alterna.
6. Cuando tengas preparadas las brochetas, sazónalas.
7. Cocina las brochetas a la plancha en una sartén, con un poco de aceite de oliva.
8. Cuando las saques de la sartén, sírvelas en una fuente y ¡disfrútalas!

Brocheta de solomillo con crema de queso azul

Ingredientes
Para 4 personas

1 solomillo de cerdo
1 calabacín
200 g de queso azul
medio vasito de nata líquida

sal fina
cristales de sal
pimienta
aceite de oliva

Elaboración

1. Trocea el solomillo en cubos y salpiméntalos.

2. Lava el calabacín, córtalo en dados y sazónalos.

3. Pincha en los palos de brochetas los cubos de solomillo y los dados de calabacín de forma alterna.

4. Pon, en un cazo al fuego, el queso azul con la nata líquida y calienta ambos ingredientes hasta que se forme una crema ligera.

5. Por otro lado, cocina las brochetas a la plancha en una sartén con un poquito de aceite de oliva.

6. Sirve a continuación las brochetas en una fuente y acompáñalas de la crema de queso.

Brocheta multicolor

Ingredientes
Para 4 personas

1 pimiento rojo
1 pimiento verde
1 pimiento amarillo
1 cebolla
300 g de pollo en taquitos

sal
aceite de oliva
hojas de lechugas variadas
vinagre

Elaboración

1. Lava y corta en cuadrados el pimiento rojo, el pimiento verde y el pimiento amarillo.

2. Pela la cebolla y córtala también en cuadrados.

3. Una vez cortadas las verduras, sazónalas.

4. Corta el pollo en taquitos o bien pídele al carnicero que te lo dé ya troceado y a continuación, sazónalo.

5. Pincha en los palos de brocheta los trozos de pimiento verde, rojo y amarillo, así como los trozos de cebolla y los taquitos de pollo, todos ellos de forma alterna.

6. Fríe las brochetas en una sartén al fuego, con aceite de oliva.

7. Una vez fritas las brochetas, seca el exceso de grasa, dejándolas escurrir en un plato cubierto con papel de cocina absorbente.

8. Por otro lado, lava las hojas de lechuga y, una vez limpias, alíñalas con un poco de vinagre, aceite y sal.

9. Sirve las brochetas en una fuente y acompáñalas con las lechugas aliñadas.

Brocheta vegetal

Ingredientes
Para 4 personas

1 berenjena
4 champiñones grandes
4 cebolletas
30 g de frutos secos (valen
    avellanas, piñones, almendras
    o nueces)

1 ajo
tomate natural triturado
pulpa de pimiento choricero
vinagre
aceite de oliva
sal

Elaboración

1. Pela y corta la berenjena en dados, ponla en un bol y sazónala.

2. Limpia y corta las cebolletas en trozos del mismo tamaño que las berenjenas.

3. Limpia muy bien los champiñones y córtales el tallo.

4. Pincha en cada palo de brocheta un «sombrero» de champiñón, un trozo de cebolleta y un trozo de berenjena.

5. A continuación, fríe las brochetas en una sartén puesta al fuego con aceite.

6. Por otro lado, pica los frutos secos en el vaso de la batidora.

7. Incorpora asimismo en el vaso de la batidora el tomate natural triturado.

8. Añade a los ingredientes anteriores el aceite de oliva, el vinagre, la sal y la pulpa de pimiento choricero.

9. Tritura todos los ingredientes anteriores con la batidora.

10. Por último, sirve las brochetas en una fuente y echa por encima la salsa preparada.

Brochetas de brécol, patata y calabaza

Ingredientes
Para 4 personas

1 brécol
2 patatas
200 g de calabaza

1 bote de mayonesa *light*
hierbas aromáticas

Elaboración

1. Lava y corta el brécol en trocitos (ramitos) no muy pequeños.
2. Pela las patatas y haz bolitas de patatas con un sacabocados.
3. A continuación, pela la calabaza y haz bolitas de calabaza con el sacabocados.
4. Hierve las bolitas de patata y calabaza y los trocitos de brécol en agua con sal hasta que queden «al dente» (en su punto óptimo de cocción).
5. Mezcla la mayonesa *light* con las hierbas aromáticas que más te gusten (tomillo, romero, orégano, eneldo...).
6. Por último, ensarta con cuidado las bolitas de patata y calabaza y los trocitos de brécol en palos de brocheta.
7. Sirve las brochetas con la salsa preparada de mayonesa y de hierbas aromáticas.

Brochetas de encurtidos y ahumados

Ingredientes
Para 4 personas

100 g de palometa ahumada
100 g de trucha ahumada
100 g de bacalao ahumado
100 g de anchoa ahumada
1 huevo cocido
pepinillos en vinagre

mayonesa
1 cebolleta
cebollitas en vinagre
mostaza semidulce
nata

Elaboración

1. Corta unas porciones de trucha ahumada en tiras anchas.

2. Encima de cada porción de trucha, coloca un trozo del resto de los ahumados troceados (la palometa, la anchoa y el bacalao).

3. Enrolla las tiras de trucha sobre sí mismas en forma de rulo formando unos rollitos y, a continuación, córtalos por la mitad.

4. Pincha los rollitos en los palos de brocheta y alterna con las cebollitas.

5. Corta unos pepinillos por la mitad y ensártalos también en los palos de brocheta.

6. Por otro lado, pela el huevo cocido y pícalo.

7. Asimismo, pela y pica la cebolleta.

8. En un bol incorpora la mayonesa, el huevo y la cebolleta picada y mezcla todos los ingredientes muy bien.

9. En otro bol incorpora la mostaza y la nata y remueve bien con una varilla para que se liguen los ingredientes (si no tuvieras varilla utiliza un tenedor).

10. Por último, sirve las brochetas en una fuente acompañadas de la salsa de mayonesa y de la salsa de mostaza.

11. ¡El plato está listo!

Brochetas de fruta

Ingredientes

Para 4 personas

media piña
medio melón
1 bandeja pequeña de fresas
1 plátano

75 g mantequilla
75 g de azúcar moreno
50 g de cobertura de chocolate
helado de vainilla o nata montada

Elaboración

1. Funde la mantequilla en un cazo puesto al fuego y, acto seguido, incorpora la cobertura de chocolate.

2. Pela y trocea la piña, el melón y el plátano.

3. Pincha los diferentes trozos de frutas, de forma intercalada, en palos de brocheta.

4. Por otro lado, lava las fresas y quítales el tallo verde.

5. A continuación, baña las fresas en el chocolate fundido y resérvalas.

6. Saltea las brochetas en una sartén a fuego medio.

7. Agrega a las brochetas un poco de azúcar moreno para caramelizarlas.

8. Por último, sirve las brochetas acompañadas de las fresas bañadas en chocolate y de helado de vainilla o nata montada (como más te guste).

Brochetas de mollejas de cordero crujientes

Ingredientes
Para 4 personas

400 g de mollejas de cordero
100 g de cebollitas francesas
harina
1 huevo
pan rallado

perejil picado
azúcar
aceite de oliva
sal

Elaboración

1. Incorpora unas cebollitas francesas peladas, sin quitarles el rabito, en un cazo con agua hirviendo.

2. En un bol bate un huevo.

3. Saltea las cebollitas, una vez hervidas y escurridas, en una sartén puesta al fuego a la que debes añadir azúcar.

4. Una vez incorporado el azúcar, mantén las cebollitas en la sartén a fuego suave hasta que estén caramelizadas.

5. Si después del paso anterior vieras que las cebollitas se han quedado secas, añádeles un poco de agua antes de retirarlas del fuego.

6. Sazona unas mollejas limpias y pásalas por harina, huevo batido y pan rallado.

7. Calienta aceite de oliva en otra sartén y saltea las mollejas rebozadas.

8. Una vez fritas las mollejas, retíralas del fuego y pínchalas en palos de brocheta alternándolas con las cebollitas caramelizadas.

9. Coloca las brochetas en una fuente y ¡listo!

Brochetas de pavo, beicon y verduras

Ingredientes
Para 4 personas

4 contramuslos de pavo
250 g de beicon en una pieza
8 tomates cherry
1 tomate maduro

1 pimiento verde
1 pimiento rojo
aceite de oliva
sal

Elaboración

1. Quítale la piel a los contramuslos de pavo y trocéalos en dados.

2. Corta el beicon y los pimientos verde y rojo en tacos.

3. Pincha en cada palo de brocheta un trozo de pavo, un trozo de beicon y un trozo de cada pimiento y reserva las brochetas para freírlas al final de la preparación del plato.

4. Pela el tomate y trocéalo para, a continuación, triturarlo con la batidora. Una vez triturado, cuélalo con un colador para obtener una salsa de tomate homogénea.

5. Rehoga el tomate colado en una sartén puesta al fuego con un poco de aceite de oliva.

6. Sazona y rectifica la acidez del tomate con un poco de azúcar.

7. Una vez montadas las brochetas, cocínalas a la plancha en una sartén puesta al fuego con un poquito de aceite de oliva.

8. En otra sartén puesta al fuego con un poco de aceite saltea los tomates cherry.

9. Sirve las brochetas en una fuente acompañándolas con los tomates cherry y en un cuenco aparte, incorpora la salsa de tomate, también para acompañar.

Brochetas dulces

Ingredientes
Para 4 personas

200 g de fresas
1 mango
100 g de chocolate negro de cobertura

100 g de chocolate blanco
100 g de coco rallado
100 g de almendras molidas

Elaboración

1. Pon los dos chocolates en distintos recipientes y fúndelos, por separado, en el microondas.

2. Se recomienda que la fundición de los chocolates se realice poco a poco para evitar que los chocolates se quemen: de 30 segundos en 30 segundos hasta que se fundan.

3. Asimismo, lava las fresas y quítales el rabito, si lo tuvieran.

4. Pela el mango y trocéalo en cubos.

5. Ensarta las fresas y los cubos de mango en los palos de brocheta de forma alterna.

6. Reboza algunas brochetas con coco rallado y otras, con almendras molidas.

7. A continuación, cubre la mitad de las brochetas con el chocolate negro fundido y, la otra mitad, con el chocolate blanco que también has fundido.

8. Sirve las brochetas en una bandeja, presentándolas de forma alterna.

Bucatini alla amatriciana

Ingredientes
Para 4 personas

1 cebolla
50 g de aceite de oliva virgen extra
250 g de panceta fresca
450 g de tomate triturado

3 guindillas
queso pecorino al gusto
400 g de pasta «Bucatini» (pasta
    larga)

Elaboración

1. En una olla de acero puesta al fuego con un poco de aceite, rehoga muy suavemente la cebolla cortada en tiras y la guindilla.

2. Añade, a continuación, la panceta cortada en taquitos. Deja que suelte su grasa.

3. Vierte el tomate triturado también en la olla y deja cocer todo el conjunto durante unos 35 minutos aproximadamente.

4. Una vez haya transcurrido el tiempo indicado, retira la olla del fuego.

5. En otra olla puesta al fuego, cuece la pasta en abundante agua hirviendo con sal, hasta que quede «al dente». Cuando la pasta ya esté lista, escúrrela, sírvela en una fuente y mézclala con la salsa preparada con anterioridad.

6. A la hora de servir el plato, añade a la pasta el queso pecorino espolvoreado por encima.

Café Chantilly

Ingredientes
Para 4 personas

café
nata líquida para montar
azúcar «avainillada» o esencia
   de vainilla

azúcar molido
cacao en polvo
4 palitos de canela

Elaboración

1. Prepara la crema chantilly en un bol, montando con unas varillas la nata líquida con azúcar molido y unas gotas de azúcar «avainillada» o esencia de vainilla.

2. Prepara en una cafetera un buen café.

3. Sirve el café con la crema chantilly en cuatro tazas y espolvorea el cacao por encima.

4. Como toque final, decora las tazas de café con un palito de canela cada una.

Calamares a la romana

Ingredientes
Para 4 personas

1 kg de calamares	2 ajos
harina	1 limón
1 huevo	aceite de oliva
1 paquete de escarola	sal

Elaboración

1. Limpia los calamares, córtalos en rodajas y añádeles unas gotas de limón recién exprimido.

2. Pela los ajos y machácalos en un mortero.

3. Lava la escarola con agua.

4. En un bol casca y bate un huevo.

5. A continuación, pasa las rodajas de calamar por el huevo batido y la harina y sazónalas.

6. En una sartén puesta al fuego con aceite, incorpora los calamares y fríelos.

7. En otra sartén puesta al fuego con aceite, fríe los ajos machacados y sazónalos.

8. Una vez fritos los calamares, retíralos del fuego y déjalos reposar en un plato previamente cubierto con papel absorbente de cocina.

9. Para presentar el plato, sirve los calamares en una fuente acompañados de la escarola aliñada con la fritada de ajos y sal.

Caldero de ibérico con pasta

Ingredientes
Para 4 personas

200 g de presa de ibérico
220 g de macarrones
1 pimiento verde
1 cebolleta
1 puerro
1 zanahoria

1 trozo de hueso de jamón ibérico
azafrán
1 dl de vino blanco
romero fresco
sal
aceite de oliva

Elaboración

1. En una sartén puesta al fuego con aceite de oliva, rehoga ligeramente el trozo de hueso de jamón y, una vez rehogado, resérvalo.

2. Lava el puerro y córtale el tallo.

3. Pela la zanahoria.

4. En una olla con agua puesta al fuego, cuece el puerro, la zanahoria, el romero y el hueso de jamón durante 1 hora.

5. Después de 1 hora, retira la olla del fuego y cuela el caldo.

6. Lava la cebolleta y pícala.

7. Lava el pimiento verde y pícalo.

8. En una cazuela puesta al fuego con un poco de aceite de oliva, rehoga los trocitos de cebolla y pimiento verde. Cuando se hayan dorado un poquito, incorpora el azafrán y el caldo. A continuación sazona bien todo el conjunto y déjalo hervir a fuego medio.

9. Incorpora también la pasta para que se cueza junto con el resto de los ingredientes.

10. Mientras la cazuela sigue al fuego, trocea la presa de ibérico en tiras, sazónalas y saltéalas a fuego vivo en una sartén con un poquito de aceite.

11. Añade la carne ya salteada a la cazuela junto con los demás ingredientes en el último minuto de cocción.

10. Sirve el caldero en una fuente y ¡disfrútalo!

Caldo de jamón con verduras

Ingredientes
Para 4 personas

1 punta de jamón
1 hueso de caña
1 puerro
1 rama de apio
1 cabeza de ajos
2 hojas de laurel

1 zanahoria
1 patata
unas hojas de menta fresca
aceite de oliva
sal

Elaboración

1. Pela y trocea el apio, el puerro y los ajos.

2. Incorpora estas verduras a una olla puesta al fuego con un poco de aceite de oliva y rehógalas.

3. Pela la patata y la zanahoria.

4. Añade la patata, la zanahoria, la punta de jamón, el hueso y las hojas de laurel a la olla y deja que el conjunto se rehogue 2 minutos más.

5. Cubre los ingredientes de la olla con agua y deja que éstos cuezan a fuego lento durante 45 minutos.

6. Una vez el caldo se haya cocinado, cuélalo con la ayuda de un colador y rectifica de sal si fuera necesario.

7. Por otro lado, corta la patata y la zanahoria en dados.

8. Por último, sirve el caldo en una sopera con los dados de patata y zanahoria. Acompaña el caldo con un poco de menta picada.

9. ¡Toma el caldo calentito!

Caldo de patata, puerro y marisco

Ingredientes
Para 4 personas

2 puerros grandes

½ kg de patatas

200 g de mejillones

200 g de berberechos

aceite de oliva

perejil

sal

Elaboración

1. Limpia muy bien los mejillones y los berberechos.

2. Pon una olla con agua al fuego y espera a que rompa a hervir.

3. Cuece los mejillones y los berberechos en la olla.

4. Cuando se hayan abierto ambos moluscos, saca los mejillones y berberechos de sus conchas y resérvalos; por otro lado, cuela el agua en que los has hervido y también resérvala.

5. Limpia los puerros y pela las patatas. Corta ambos en rodajas.

6. Pon una cazuela al fuego y rehoga con un poco de aceite las rodajas de puerro y de patata.

7. A continuación, cubre los ingredientes de la cazuela con el caldo de cocción de los mejillones y berberechos que habías reservado y deja que cuezan a fuego suave durante 20 minutos.

8. Incorpora en el último momento los mejillones y los berberechos y espolvorea el conjunto con perejil picado.

9. Sirve el caldo en una sopera y tómalo caliente.

Canapé de aguacate con gambas

Ingredientes
Para 4 personas

4 rebanadas de pan de molde
1 aguacate
1 bote de mayonesa

tomate ketchup
el zumo de media naranja
gambas cocidas y peladas

Elaboración

1. Tuesta las rebanadas de pan de molde y, una vez tostadas, córtalas en forma de triángulos.

2. Mezcla en un bol la mayonesa, el tomate ketchup y el zumo de naranja, para preparar una salsa rosa.

3. Por otra parte, pela el aguacate y pártelo en dos, quitándole el hueso. Córtalo en rodajas finas.

4. Para preparar el plato, coloca sobre los triángulos de pan de molde tostado unas rodajas de aguacate; encima del aguacate, un poco de salsa rosa y para coronar los canapés un par de gambas cocidas.

5. Sólo te queda servir los canapés en la bandeja o en la fuente de tu elección.

Canapé de pimiento con morcilla

Ingredientes
Para 4 personas

5 pimientos del piquillo
1 morcilla de arroz
1 brick de nata líquida
mantequilla

aceite de oliva
4 rebanadas de pan tostado
sal

Elaboración

1. Quítale la piel a la morcilla y desmenúzala con la ayuda de un tenedor.

2. Lava y limpia cuatro pimientos del piquillo y rellénalos con la morcilla desmenuzada.

3. Por otro lado, prepara la salsa de acompañamiento poniendo en un cazo al fuego el otro pimiento, la nata, y la mantequilla.

4. Deja cocer la salsa al fuego unos 10 minutos y luego retírala y resérvala. A continuación, sazona la salsa y tritúrala con una batidora. Cuélala para conseguir así una salsa homogénea.

5. Para presentar el plato, sirve encima de cada rebanada de pan un pimiento relleno y salsea.

6. ¡El plato está listo!

Canapé de revuelto de mojama y salmón

Ingredientes
Para 4 personas

100 g de mojama de atún
100 g de salmón ahumado
2 huevos

un poco de mayonesa
un poco de cebollino
4 rebanadas de pan tostado

Elaboración

1. Corta la mojama y el salmón en trozos.

2. En un bol casca los huevos y bátelos.

3. Lava el cebollino y pícalo.

4. En una sartén puesta al fuego con un chorro de aceite oliva, incorpora la mojama y el salmón ahumado y añade los dos huevos batidos.

5. Cuaja ligeramente los huevos para que queden jugosos.

6. Por último, unta las rebanadas de pan con un poco de mayonesa y coloca encima el revuelto y el cebollino picado. ¡Listo!

Canapé de salmón ahumado con queso

Ingredientes
Para 4 personas

300 g de salmón ahumado en lonchas finas
1 tarrina de crema de queso

rebanadas de pan
1 cebollino

Elaboración

1. Tuesta las rebanadas de pan.
2. Unta cada una de las rebanadas de pan con la crema de queso.
3. A continuación, corta el cebollino y espolvoréalo por encima de la crema de queso untada.
4. Coloca encima de cada canapé, un poco de salmón ahumado del tamaño de cada rebanada de pan.
5. Presenta los canapés en una fuente y ¡listo!

Canapé de tapenade con anchoas

Ingredientes
Para 4 personas

200 g de aceitunas negras sin hueso
anchoas en conserva
50 g de alcaparras

aceite de oliva
1 diente de ajo
rebanadas de pan

Elaboración

1. Tuesta las rebanadas de pan.

2. En el vaso de la batidora, incorpora el ajo, una vez pelado, las aceitunas y las alcaparras.

3. Empieza a triturar los ingredientes incorporados en el vaso de la batidora y añade, poco a poco, el aceite de oliva.

4. Unta cada rebanada de pan tostado con el paté de aceitunas resultante de la mezcla anterior (se conoce como «tapenade»).

5. Termina el plato colocando una anchoa encima de cada rebanada de pan untada con paté «tapenade» y sírvelo.

Canapés ahumados

Ingredientes
Para 4 personas

8 rebanadas de pan de molde
mantequilla
1 bote de sucedáneo de caviar

1 bote de huevas de salmón
unas lonchas de ahumados
  variados

Elaboración

1. Unta las rebanadas de pan de molde con mantequilla.
2. Coloca las distintas lonchas de ahumados sobre las rebanadas untadas con mantequilla.
3. Encima de los ahumados incorpora media cucharada de huevas de salmón y otra media de sucedáneo de caviar.
4. Corta las rebanadas en dos y colócalas en una fuente.
5. ¡Disfruta el plato!

Canapés de beicon y dátiles

Ingredientes
Para 4 personas

8 rebanadas de pan de molde
8 dátiles sin hueso
4 lonchas de beicon
1 puerro

aceite de oliva
1 bote de salsa 4 quesos
sal

Elaboración

1. Tuesta las rebanadas de pan de molde en un tostador o al fuego en una sartén.

2. Pica los dátiles y corta el beicon en tiras.

3. Lava el puerro, quítale las primeras capas y pícalo.

4. Saltea en una sartén puesta al fuego con un poco de aceite, el beicon y el puerro.

5. Añade a la sartén los dátiles picados y mezcla el conjunto muy bien. Una vez salteados y mezclados todos los ingredientes, retíralos del fuego y resérvalos.

6. Por otro lado, unta las rebanadas de pan tostadas con un poco de salsa 4 quesos y, encima, coloca la mezcla de beicon, dátiles y puerro.

7. Por último, corta las rebanadas de pan por la mitad y sirve los canapés resultantes en una fuente.

8. ¡Disfruta el plato!

Canapés de caballa

Ingredientes
Para 4 personas

1 barra de pan de baguette
1 lata de caballa en aceite
3 pimientos del piquillo

1 tomate
150 g de queso fresco

Elaboración

1. Corta el pan de baguette en rebanadas y tuéstalas.

2. Lava el tomate y córtalo en rodajas muy finas.

3. Limpia los pimientos del piquillo y córtalos en tiras.

4. En cada rebanada de pan coloca dos rodajas de tomate.

5. Asimismo corta el queso fresco en lonchas y colócalas encima de las rodajas de tomate.

6. Por último, dispón la caballa encima del queso fresco y decora los canapés con las tiras de pimiento del piquillo.

7. Coloca rápido los canapés en una bandeja que ¡llega el turno de comer!

Canapés de salmorejo y berenjena

Ingredientes
Para 4 personas

1 barra de pan de chapata
1 berenjena
harina
3 tomates maduros
1 huevo cocido
1 loncha de jamón serrano

media barra de pan del día
   anterior
vinagre
1 diente de ajo
aceite de oliva virgen extra
sal

Elaboración

1. Corta el pan de chapata en rebanadas y tuéstalas.

2. Pela los tomates.

3. Pela y pica el ajo.

4. Prepara el salmorejo poniendo a remojo en un bol grande la media barra de pan. Incorpora al pan en remojo los tomates pelados, el ajo picado, un poco de vinagre y aceite de oliva. A continuación tritura todos los ingredientes hasta obtener una mezcla con cierta consistencia. Sazona. Por último, vuelve a mezclar todos los ingredientes muy bien.

5. Por otro lado, pela la berenjena y córtala en bastones. Pasa los bastones por harina y fríelos en una sartén puesta el fuego con aceite. Cuando la berenjena esté frita, retírala del fuego y déjala reposar sobre un plato cubierto con papel de cocina absorbente.

6. Pica el huevo duro y trocea el jamón serrano.

7. Unta cada rebanada de pan tostado con el salmorejo preparado y coloca encima un poco de huevo duro y de jamón serrano.

8. Termina el plato sirviendo los canapés en una fuente acompañados de los bastones de berenjena.

9. ¡Disfruta el plato!

Canapés variados

Ingredientes
Para 4 personas

pan de molde
salmón ahumado
jamón de york
queso cheddar
tomates cherry
pepinillos en vinagre

pimientos de piquillo
1 lata de atún en aceite
tomate frito
cebollitas en vinagre
1 bote de mayonesa

Elaboración

Canapés de jamón y queso
1. Corta las rebanadas de pan de molde en cuadrados.
2. Monta los canapés colocando lonchas de queso cheddar y jamón de york (con las mismas dimensiones que el pan) sobre las rebanadas.
3. Lava los tomates cherry y córtalos en láminas.
4. Antes de servir los canapés, decóralos por encima con láminas de tomate cherry.

Canapés de salmón
1. Corta las rebanadas de pan de molde en cuadrados.
2. Prepara los canapés, untando las rebanadas de pan de molde con mayonesa.
3. Pica las cebollitas y los pepinillos en vinagre.
4. Encima de las rebanadas untadas de mayonesa, coloca el salmón (guardando las dimensiones de las rebanadas) y las cebollitas y los pepinillos picados.

Canapés de atún y pimiento
1. Corta las rebanadas de pan de molde en cuadrados.
2. Prepara los canapés untando las rebanadas de pan de molde con el tomate frito y colócales encima un pimiento de piquillo y un poquito de atún en aceite.

Presentación
Coloca en una fuente los distintos canapés y ¡listos para degustar!

Canelones de atún

Ingredientes
Para 4 personas

16 placas de canelones pre-cocidos
1 cebolla
600 g de tomates en conserva
240 g de atún en aceite
4 cucharadas de perejil picado

240 cl de leche
4 cucharadas de aceite de oliva
   virgen
1 pimiento verde
40 g de queso rallado

Elaboración

1. Pela la cebolla y pícala.

2. Lava el pimiento y pícalo.

3. Pon una sartén al fuego con un poco de aceite y rehoga la cebolla y el pimiento picados y sazónalos.

4. Como las placas de canelones no necesitan cocción, introdúcelas en un recipiente con agua caliente para reblandecerlas.

5. Pica el tomate en conserva, incorpóralo al sofrito de la sartén y rehoga todo el conjunto.

6. Añade al sofrito el atún desmigado y mezcla todo el conjunto muy bien.

7. Seca con un paño de cocina la pasta que dejaste en remojo, extiéndela sobre un paño limpio y rellena cada placa con parte del sofrito preparado.

8. Enrolla la pasta para formar los canelones y colócalos en una bandeja de horno con una gota de aceite.

9. Por otro lado, pon un cazo al fuego con la leche, incorpora el queso rallado y disuélvelo con cuidado de que la leche no hierva.

10. Por último, cubre los canelones con la crema de leche y queso y pon el conjunto a gratinar en el horno.

11. Una vez gratinados, sirve los canelones en una fuente y espolvoréalos con perejil picado por encima.

12. ¡El plato está listo!

Canelones de champiñón y bacalao

Ingredientes
Para 4 personas

12 láminas de pasta de canelones
¼ kg de champiñones
200 g de bacalao
50 g de aceitunas verdes
   deshuesadas

2 tomates rallados
2 dl de nata montada
2 yemas de huevo
aceite de oliva
sal

Elaboración

1. Lava y tritura los champiñones, los lomos de bacalao y las aceitunas verdes con un picador de cocina.

2. Pon una sartén al fuego con un poco de aceite, incorpora los ingredientes anteriormente picados y rehógalos. Una vez rehogados, sazónalos.

3. A continuación, introdúcelos en una manga pastelera.

4. Por otro lado, pon una cazuela con agua y sal a hervir y cuece las láminas de pasta.

5. Cuando la pasta se haya cocido, escúrrela y rellénala con la mezcla incorporada en la manga pastelera.

6. Enrolla las láminas en forma de rulo (sobre sí mismas) para formar los canelones.

7. A continuación, coloca los canelones en un plato con la salsa de tomate y caliéntalos en el microondas dos minutos al 100 % de potencia.

8. Por otro lado, bate la nata líquida y la yema de huevo en un bol.

9. Por último, coloca los canelones calentados con la salsa de tomate en una fuente y cúbrelos con la mezcla de nata y huevo preparada.

10. A continuación, pon la fuente a gratinar en el horno. ¡Sírvelo caliente!

Caracolas con pez espada, salsa de pimiento rojo y vinagreta de rúcola

Ingredientes
Para 4 personas

400 g de pasta de conchas de pescado
30 g de aceite de oliva virgen extra
25 g de cebolla triturada
200 g de pez espada
un cuarto de diente de ajo triturado
100 ml de caldo de pescado
250 g de pimiento rojo bien carnoso
nata (al gusto)
1 cucharada de vinagre balsámico
1 manojo de rúcola
pimienta negra
sal

Elaboración

1. En una cacerola puesta al fuego con un poco de aceite rehoga parte del ajo y la cebolla. Cuando estén ligeramente dorados, añade el pimiento rojo, limpio y troceado.

2. Rehoga todo el conjunto anterior y salpiméntalo.

3. Añade a continuación un poco de caldo y deja cocer de nuevo varios minutos.

4. Agrega un poco de nata y mézclalo todo.

5. Retira la cacerola del fuego y, con la ayuda de la batidora, tritura las verduras con el caldo.

6. En otra cacerola puesta al fuego con aceite y sal, cuece la pasta.

7. Cuando la pasta se haya cocido, escúrrela. En una cazuela puesta al fuego con un poco de aceite, saltea la pasta junto con la salsa triturada.

8. Por otro lado, parte el pez espada en trozos. En otra cazuela puesta al fuego con un poco de aceite, rehoga el resto de ajo y cuando esté un poco dorado, incorpora los trozos de pez espada salpimentados.

9. A continuación, añade a esta cazuela la pasta salseada y mezcla todo el conjunto.

10. Sirve la pasta en una fuente y decora el plato con la rúcola aliñada con aceite de oliva, vinagre balsámico y sal.

Carpaccio de rape con parmesano

Ingredientes
Para 4 personas

400 g de rape limpio
50 g de queso parmesano
alcaparras
1 huevo duro
2 cucharadas de mostaza

1 cebolleta
vinagre de manzana
aceite de oliva virgen extra
sal

Elaboración

1. Envuelve el lomo de rape con papel transparente dándole forma de rollo.

2. Mete el rollo en el congelador durante 24 horas.

3. Por otro lado, pela y trocea una cebolleta fresca en láminas muy finas e incorpóralas a un bol, reservando parte de ella para la presentación del plato.

4. Una vez hayan transcurrido las 24 horas, retira el rollo de rape del congelador, córtalo en láminas muy finas y colócalas en un plato.

5. Incorpora un poco de mostaza por encima de las láminas de rape.

6. Agrega unas alcaparras y la cebolleta.

7. A continuación, sazona todo el conjunto y agrega por último el huevo cocido picado, un poco de aceite de oliva virgen extra y el queso parmesano partido en lascas (saca éstas con la ayuda de un pelaverduras o de un cuchillo).

8. ¡El plato está listo!

Caviar de berenjenas

Ingredientes
Para 4 personas

2 berenjenas
aceite de sésamo
semillas de sésamo tostadas
ajo
aceite de oliva

zumo de limón
pan de pita
cominos
sal

Elaboración

1. Coloca en una fuente de horno las berenjenas cortadas por la mitad.

2. Hornea las berenjenas hasta que se doren, 30 minutos a 170 ºC.

3. Una vez que se hayan dorado trocea su pulpa.

4. Tritura con la batidora la pulpa de las berenjenas con las semillas de sésamo, el ajo pelado, el zumo de limón, el aceite de oliva, el aceite de sésamo, los cominos y la sal.

5. Por último, presenta la crema de berenjenas en un bol con el pan de pita alrededor.

6. ¡Disfruta el plato!

Cazuela de habas, morcilla y huevos

Ingredientes
Para 4 personas

1 bote de habitas tiernas fritas
100 g de champiñones
2 morcillas pequeñas

4 huevos
sal
aceite de oliva

Elaboración

1. Lava y corta el champiñón en láminas.
2. Calienta un poco de aceite en una cazuela puesta al fuego. Saltea los champiñones y sazónalos.
3. Quítale la piel a las morcillas, córtalas en rodajas e incorpóralas a la cazuela.
4. Una vez hayas escurrido las habitas del líquido de la conserva, agrégalas también a la cazuela.
5. A continuación, añade un huevo por persona a la cazuela y sazónalos. Para que los huevos se vayan cuajando, rompe su clara y su yema.
6. Cuando hayan cuajado, retira la cazuela del fuego y llévala directamente a la mesa.

Centro de ciervo con setas y frutos rojos

Ingredientes
Para 4 personas

600 g de solomillo de ciervo
200 g de setas
2 dl de caldo de carne
100 g de frutos rojos variados
   (fresas, frambuesas, arándanos
   negros)

1 dl de vino tinto
romero fresco
azúcar
nuez moscada
aceite de oliva
sal

Elaboración

1. En un cazo, incorpora el vino y deja que se evapore el alcohol.

2. Añade al cazo el caldo de carne y deja que el conjunto reduzca. Una vez reducida, retira el cazo del fuego y reserva la salsa obtenida para finalizar el plato.

3. Por otro lado, lava las fresas, las frambuesas y los arándanos negros (los frutos rojos).

4. En una sartén puesta al fuego con un poco de aceite de oliva, saltea los frutos rojos y condiméntalos con sal, azúcar, romero y nuez moscada.

5. Filetea los solomillos de ciervo y fríelos en una sartén puesta al fuego con aceite de oliva.

6. En otra sartén con un poco de aceite de oliva, rehoga y sazona las setas. Una vez rehogadas, retíralas del fuego y resérvalas.

7. Por último, sirve los filetes de ciervo en una fuente acompañados de las setas y el salteado de frutos rojos. Salséalo todo con la salsa reservada.

Centro de morcilla y gambas

Ingredientes
Para 4 personas

2 morcillas de arroz
4 huevos
200 g de gambas peladas
2 pimientos del piquillo

perejil rizado
aceite de oliva
sal

Elaboración

1. Quítale la piel a las morcillas de arroz y pártelas en trozos.
2. Pon una sartén al fuego con un poco de aceite y saltea la morcilla; a medida que se cocine, ve deshaciéndola al fuego poco a poco con la ayuda de una espumadera.
3. Lava y corta los pimientos del piquillo en tiras finas.
4. En otra sartén puesta al fuego con un poco de aceite, saltea las gambas peladas.
5. Cuando las gambas estén listas, casca los huevos directamente en la sartén y remueve el conjunto hasta que cuaje ligeramente.
6. Para montar el plato, coloca en un molde de cocina una base con la morcilla desmigajada y, encima, el revuelto de gambas y huevo.
7. A continuación, vuelca el molde sobre una fuente y termina el plato colocando encima del conjunto las tiras de pimiento y el perejil rizado.

Ceviche de lubina con lima y mújol

Ingredientes
Para 4 personas

2 lubinas	1 tomate
2 limas	aceite de oliva
cebollino	pimienta
cilantro	sal
huevas de mújol	

Elaboración

1. Corta los extremos de la lubina (cola y cabeza) y retíralos.
2. Quítale la piel a la lubina y corta sus lomos en trozos longitudinales.
3. Incorpora los trozos de la lubina ya limpios a un bol.
4. Por otro lado, pela el tomate, trocéalo y agrégalo al bol con los trozos de lubina.
5. Aromatiza los ingredientes del bol con unas gotas de vinagre balsámico.
6. Exprime una lima, con la ayuda de un exprimidor, sobre la mezcla de lubina y tomate.
7. Agrega también al bol unas hojas de cilantro y salpimenta todo el conjunto.
8. Incorpora el cebollino troceado y mezcla de nuevo todos los ingredientes. A continuación, deja enfriar la mezcla en la nevera durante 30 minutos.
9. Cuando saques el bol de la nevera, incorpora un chorro de aceite de oliva.
10. De la otra lima, saca unos gajos y resérvalos para montar el plato.
11. Sirve el ceviche (la mezcla del bol) dentro de un molde para darle forma y acompáñalo de unas huevas de mújol y de los gajos de lima.
12. ¡Disfruta el plato!

Champiñones a la crema de queso

Ingredientes
Para 4 personas

½ kg de champiñones
1 tarrina de queso Camembert
    para untar
media cebolla

2 lonchas de jamón de york
aceite de oliva
albahaca
sal

Elaboración

1. Lava bien los champiñones y córtales el tallo.
2. Vacía un poco el «sombrero» de los champiñones y por otro lado, pica los tallos.
3. Corta el jamón en tiritas.
4. Pela y pica la cebolla y rehógala en una sartén con un poco de aceite. Incorpora los tallos de champiñón. A continuación, sazona todo el conjunto.
5. En un bol aparte, añade el jamón cortado en tiritas y mézclalo con la crema de queso Camembert.
6. Rellena los champiñones con la mezcla del bol y, a continuación, colócalos en una bandeja de horno.
7. Riega los champiñones con un poco de aceite, échales sal por encima y espolvoréalos con la albahaca picada.
8. Hornea los champiñones durante 5 minutos a 180 °C.
9. Sirve los champiñones en una fuente y ¡listo!

Champiñones rellenos de carne

Ingredientes
Para 4 personas

16 champiñones grandes
150 g de jamón serrano
150 g de carne picada de ternera
orégano
queso rallado

1 vasito de vino blanco
aceite de oliva
pimienta
sal

Elaboración

1. Limpia y cocina en una sartén con aceite unos champiñones con el «sombrero» hacia arriba.

2. Dales la vuelta a los champiñones en la sartén y sazónalos.

3. En otra sartén con aceite, cocina la carne picada, y échale sal y pimienta.

4. Coloca dentro de cada champiñón la carne y el queso parmesano rallado.

5. En la misma sartén donde rehogaste los champiñones, vuelve a cocinarlos ligeramente, con el fuego más suave.

6. Incorpora a los champiñones el vino blanco y cocina el conjunto hasta que reduzca.

7. Por otro lado, pica el jamón serrano y colócalo encima de cada champiñón. Espolvorea el orégano por encima de cada champiñón.

8. Sirve los champiñones en una fuente y ¡disfrútalos!

Champiñones rellenos de queso de cabra

Ingredientes
Para 4 personas

400 g de champiñones grandes
50 g de queso de cabra
50 g de jamón de york picado
1 tomate

perejil picado
pimienta
sal

Elaboración

1. Limpia los champiñones, córtales el tallo y pícalos muy finos. Reserva los «sombreros».
2. Pela el tomate y córtalo en dados pequeños.
3. Corta el queso en trozos pequeños.
4. Mezcla en un bol los tallos de champiñón picados con el tomate troceado, el queso, el jamón y el perejil.
5. A continuación, rellena los «sombreros» de champiñón con esta mezcla.
6. Coloca los champiñones rellenos en una fuente para microondas y cocínalos durante 8 minutos al 75 % de su potencia o hasta que se funda el queso.
7. Saca los champiñones del microondas y ¡el plato está listo para servir!

Chipirones encebollados

Ingredientes
Para 4 personas

½ kg de chipirones
4 cebollas
1 dl de vino de Jerez
2 ajos

perejil fresco
pimienta blanca
aceite de oliva
sal

Elaboración

1. Pela y trocea las cebollas en medios aros.

2. En una sartén puesta al fuego con aceite de oliva dora los aros de cebolla a fuego vivo.

3. Pela y lamina unos ajos y cuando la cebolla esté dorada, incorpóralos a la sartén. Sazona el conjunto.

4. Por otro lado, lava y limpia los chipirones.

5. Sube el fuego de la sartén y agrega los chipirones limpios.

6. Con los chipirones incorporados, saltea todos los ingredientes y salpiméntalos.

7. Cuando los chipirones empiecen a cerrarse por efecto del calor, añade a la sartén el vino de Jerez.

8. A continuación, baja ligeramente el fuego y deja reducir todo el conjunto.

9. Por último, lava y pica el perejil rizado fresco e incorpóralo a los chipirones. Mantén la sartén en el fuego uno instantes más y retírala.

10. Sirve los chipirones en una fuente y llévalos a la mesa calentitos.

Chocolate a la taza

Ingredientes
Para 4 personas

150 g de chocolate para postres
½ l de leche entera
1 cucharada de harina de maíz
1 pizca de sal

200 g de nata montada
1 cucharada de cacao amargo
canela molida

Elaboración

1. Diluye la harina de maíz en un poco de leche fría.

2. En un bol, funde en el microondas el chocolate troceado durante 3 minutos al 50 % de potencia del aparato (parándolo cada minuto y removiéndolo para que no se queme).

3. En un recipiente aparte, calienta la leche en el microondas y añádela al chocolate ya fundido. Mézclalo todo muy bien.

4. Incorpora la mezcla de harina de maíz y leche al chocolate fundido.

5. Introduce durante 5 minutos esta última mezcla de chocolate en el microondas al 100 % de potencia.

6. Una vez calentado en el microondas, sirve el chocolate en cuatro tazas con una cucharada de nata montada y con el cacao y la canela molida, espolvoreados por encima.

Chuletitas de cordero y queso empanadas

Ingredientes
Para 4 personas

16 chuletitas de cordero lechal
100 g de queso manchego
  en lonchas
guisantes frescos
2 huevos

harina
pan rallado
aceite de oliva
perejil picado
sal

Elaboración

1. Sazona las chuletas y encima de cada una coloca una loncha de queso manchego.

2. Bate los huevos en un bol.

3. Lava los guisantes.

4. Pasa por harina, por el huevo batido y por el pan rallado las chuletas para empanarlas. Realiza este proceso presionando bien las chuletas para asegurarte que las lonchas de queso quedan bien pegadas.

5. Una vez empanadas las chuletas, fríelas en una sartén con un poco de aceite, hasta que se doren.

6. Cuando las chuletas estén fritas retíralas del fuego y deja que escurran el exceso de aceite en un plato cubierto con papel de cocina absorbente.

7. Pon otra sartén al fuego con aceite y cocina los guisantes frescos hasta que estén tiernos. A continuación, sazónalos e incorpora el perejil picado.

8. Sirve las chuletas empanadas en una fuente y acompáñalas de los guisantes salteados como guarnición.

Cochifrito

Ingredientes
Para 4 personas

1 cochinillo
2 cabeza de ajos
8 patatas
perejil

laurel
aceite de oliva
sal

Elaboración

1. Trocea el cochinillo con la ayuda de un buen cuchillo de cocina (lo más práctico es que lo compres ya troceado en la carnicería) y ponlo a hervir en una cazuela con agua, durante 30 minutos.

2. Una vez que el cochinillo esté hervido, escurre el agua de la cazuela y resérvalo.

3. Pela las patatas y córtalas en cuartos. Fríelas en un cazo puesto al fuego con aceite de oliva.

4. Por otro lado pela los ajos y dóralos en otra cazuela con aceite de oliva.

5. Saca los ajos ya dorados de la cazuela y resérvalos.

6. En el mismo aceite de la cazuela, fríe los trozos de cochinillo.

7. Por último, añade a la cazuela las patatas cocinadas y el perejil picado, sazona el plato y déjalo cocer a fuego vivo durante 1 minuto.

8. Sirve el cochinillo con las patatas y los ajos.

Cocochas de bacalao a la romana

Ingredientes
Para 4 personas

20 cocochas de bacalao limpias
2 patatas
150 g de judías verdes
2 ajos
harina

1 huevo
aceite de oliva
1 lima
perejil picado
sal

Elaboración

1. Lava y limpia las judías verdes.
2. Pela las patatas.
3. Pela y pica el ajo.
4. En un bol casca y bate un huevo.
5. Corta la lima en gajos y resérvala.
6. Pon agua con sal a hervir en un cazo e introduce las judías verdes.
7. En otro cazo con agua y sal, incorpora las patatas peladas.
8. Deja hervir las judías y las patatas a fuego suave durante 20 minutos.
9. Reboza las cocochas de bacalao en harina y huevo batido.
10. Fríe las cocochas en una sartén con aceite para que queden melosas. Una vez fritas, deja que suelten el aceite que les sobra en un plato cubierto con papel de cocina absorbente.
11. En otra sartén con un poco de aceite y con el ajo picado, saltea las judías verdes y las patatas ya cocidas.
12. Por último, sirve las cocochas en una fuente y acompáñalas con las judías y las patatas salteadas. Adorna el plato con unos gajos de lima y con perejil picado.
13. ¡El plato está listo!

Cogollitos con fritada de ajos

Ingredientes
Para 4 personas

8 cogollos de lechuga
3 dientes de ajo
1 lata de anchoas
vinagre de Jerez

aceite de oliva virgen extra
pimentón
sal

Elaboración

1. Pela y trocea los ajos y rehógalos en una sartén puesta al fuego con un poco de aceite de oliva.
2. Incorpora el vinagre a la sartén y deja que se reduzca.
3. Por otro lado, lava y corta los cogollos limpios por la mitad.
4. Encima de cada mitad de cogollo, coloca unas anchoas.
5. Sirve los cogollos en una fuente y salséalos con la fritada de ajos.
6. Por último, espolvorea los cogollos con un poco de pimentón por encima.
7. ¡El plato está listo!

Coles de Bruselas estofadas

Ingredientes
Para 4 personas

800 g de coles de Bruselas
media cebolla
2 ajos
50 g de tomate triturado
1 dl de vino blanco

50 g de beicon
2 rebanadas de pan de molde
aceite de oliva
sal

Elaboración

1. Pela y pica los ajos y la cebolla en dados.
2. En una cazuela con aceite rehoga el ajo y la cebolla hasta que se doren.
3. Añade el tomate triturado a la cazuela y rehógalo también.
4. Incorpora las coles de Bruselas, una vez lavadas.
5. Añade también el vino blanco y deja que se evapore el alcohol.
6. A continuación, cubre el guiso con agua y déjalo hervir durante 30 minutos.
7. Transcurrido el tiempo indicado, cuela el caldo del guiso y resérvalo.
8. Por otro lado, parte las rebanadas de pan en dados pequeños y fríelos en una sartén con un poco de aceite.
9. Corta el beicon en tiras y saltéalo en otra sartén.
10. Por último, sirve las coles de Bruselas en una fuente y acompáñalas con el beicon y los dados de pan.
11. ¡El plato está listo!

Coliflor al gratén

Ingredientes
Para 4 personas

1 coliflor
4 dl de leche
50 g de mantequilla
50 g de harina
50 g de queso Gruyère

salsa de tomate
nuez moscada
aceite de oliva
sal

Elaboración

1. Limpia la coliflor, córtale el tronco central, saca los ramilletes y pela los tallos.

2. Cuece los tronquitos de coliflor en una olla con agua hirviendo y sal.

3. Deja que los tronquitos cuezan hasta que al pincharlos se desprendan del tenedor.

4. En otra cazuela puesta al fuego, rehoga la mantequilla y la harina e incorpora, poco a poco, la leche caliente sin dejar de remover para preparar una salsa bechamel.

5. Sazona la bechamel con sal y nuez moscada.

6. En una cazuela de barro, coloca la salsa de tomate y encima la coliflor.

7. Cubre la coliflor con la bechamel y el queso y gratina el plato en el horno.

8. ¡El plato está listo!

Coliflor gratinada y copos de maíz al perejil

Ingredientes
Para 4 personas

1 coliflor pequeña (de 1 kg aproximadamente)
45 g de mantequilla
1 cucharada de harina
1 cebolla picada

180 ml de leche
90 g de queso rallado
35 g de copos de maíz
perejil picado

Elaboración

1. Corta la coliflor en ramilletes, lávalos y ponlos en una fuente; tápalos y ponlos a cocer en el microondas al 100 % de su potencia durante 10 minutos.

2. En un bol incorpora 30 gramos de mantequilla y fúndela en el microondas durante 30 segundos al 75 % de potencia.

3. Añade al bol con la mantequilla fundida, la harina y la cebolla y luego la leche poco a poco.

4. Cuece los ingredientes del bol en el microondas durante 2 minutos al 100 % de su potencia.

5. Al cabo de un minuto, saca y remueve. A continuación, sirve el contenido del bol por encima de la coliflor y espolvorea el conjunto con queso rallado.

6. Gratina la coliflor en el microondas (si no tiene grill, hazlo en el horno).

7. En otro bol mezcla los copos de maíz, 15 g de mantequilla y el perejil picado y deja cocer el contenido del bol en el microondas durante 1 minuto al 100 % de su potencia.

8. Por último, sirve la coliflor en una fuente y espolvorea por encima los copos al perejil.

9. ¡El plato está listo!

Colines de pan envueltos en jamón ibérico

Ingredientes
Para 4 personas

colines finitos de pan
lonchas muy finas de jamón
　ibérico

tomates cherry
aceite de oliva virgen extra
sal

Elaboración

1. Enrolla las lonchas de jamón ibérico en los colines de pan.
2. Lava los tomates cherry y, a continuación, córtalos por la mitad.
3. Una vez cortados los tomates cherry, alíñalos en un bol con un poco de aceite de oliva virgen extra y sal.
4. Sirve en una fuente las lonchas de jamón ibérico enrolladas en los colines de pan, con las mitades de los tomates cherry aliñadas previamente.
5. ¡El plato está listo para disfrutarlo!

Compota de frutas a la vainilla

Ingredientes
Para 4 personas

1 plátano
1 manzana
1 pera
medio limón
media naranja

1 rama de canela
½ l de agua
100 g de azúcar
1 vaina de vainilla
4 vasitos de natillas preparadas

Elaboración

1. En un cazo puesto al fuego incorpora el agua, el azúcar, el zumo de medio limón y el zumo de media naranja.

2. Pela y corta el plátano, la manzana y la pera en trozos.

3. Abre la vaina de vainilla a lo largo.

4. Incorpora la vainilla y la rama de canela al cazo con las frutas.

5. Cuece a fuego suave 25 minutos los ingredientes del cazo.

6. Por último, sirve la compota templada y acompáñala con las natillas.

Compota de frutos secos con mousse ligera de queso

Ingredientes
Para 4 personas

½ kg de queso fresco
100 g de ciruelas pasas
100 g de orejones
100 g de higos secos
50 ml de nata montada

1 l de vino tinto
100 g de azúcar
menta fresca
canela en rama

Elaboración

1. Incorpora en una cazuela los frutos secos (las ciruelas pasas, los orejones y los higos secos), el azúcar, el vino y una rama de canela.

2. Pon la cazuela al fuego y deja que el conjunto hierva hasta que los frutos secos estén tiernos (esto llevará 1 hora aproximadamente).

3. En un bol aparte, mezcla el queso fresco con la nata montada a temperatura ambiente.

4. Una vez que se haya enfriado la compota, coloca en cuatro platos, una cucharada de compota y, a su lado, una cucharada de crema de queso.

5. Adorna cada plato con hojas de menta y una rama de canela.

Conejo al mojo

Ingredientes
Para 4 personas

un cuarto de conejo	agua
pimentón	sal
2 ajos	aceite de oliva
comino en polvo	perejil fresco
pimienta blanca	

Elaboración

1. Trocea el conejo con un cuchillo (si te es más fácil pide en la carnicería que te lo troceen), salpiméntalo, sazónalo y dóralo en una cazuela puesta al fuego con aceite de oliva.

2. En un mortero maja los ajos pelados y añádeles el pimentón, el comino en polvo, el aceite de oliva y un poco de agua.

3. Una vez hayas majado muy bien todos los ingredientes anteriores, incorpora la mezcla resultante a la cazuela y cubre todo el conjunto con agua.

4. Deja que cueza por espacio de 20 minutos.

5. El plato ya está listo para servir y tan sólo queda decorarlo con un poquito de perejil picado.

Consomé con pollo

Ingredientes
Para 4 personas

3 l de agua
500 g de huesos de ternera
1 pechuga de pollo
2 puerros
2 zanahorias

1 cebolla
1 tomate
2 claras de huevo
sal

Elaboración

1. Lava y trocea el tomate y los puerros.
2. Pela la cebolla y las zanahorias y también córtalas en trozos.
3. En una olla grande puesta al fuego, pon a hervir agua con sal.
4. Incorpora a la olla los huesos, las verduras troceadas y la pechuga de pollo.
5. Cuando el conjunto de la olla rompa a hervir, baja el fuego y deja que el caldo se cocine lentamente durante 2 horas.
6. Poco antes de que termine la cocción, añade las claras de huevo ligeramente batidas.
7. Por último, cuela el caldo y sírvelo en una sopera. Acompaña el consomé con la pechuga de pollo cortada en trozos muy pequeños.
8. Sirve el consomé calentito.

Consomé trufado

Ingredientes

Para 4 personas

400 g de carne de morcillo
1 hueso de rodilla
2 puerros
1 rama de apio
1 zanahoria

2 dl de vino oloroso
80 g de sémola
1 trufa
aceite de oliva
sal

Elaboración

1. Limpia, pela y trocea los puerros, el apio y la zanahoria.

2. Rehoga las verduras en una cazuela con un poco de aceite.

3. Moja los ingredientes con el vino y deja evaporar el alcohol.

4. Añade a continuación la carne de morcillo y cubre el conjunto con agua.

5. Deja que los ingredientes cuezan a fuego muy suave durante 1 hora desespumando con una espumadera a lo largo de la cocción.

6. Cuela el consomé y vuelve a incorporarlo en la cazuela al fuego.

7. Ralla sobre el caldo la trufa y añade la sémola.

8. Cocina 1 minuto más el consomé y rectifica de sal si fuera necesario.

9. ¡El plato está listo!

Contramuslos de pollo guisados

Ingredientes
Para 4 personas

4 contramuslos de pollo	2 patatas
4 ajos	2 dl de caldo
2 dl de cerveza	aceite de oliva
harina	sal
azafrán	

Elaboración

1. Quita la piel a los contramuslos de pollo y sazónalos.

2. Pela los ajos y pártelos en gajos.

3. Pasa los contramuslos por harina y fríelos en una cazuela con aceite hasta que se doren.

4. Incorpora a la cazuela la cerveza y el caldo de ave.

5. Añade el azafrán, sazona todo el conjunto y deja hervir todos los ingredientes durante 25 minutos.

6. Por otro lado, pela las patatas y córtalas en dados.

7. A continuación, fríe los dados de patata en una sartén con aceite moderadamente caliente hasta que estén casi dorados.

8. Cuando estén casi fritas las patatas, incorpora a la sartén los ajos partidos en gajos y continúa friéndolo todo por espacio de 1 minuto.

9. Rectifica de sal si fuera necesario.

10. Por último, sirve los contramuslos de pollo en una fuente acompañado de los dados de patata y los ajos.

Copa de Mascarpone

Ingredientes
Para 4 personas

300 g de queso Mascarpone
3 dl de nata líquida
8 sobres individuales de café
    soluble

175 g de azúcar
1 copita de licor de almendras
cacao al gusto
bizcochos de soletilla

Elaboración

1. Incorpora el licor de almendras en un cazo puesto al fuego y deja que evapore el alcohol.

2. Añade el azúcar y mézclalo con el licor para preparar un almíbar.

3. Agrega el café soluble y mezcla muy bien todo el conjunto.

4. Por otro lado, incorpora en un bol el queso Mascarpone, el azúcar y la nata líquida.

5. Bate los ingredientes del bol hasta obtener una textura cremosa.

6. Trocea los bizcochos y empápalos con el almíbar que previamente has preparado.

7. Para preparar el plato, coloca los bizcochos empapados en almíbar en el fondo de cada copa (cuatro en total) y echa por encima la crema de queso Mascarpone. Termina de montar las copas espolvoreando un poco de cacao por encima.

8. ¡Disfruta el postre!

Corazones de alcachofa con jamón

Ingredientes
Para 4 personas

1 kg de corazones de alcachofa
   de bote
100 g de jamón serrano
4 ajos
1 l de caldo de jamón
1 dl de salsa de tomate

1 dl de vino de Jerez
1 cucharada de harina
perejil
aceite de oliva virgen extra
sal

Elaboración

1. Escurre los corazones de alcachofa del líquido de la conserva.
2. Pela y pica el ajo y rehógalo en una cazuela al fuego con aceite.
3. Añade a la cazuela la salsa de tomate y una cucharada de harina.
4. Moja los ingredientes de la cazuela con el vino blanco y deja que se evapore el alcohol.
5. Cubre todo el conjunto con el caldo de verduras y deja que hierva durante 15 minutos.
6. Incorpora por último las alcachofas y el jamón cortado en tiras y deja que hierva 1 minuto.
7. Sirve el plato en una fuente y decóralo con perejil picado.

Corvina a la molinera

Ingredientes
Para 4 personas

600 g de corvina en lomos
8 patatas pequeñas cocidas
75 g de calabaza
harina
mantequilla

perejil picado
el zumo de 1 limón
aceite de oliva
sal

Elaboración

1. Corta la corvina en trozos y sazónala.

2. A continuación, enharina los trozos de corvina y dóralos en una sartén puesta al fuego con un poco de aceite y mantequilla.

3. Incorpora a la sartén el zumo de un limón y el perejil picado.

4. Por otro lado, corta la calabaza en dados y fríelos en una sartén con un poco de aceite.

5. Por último, sirve la corvina acompañada de los trozos de calabaza y las patatitas cocidas.

6. ¡Disfruta el plato!

Corvina al vino blanco

Ingredientes
Para 4 personas

600 g de corvina en lomos
100 g de gambas peladas
1 cebolleta
harina

2 dl de vino blanco
aceite de oliva virgen extra
perejil picado
sal

Elaboración

1. Pela y pica la cebolleta.

2. Calienta aceite de oliva en una sartén.

3. Rehoga en esta sartén la cebolleta picada.

4. Corta los lomos de corvina y sazónalos.

5. Pasa por harina los medallones de corvina e incorpóralos a la sartén con la cebolleta picada.

6. Dóralos, y cuando estén casi hechos, incorpora las gambas peladas, el perejil picado y un poco de vino blanco.

7. Deja cocinar unos instantes la corvina con todos los ingredientes de la sartén y, a continuació, sírvela en una fuente.

8. ¡Disfruta el plato!

Costillas con salsa de barbacoa

Ingredientes
Para 4 personas

1½ kg de costillas de cerdo
ajo picado
aceite de oliva
perejil picado

Salsa
¼ l de ketchup
1 vaso de refresco de cola
2 cucharadas soperas de mostaza
2 dl de vinagre

Elaboración

1. Coloca en una bandeja de horno la costillas de cerdo y sazónalas. Cúbrelas de aceite, ajo y perejil.

2. Para preparar la salsa barbacoa, reduce en un cazo puesto al fuego el vinagre. A continuación, incorpora el ketchup, la cola y dos cucharadas soperas de mostaza y deja reducir todo el conjunto durante 20 minutos.

3. Introduce la bandeja con las costillas en el horno a 160 °C. Hornea 45 minutos.

4. A los 30 minutos de haber introducido las costillas en el horno, sácalas un momento y úntalas con la salsa barbacoa con un pincel o una brocha. Vuelve a introducir la bandeja en el horno 15 minutos más.

5. Ya sólo queda que sirvas las costillas en una bandeja y las acompañes de la salsa barbacoa restante.

Costillas de cerdo asadas

Ingredientes
Para 4 personas

½ kg de costillas de cerdo
50 g de miel
1 cucharada de mostaza
3 dl de cerveza

un cuarto de repollo
1 yogur
aceite de oliva virgen extra
sal

Elaboración

1. Pon las costillas de cerdo a hervir en una olla con agua a fuego suave durante 40 minutos.

2. Una vez cocidas las costillas, escurre el agua y colócalas en un recipiente aparte.

3. Incorpora en este recipiente, miel, sal, mostaza y cerveza.

4. Deja marinar las costillas durante 12 horas. Coloca las costillas en una bandeja de horno y mójalas con un poco de la marinada.

5. Introduce la bandeja en el horno y hornea con el grill a máxima potencia entre 5 y 10 minutos, dando la vuelta a las costillas de vez en cuando.

6. Por otro lado, lava y pica el repollo e incorpóralo a un bol para mezclarlo con yogur, aceite y sal.

7. Cuando las costillas estén listas, sírvelas en una fuente acompañadas con la salsa de repollo preparada.

Coulis de frutos rojos

Ingredientes
Para 4 personas

600 g de azúcar
300 ml de agua
150 ml de licor Kirsch

frutos rojos (frescos o congelados,
valen fresas, frambuesas,
moras, etc.)

Elaboración

1. Prepara un sirope mezclando el agua con el azúcar en un cazo.
2. Pon a hervir la mezcla anterior durante 15 minutos a fuego medio sin dejar de removerla.
3. Retira el cazo y añade los frutos rojos cuando el sirope esté templado.
4. Una vez que hayas incorporado los frutos rojos al sirope templado, tritura todos los ingredientes del cazo con la batidora. Cuela la crema resultante para que quede homogénea.
5. Déjala enfriar y a continuación, añádele el licor y vuelve a mezclarlo todo muy bien.
6. Sirve el «coulis» acompañado con helado, con frutas o con flan, como más te guste.

Crema de calabacín

Ingredientes
Para 4 personas

1 kg de calabacines	4 quesitos
1 patata grande	aceite de oliva
1 cebolla	agua
1 puerro	sal

Elaboración

1. Llena una cazuela grande con agua, incorpora un poco de aceite y ponla a hervir al fuego.
2. Mientras hierve el agua, lava y corta en rodajas todos los calabacines.
3. Pela la cebolla y córtala en rodajas y, asimismo, limpia el puerro y córtalo en rodajas.
4. Pela la patata y córtala en cuartos.
5. A continuación, incorpora a la cazuela los trozos de calabacín, de cebolla, de puerro y de patata.
6. Agrega un puñado de sal.
7. Deja hervir unos 10 minutos.
8. Retira la olla del fuego y tritura todos los ingredientes con la batidora.
9. Por último, agrega cuatro quesitos y deja que se fundan con el calor de la crema.
10. Sirve la crema de calabacín en una fuente y ¡disfruta el plato!

Crema de calabacín y queso

Ingredientes
Para 4 personas

2 calabacines
100 g de queso de cabra
media cebolla
1 dl de nata

agua o caldo de verduras
aceite de oliva
sal

Elaboración

1. Lava el calabacín y trocéalo.
2. Pela la cebolla y también trocéala.
3. En una cazuela con un poco de aceite, rehoga el calabacín y la cebolla.
4. Sazona los ingredientes de la cazuela y cúbrelos con agua o con caldo de verduras.
5. A continuación, deja hervir todo el conjunto durante 20 minutos.
6. Transcurrido el tiempo indicado, apaga el fuego e incorpora el queso de cabra troceado.
7. Tritura con la batidora y cuela la crema resultante.
8. Vuelve a poner la cazuela al fuego con la crema y añade un poco de nata.
9. Sazona la crema y déjala cocinar hasta que rompa a hervir.
10. Por último, sirve la crema en una sopera y decórala con unas gotas de nata.

Crema de calabaza

Ingredientes
Para 4 personas

500 g de calabaza
1 cebolla
1 dl de vino blanco
700 ml de caldo de pollo
1 dl de nata

1 dl de leche de coco
cebollino
aceite de oliva
sal

Elaboración

1. Pela y trocea la cebolla.

2. En una cazuela con un poco de aceite de oliva, sofríela.

3. Quítale la piel a la calabaza, trocéala y, a continuación, incorpórala a la cazuela. Sazona las verduras.

4. Echa el vino blanco y espera a que se evapore el alcohol.

5. Cubre a continuación todo el conjunto con el caldo de pollo y deja que cueza entre 30 y 40 minutos.

6. Una vez transcurrido el tiempo indicado, tritura las verduras con la batidora. Pásalo por un pasapurés para obtener una crema.

7. Suaviza la crema con la nata líquida y ponla de nuevo en un cazo al fuego hasta que hierva.

8. Por otro lado, en un mortero maja el cebollino con aceite de oliva.

9. Para terminar, sirve la crema de calabaza en una sopera e incorpora unas gotitas de leche de coco y un poco del aceite de cebollino por encima.

10. ¡Sirve la crema calentita!

Crema de coliflor con costrones

Ingredientes
Para 4 personas

media coliflor
2 patatas
1 dl de nata
¼ l de caldo suave de verduras

costrones de pan frito
aceite de oliva virgen
perejil
sal

Elaboración

1. Pon a calentar el caldo de verduras en una olla al fuego.

2. Corta la coliflor en ramos.

3. Pela y corta en trozos dos patatas y añádelas al caldo.

4. Incorpora también a la olla los ramos de coliflor con el tallo pelado.

5. Hierve el conjunto durante 20 minutos.

6. Una vez transcurrido el tiempo indicado, tritura los ingredientes con la batidora. Cuela el resultado para obtener una crema homogénea.

7. Vuelve a poner al fuego la olla con la crema e incorpora la nata. A continuación, deja que hierva ligeramente.

8. Por último, sirve la crema con los costrones de pan frito en una sopera y decora el conjunto con un poco de perejil.

9. ¡Disfruta el plato!

Crema de coliflor especiada

Ingredientes
Para 4 personas

1 coliflor	orégano
1 patata pequeña	1 ajo
1 tomate	vinagre balsámico
albahaca	aceite de oliva
cominos	sal

Elaboración

1. Pela y trocea la patata y la coliflor.
2. Pon a cocer la coliflor y la patata durante 25 minutos en una olla con agua.
3. Reserva un ramito de la coliflor cocida.
4. Coloca en un bol la coliflor y la patata cocida con parte del agua donde las hayas hervido.
5. Con la batidora tritura la coliflor y la patata añadiendo sal, aceite de oliva y unas gotas de vinagre.
6. A continuación, pela y trocea el tomate.
7. Vuelve a triturar la crema, después de añadirle el tomate y el ajo.
8. Añade a esa crema una pizca de albahaca, un poco de orégano y unos cominos.
9. Sirve la crema y decora con el ramito de coliflor que habías reservado al principio.

Crema de guisantes y espinacas con crujiente de trigo sarraceno

Ingredientes
Para 4 personas

1 kg de guisantes congelados
200 g de espinacas congeladas
aceite de oliva virgen

aceite de oliva suave
trigo sarraceno
sal

Elaboración

1. Cuece los guisantes sin descongelar en agua hirviendo durante 5 minutos. Una vez cocidos, enfríalos en agua con hielo, escúrrelos y resérvalos.

2. Cuece las espinacas sin descongelar y enfríalas en agua con hielo. Una vez las hayas escurrido, resérvalas.

3. En una sartén con un poco de aceite, fríe el trigo sarraceno hasta que coja un color dorado y escúrrelo sobre papel de cocina absorbente.

4. En un vaso de batidora incorpora los guisantes y las espinacas, añade agua de la cocción de los guisantes y tritura ambos ingredientes.

5. A continuación, añade aceite de oliva y sigue triturando con la batidora hasta obtener una crema fina. Prueba de sal por si estuviera sosa.

6. Por último, sirve la crema en cuatro tazas y acompaña con el trigo sarraceno y un chorrito de aceite de oliva virgen por encima.

Crema de judías verdes y menta

Ingredientes
Para 4 personas

400 g de judías verdes
1 dl de leche
50 g de queso fresco

menta fresca
aceite de oliva
sal

Elaboración

1. Cuece las judías verdes en una cazuela puesta al fuego con agua hirviendo y sal.

2. Añade unas hojas de menta. Una vez se hayan cocido las judías, retira y reserva parte del agua de cocción.

3. A continuación, tritura con la batidora las judías cocidas con la menta en su agua de cocción. Cuela la mezcla obtenida para que quede una crema fina.

4. Por otro lado, deshaz el queso fresco en un bol con la ayuda de un poco de leche.

5. Por último, sirve la crema de judías en una sopera y coloca un poco de la mezcla del queso fresco en el centro.

6. Decora el plato con unas hojas de menta y un chorrito de aceite de oliva.

Crema de nécoras

Ingredientes
Para 4 personas

4 nécoras	50 g de arroz
1 puerro	1 dl de nata
1 tomate	aceite de oliva
1 zanahoria pequeña	sal
1 copa de vino de Jerez	

Elaboración

1. Lava y trocea las verduras (el puerro, el tomate y la zanahoria pequeña).

2. A continuación, rehógalas en una cazuela puesta al fuego con aceite.

3. Añade las nécoras peladas y troceadas a la cazuela.

4. Incorpora el vino de Jerez y flambea el conjunto con cuidado.

5. Después del flambeado, cubre la cazuela de agua y deja que hierva.

6. Cuando el agua rompa a hervir, añade el arroz.

7. Deja cocer el arroz 25 minutos al fuego.

8. Transcurrido el tiempo indicado, tritura todos los ingredientes con la batidora y cuela el resultado para obtener una crema homogénea.

9. Vuelve a poner a hervir la crema, rectifica de sal si fuera necesario e incorpora la nata reservando una pequeña cantidad.

10. Por último, sirve la crema de nécoras en una sopera y decórala con la nata reservada por encima.

Crema de patata y nueces

Ingredientes
Para 4 personas

400 g de patatas
1 puerro
1 zanahoria
50 g de punta de jamón
1 dl de nata

100 g de nueces peladas y
   troceadas
aceite de oliva
sal

Elaboración

1. Pela la zanahoria, el puerro y las patatas.

2. Una vez peladas las verduras, córtalas en trozos.

3. En una olla puesta al fuego, incorpora la punta de jamón, la zanahoria y el puerro.

4. Cubre los ingredientes de la olla con agua y, cuando rompa a hervir, cuece todo el conjunto de 20 a 25 minutos.

5. Cuando haya transcurrido el tiempo indicado, retira la olla del fuego y cuela el caldo pasándolo a un bol.

6. Por otro lado, rehoga las patatas en una cazuela puesta al fuego con aceite.

7. Cubre a continuación las patatas con el caldo reservado en el bol y deja que las patatas hiervan hasta que estén tiernas.

8. Fuera del fuego, añade las nueces peladas y troceadas.

9. Tritura y añade un poco más de caldo para aligerar la crema.

10. Agrega también un poco de nata líquida y pon de nuevo al fuego la cazuela unos minutos más. En estos minutos sazona la crema.

11. Por último, sirve la crema en una sopera y decora el plato con un cordón de nata líquida por encima.

Crema de pimientos con atún

Ingredientes
Para 4 personas

2 pimientos rojos medianos
1 patata mediana
6 dl de caldo de verduras

50 g de atún de lata
aceite de oliva
sal

Elaboración

1. Asa los pimientos en el horno con sal y aceite a 180 ºC durante 30 minutos dándoles la vuelta en mitad del asado.

2. Una vez asados los pimientos déjalos enfriar y, cuando estén fríos, quítales la piel.

3. Por otro lado, pela y corta la patata en trozos. Cuécelos en una cazuela puesta al fuego con el caldo de verduras hasta que estén tiernos.

4. Ya fuera del fuego, añade los pimientos asados a la cazuela y tritura todos los ingredientes con la batidora. A continuación, cuela la mezcla obtenida para que la crema quede más fina.

5. Por último, sirve la crema en una sopera y guarnécela con el atún bien escurrido del aceite de la conserva.

6. ¡Disfruta el plato!

Crema de queso, cebollino y leche de almendra

Ingredientes
Para 4 personas

100 g de queso fresco
25 g de almendra molida
1 vaso pequeño de leche
    semidesnatada

cebollino picado
6 o 7 rebanadas de pan molde
perejil fresco
sal

Elaboración

1. Tuesta las rebanadas de pan de molde y, a continuación, córtalas en tiras.

2. En un bol bate con la batidora las almendras y la leche hasta conseguir una crema.

3. Por otro lado y en otro bol, aligera el queso fresco con una cucharada de leche y añádele el cebollino picado.

4. Mezcla las dos cremas.

5. Por último, sirve la crema en cuencos e incorpora las tiras de pan tostado. Adorna el conjunto con una rama de perejil.

6. ¡El plato está listo!

Crema de requesón con miel

Ingredientes
Para 4 personas

½ kg requesón fresco
medio vaso de leche de soja
bolitas y fideos de chocolate

3 claras de huevo
azúcar integral de caña
4 cucharadas de miel líquida

Elaboración

1. Bate en un bol el requesón con un poco de leche hasta obtener una pasta consistente y cremosa.

2. Bate en otro bol las claras de huevo a punto de nieve con el azúcar de caña molida. Una vez obtenida una mezcla consistente, añádela, poco a poco, a la crema de queso. Mezcla bien.

3. A continuación, mete la crema de requesón en la nevera durante 1 hora.

4. En el momento de servir la crema, añádele por encima los fideos y las bolitas de chocolate y una cucharada pequeña de miel líquida.

5. ¡Disfruta el plato!

Crema de turrón

Ingredientes
Para 4 personas

¼ de pastilla de turrón de Jijona
2 vasos de leche
nata montada
2 cucharadas de café soluble

3 claras de huevo
2 hojas de gelatina
60 g de frutos rojos para decorar
unas hojas de menta fresca

Elaboración

1. Pon a remojar las hojas de gelatina en un bol con agua fría hasta que se ablanden.
2. En otro bol, tritura el turrón con la leche con la ayuda de la batidora.
3. Calienta la crema obtenida en un cazo puesto al fuego.
4. A continuación, añade el café y la gelatina hidratada a la crema de turrón.
5. Por otro lado, bate las claras de huevo a punto de nieve.
6. Cuando el contenido del cazo se haya enfriado ligeramente, mézclalo con las claras de huevo a punto de nieve.
7. Por último, sirve la crema en cuatro copas y pon un poco de nata montada por encima. Sobre la nata, incorpora unos frutos rojos y unas hojas de menta fresca.

Crema de zanahoria con chips de plátano

Ingredientes
Para 4 personas

1 patata
3 zanahorias
1 cebolla

1 plátano variedad macho
aceite de oliva
sal

Elaboración

1. Pela y corta en trozos la cebolla, la zanahoria y la patata.

2. Rehoga en una cazuela con aceite de oliva los trozos de cebolla, zanahoria y patata.

3. Cubre los ingredientes de la cazuela con agua y déjalos cocer durante 40 minutos a fuego medio.

4. Transcurrido el tiempo indicado, tritura el contenido de la cazuela con la batidora y cuela el resultado para obtener una crema homogénea.

5. Por otro lado, pela el plátano, córtalo en láminas muy finas y fríelo en una sartén con el aceite muy caliente.

6. Una vez se hayan frito las láminas de plátano, colócalas en un plato con papel de cocina absorbente. A continuación, sazónalas.

7. Por último, sirve la crema de zanahoria con los chips de plátano y ¡disfruta el plato!

Crêpes de atún con tomate

Ingredientes
Para 4 personas

Para los crêpes
250 g de harina
500 ml de leche
4 huevos
100 g de mantequilla
1 chorrito de brandy
sal

**Para la vinagreta de queso
con nueces**
25 g de queso azul
75 ml de vinagre de Jerez
225 ml de aceite de oliva virgen
50 g de nueces
sal

**Para el relleno de atún con
tomate**
300 g de atún de lata
100 g de salsa de tomate frito
50 g de mantequilla
1 chalota
50 ml de vino blanco
cebollino picado
aceite de oliva
sal

Para la ensalada
100 g de endibias
100 g de escarola
50 g de achicoria

Elaboración

Para los crêpes

1. Funde la mantequilla en el microondas.

2. En un bol incorpora los huevos, la harina, la sal y la mantequilla fundida y mezcla todos los ingredientes muy bien.

3. Incorpora el brandy y la sal a la mezcla anterior.

4. Sigue batiendo todos los ingredientes con la ayuda de la batidora y ve añadiendo, poco a poco, la leche, que previamente has hervido en un cazo al fuego.

5. Una vez que has mezclado muy bien todos los ingredientes anteriores, déjalos reposar 1 hora en la nevera.

6. Pasado el tiempo indicado, pon una sartén al fuego, bien caliente, untada con mantequilla. A continuación, vierte en la sartén cantidades de la mezcla anterior para ir formando los crêpes.

7. Una vez hechos los crêpes, resérvalos hasta que los rellenes.

Para el relleno
1. Pela y pica la chalota.
2. Trocea el atún una vez lo hayas sacado de la lata.
3. Pon en una sartén al fuego con un poco de mantequilla y pocha la chalota picada.
4. Añade a la chalota el atún troceado y rehoga 1 minuto más.
5. Agrega el vino blanco y deja que se evapore el alcohol.
6. Añade a continuación la salsa de tomate frito y el cebollino picado.
7. Tritura todo el conjunto con la batidora y rellena los crêpes con el resultado.
8. Cierra los crêpes en forma de rulo.

Para la ensalada
1. Lava y limpia las hojas de lechuga. Trocéalas.
2. Pica las nueces con la ayuda de un mortero.
3. Prepara en un bol una vinagreta batiendo el queso azul con el vinagre y el aceite.
4. Añade a la vinagreta anterior las nueces picadas y vuelve a mezclar todos los ingredientes muy bien.

Acabado
1. Sirve en una fuente los crêpes rellenos y coloca a su lado un montoncito de ensalada. Salsea con la vinagreta de queso azul y nueces.

Crêpes rellenos de vieiras y langostinos con salsa marisquera

Ingredientes
Para 4 personas

5 vieiras
7 langostinos
1 cebolla
1 puerro
un poco de mantequilla
1 cucharada de harina
caldo de pescado

Para los crêpes
150 g de harina
2 huevos

3 dl de leche
80 g de mantequilla
un pellizco de sal

Para la salsa
cáscaras de los langostinos
1 puerro
1 cebolla
harina
1 chorro de brandy
½ l de caldo de pescado

Elaboración

1. Pela los langostinos y saca las vieiras de sus conchas.
2. En una sartén con un poco de aceite saltea la carne de las vieiras y los langostinos. Una vez dorados, retíralos del fuego y resérvalos.
3. Pela la cebolla y córtala en trozos.
4. Lava el puerro y córtalo en trozos.
5. En la misma sartén en la que has salteado los frutos de mar, sofríe la cebolla y el puerro troceados.
6. Incorpora las vieiras y los langostinos.
7. Saltea en una sartén con aceite las cáscaras de los langostinos.
8. Añade el puerro y la cebolla troceados.
9. Cuando estén sofritos, agrega el brandy y un poco de caldo.
10. Deja que reduzca y retira del fuego.
11. Tritura el conjunto y cuélalo. Reserva.
12. Bate los ingredientes de los crêpes (harina, huevos, leche y sal) y deja reposar 1 hora.
13. Engrasa una sartén con mantequilla y ve echando pequeñas cantidades de la masa para formar los crêpes.
14. Rellena los crêpes con el sofrito de vieiras, langostinos y verduras.
15. Sírvelos con la salsa preparada.

Crêpes rellenos dulces

Ingredientes
Para 4 personas

Para los crêpes
3 cucharadas de mantequilla
125 g de harina
1 huevo
1 yema
1 cucharada de azúcar
1 pizca de sal
¼ l de leche

Para la salsa
75 g de mantequilla
100 g de azúcar
¼ l de zumo de naranja
un poco de licor de naranja
granadina
frutas al gusto (opcional)

Elaboración

1. Bate todos los ingredientes de los crêpes (salvo la mantequilla) en un bol con la ayuda de la batidora.

2. Coloca un poco de mantequilla en una sartén puesta al fuego y haz los crêpes muy finos, dándoles la vuelta para que se hagan por los dos lados.

3. Prepara una salsa de caramelo en un cazo puesto al fuego con el azúcar, la mantequilla y el licor de naranja. Flambea el conjunto ¡con mucho cuidado! Añade a continuación el zumo de naranja y la granadina y deja que reduzca hasta que tenga consistencia de salsa.

4. Presenta los crêpes en una fuente. Acompaña con la salsa servida en un bol y, si quieres, puedes añadir trocitos de frutas.

Croque monsieur

Ingredientes
Para 4 personas

4 rebanadas de pan de molde
4 lonchas de jamón de york
4 lonchas de queso de cabra
4 dl de leche

harina
2 huevos
aceite de oliva virgen extra

Elaboración

1. Calienta la leche en un cazo al fuego y salpiméntala. Una vez calentada, retírala del fuego y resérvala en un bol.

2. Prepara sándwiches con el jamón de york, el queso y el pan de molde.

3. Corta los sándwiches en cuatro porciones del mismo tamaño.

4. Por otro lado, casca y bate los huevos en un bol.

5. Empapa los mini sándwiches en la leche ya preparada y pásalos por el huevo batido.

6. Por último, fríe los sándwiches en una sartén con aceite caliente. Déjalos escurrir en un plato cubierto con papel de cocina absorbente.

7. ¡Ya están listos para servir!

Croquetas de jamón

Ingredientes
Para 4 personas

750 cl de leche entera

75 g de harina

75 g de mantequilla

100 g de jamón serrano picado

2 huevos duros picados

1 hueso o punta de jamón

pan rallado

2 huevos

pimienta blanca

sal

Elaboración

1. Vierte la leche en un bol con el hueso de jamón y ponlo a calentar en el microondas durante 5 minutos al 100 % de su potencia.

2. Una vez transcurridos los 5 minutos indicados, saca el bol del microondas y deja enfriar su contenido. Cuando esté frío, cuela la leche en otro bol.

3. En un recipiente, mezcla la harina con la mantequilla y rehoga el conjunto en el microondas durante 3 minutos al 100 % de su potencia.

4. Pasados los 3 minutos, saca el recipiente del microondas e incorpora la leche poco a poco, sin dejar de batir el conjunto con unas varillas de cocina.

5. Salpimenta el contenido del recipiente y vuelve a meterlo en el microondas 5 minutos y al 100 % de su potencia (eso sí, interrumpe el proceso de calor de vez en cuando, para ir removiendo la mezcla en varias ocasiones durante los 5 minutos indicados).

6. Una vez templada la masa, añade el huevo duro y el jamón serrano picados.

7. Deja reposar y enfriar la masa y, a continuación, forma las croquetas con la ayuda de dos cucharas pequeñas.

8. En otro bol casca y bate los huevos.

9. Pasa las croquetas por el huevo batido y el pan rallado.

10. Pon una sartén al fuego y fríe, en aceite muy caliente, las croquetas.

11. Una vez fritas, sírvelas en un plato cubierto con papel de cocina absorbente y deja que escurran el aceite sobrante.

12. Por último, sirve las croquetas en una fuente y ¡a la mesa!

Croquetas de jamón y queso

Ingredientes
Para 4 personas

50 g de jamón de york
50 g de queso Edam
harina
huevo
pan rallado

Para la bechamel
25 g de mantequilla
125 g de harina
1½ l de leche
pimienta blanca molida
nuez moscada
sal

Elaboración

1. En una sartén puesta al fuego, derrite la mantequilla y añade a continuación la harina para rehogarla.
2. Calienta la leche en un cazo puesto al fuego.
3. Cuando la harina tenga un color ligeramente tostado, añade la leche caliente y mézclalo todo con una varilla de cocina hasta que no quede ningún grumo (si no tuvieras varilla de cocina, también puedes batir el conjunto con la ayuda de una cuchara).
4. Salpimenta la mezcla anterior y añade la nuez moscada.
5. Por otro lado, corta el jamón de york y el queso en tacos pequeños e incorpóralos a la mezcla anterior.
6. Extiende la pasta obtenida en una bandeja y déjala enfriar hasta que adquiera consistencia.
7. Casca el huevo en un bol y bátelo.
8. Forma las croquetas haciendo un rulo con la masa.
9. Ve cortando porciones del rulo para formar las croquetas. Pásalas por harina, huevo batido y pan rallado.
10. En una nueva sartén puesta al fuego con aceite bien caliente, fríe las croquetas. Una vez fritas, colócalas sobre una bandeja cubierta con papel de cocina absorbente para que suelten el aceite sobrante.
11. Sirve las croquetas en una fuente y disfrútalas calentitas.

Croquetas de piñones

Ingredientes
Para 4 personas

250 ml de leche	aceite de oliva
35 g de harina	harina
30 g de mantequilla	1 huevo
70 g de jamón ibérico	pan rallado
20 g de piñones	salsa de tomate frito
1 pastilla de caldo de carne	sal
pimienta blanca	

Elaboración

1. Pon un cazo al fuego e incorpora la leche, la harina, la mantequilla y la pastilla de caldo y no dejes de remover todos los ingredientes con una varilla de cocina (si no tienes una varilla remueve los ingredientes con una cuchara) hasta que la mezcla espese.

2. Baja un poco el fuego y deja el cazo unos 15 minutos más, removiendo de vez en cuando la mezcla (bechamel) para que ésta no se pegue.

3. Por otro lado, pica muy bien el jamón ibérico y trocea un poco los piñones. A continuación, añádelos al cazo con la bechamel y déjala cocinar durante 5 minutos más a fuego suave.

4. Sazona con sal y pimienta blanca y retira del fuego.

5. Cuando la masa esté fría, forma las croquetas con dos cucharitas o, si te es más fácil, con las manos.

6. Casca el huevo en un bol y bátelo.

7. Cuando hayas formado las croquetas, pásalas por la harina, el huevo y el pan rallado.

8. En una sartén puesta al fuego con abundante aceite caliente, fríe las croquetas y escúrrelas sobre papel absorbente.

9. Por último, sirve las croquetas en una fuente acompañadas con la salsa de tomate frito, previamente calentado.

Crostinos de champiñón

Ingredientes
Para 4 personas

25 g de champiñones
2 cucharadas de mayonesa
150 g de queso mozzarella
pimienta negra

aceite de oliva
8 rebanadas de pan
romero
sal

Elaboración

1. Lava, limpia los champiñones y córtalos en láminas.

2. A continuación, dora los champiñones en una sartén puesta al fuego con un poco de aceite de oliva.

3. Por otro lado, mezcla en un bol la mozzarella, el aceite de oliva, la mayonesa, la pimienta negra, la sal y el romero.

4. Añade a la mezcla los champiñones en láminas rehogados.

5. Coloca las rebanadas de pan sobre una bandeja de horno y coloca encima de cada una un poco de la mezcla.

6. Hornea la bandeja durante 5 o 6 minutos a 180-190 °C de temperatura.

7. Transcurrido el tiempo indicado, saca las rebanadas del horno, sírvelas en una fuente y ¡disfrútalas!

Crudités en juliana con salsas light

Ingredientes
Para 4 personas

2 zanahorias
2 pepinos
150 g de champiñones
1 pimiento rojo
1 pimiento verde
1 pimiento amarillo
1 cebolleta

Para las salsas:
De yogur y menta
1 yogur
menta fresca
sal

De queso y pimentón
pimentón
queso para untar
alcaparras
aceitunas negras
aceite de oliva

Elaboración

1. Prepara las distintas salsas enunciadas mezclando, por un lado, para la salsa de yogur y menta, el yogur con la menta fresca y la sal; y por otro, para la salsa de queso y pimentón, el queso, el pimentón, las alcaparras, las aceitunas negras troceadas y el aceite de oliva.

2. Para preparar las «crudités» en juliana, pela y corta en bastoncitos las zanahorias, los pepinos, los champiñones, el pimiento rojo y el pimiento verde, el pimiento amarillo y la cebolleta.

3. Para terminar, sirve las verduras preparadas en bastoncitos en una fuente acompañadas de las dos salsas repartidas en diferentes cuencos.

Crujiente de verduras

Ingredientes
Para 4 personas

8 obleas de arroz (las venden
  en grandes superficies o en
  tiendas de alimentación
  orientales)
2 puerros
2 zanahorias

1 col
200 g de queso azul
2 dl de nata líquida
aceite de oliva
sal

Elaboración

1. Coloca las obleas de arroz entre dos paños húmedos para reblandecerlas.

2. Pela y corta las zanahorias y los puerros en tiras.

3. Lava y trocea en tiras la col.

4. En una sartén puesta al fuego con aceite, rehoga todas las verduras.

5. Una vez rehogadas, retíralas del fuego y resérvalas.

6. Echa la nata líquida con el queso azul en un cazo puesto al fuego. Cocina la salsa hasta que adquiera cierta consistencia.

7. Rellena cada oblea con las verduras rehogadas y enróllalas sobre sí mismas en forma de rulo.

8. En otra sartén puesta al fuego con aceite muy caliente fríe los rollitos de verdura.

9. Una vez fritos los rollitos, déjalos reposar sobre un plato previamente cubierto con papel de cocina absorbente para que suelten el aceite sobrante.

10. Sirve los rollitos de verdura en una fuente y acompáñalos con la salsa de queso.

11. ¡Disfruta el plato!

Crujientes de mollejas y morcilla

Ingredientes
Para 4 personas

unas láminas de pasta bric
300 g de mollejas de cordero
    limpias
1 morcilla de cebolla
1 puerro
2 dl de caldo de carne

1 huevo batido
harina de maíz
1 dl de vino oloroso
sal
aceite de oliva

Elaboración

1. Lava, pica el puerro y rehógalo en una sartén puesta al fuego con aceite de oliva.

2. Trocea la morcilla de cebolla.

3. Trocea las mollejas, añádelas a la sartén y saltéalas hasta que queden doradas.

4. Incorpora al salteado anterior la morcilla troceada y rehoga todo el conjunto.

5. Por otro lado, prepara una salsa espesa poniendo en un cazo al fuego el caldo, el vino y la harina de maíz. Mezcla con una varilla de cocina.

6. Mezcla parte de la salsa con el salteado de mollejas y morcilla.

7. Corta rectángulos de pasta bric y pon en cada uno un poco del salteado.

8. Cierra en forma de rollito, pegando los bordes con huevo batido para que se cierren bien.

9. En otra sartén con aceite fríe los «crujientes».

10. Una vez fritos, deja secar el aceite sobrante colocándolos sobre un plato cubierto con papel de cocina absorbente.

11. Sirve en una fuente los crujientes con el resto de la salsa.

Crujientes de palometa y crema de queso

Ingredientes
Para 4 personas

1 paquete de galletas «crackers»	100 g de canónigos
1 tarrina de crema de queso	1 limón
200 g de palometa ahumada	aceite de oliva
berros	sal

Elaboración

1. Unta unas cuantas galletas con crema de queso.
2. Coloca encima de cada galleta unos cuantos berros y alíñalos con una gota de aceite de oliva y otra de sal.
3. A continuación, dispón las lonchas de palometa ahumada sobre cada galleta.
4. Coloca las galletas en una fuente.
5. Por último, exprime unas gotas del zumo de medio limón por encima de cada galleta.
6. Con la otra mitad del limón, haz tiras finas con su piel y úsalas para coronar y decorar cada crujiente (galletas). ¡El plato está listo!

Dados de pollo a la sidra

Ingredientes
Para 4 personas

2 pechugas de pollo
3 dl de sidra
2 ajos
comino en polvo
1 zanahoria

mostaza
ketchup
harina
aceite de oliva
sal

Elaboración

1. Pela los ajos y pícalos.

2. Corta las pechugas de pollo en dados y macéralas en un recipiente con los ajos, la sidra, un poco de comino y sal durante 2 horas.

3. Saca el pollo macerado del recipiente y enharínalo.

4. A continuación, dora los dados de pollo en una sartén puesta al fuego con un poco de aceite.

5. Por otro lado, pela la zanahoria y córtala en tiras. Fríe las tiras en otra sartén con aceite puesta al fuego.

6. En un bol mezcla la mostaza con el ketchup.

7. Sirve los dados de pollo a la sidra en una bandeja junto con las tiras de zanahoria frita y acompaña el plato con la salsa de mostaza y ketchup.

Dados de salmón con setas

Ingredientes
Para 4 personas

300 g de salmón limpio
200 g de setas variadas
2 dl de caldo de pescado
1 cebolla
harina

100 g de brécol
harina de maíz
aceite de oliva
sal

Elaboración

1. Lava y corta el brécol en ramos y ponlos a hervir en un cazo al fuego.

2. Lava, limpia y trocea las setas.

3. Pela y pica la cebolla.

4. En una sartén con aceite, rehoga las setas con la cebolla picada, a fuego suave.

5. Incorpora el brécol a la sartén con las setas.

6. Por otro lado, corta el salmón en dados, sazónalo, pásalo por la harina y ponlo a freír en otra sartén con aceite.

7. En un cazo puesto al fuego, vierte el caldo de pescado y agrégale la harina de maíz. Liga ambos ingredientes hasta que quede una crema con una textura un poco espesa.

8. Sirve los dados de salmón fritos en una fuente acompañados de las setas y salsea el plato con la reducción del caldo preparada.

9. ¡Disfruta el plato!

Dados de sepia en salsa verde

Ingredientes
Para 4 personas

600 g de sepia grande
1 cebolla
1 dl de vino de Jerez
2 dl de caldo de pescado

perejil
harina
aceite de oliva virgen extra
sal

Elaboración

1. Pela y pica la cebolla.

2. Lava el perejil.

3. Pon una cazuela al fuego con aceite y rehoga la cebolla hasta que coja color. A continuación añade·el perejil, el vino de Jerez y el caldo de pescado y deja que el guiso se vaya reduciendo.

4. Limpia y corta la sepia en trozos regulares con la ayuda de un buen cuchillo.

5. A continuación, sazona los trozos de sepia, pásalos por harina y fríelos en otra sartén con aceite.

6. Escúrrela sobre un papel de cocina absorbente.

7. Incorpora la sepia a la cazuela y deja que todo el conjunto hierva durante 1 minuto.

8. Por último, retira la cazuela del fuego y llévala directamente a la mesa.

Dados de solomillo al ajo

Ingredientes
Para 4 personas

4 solomillos de cerdo pequeños
1 cabeza de ajo
2 patatas
perejil fresco

1 dl de vinagre de vino
aceite de oliva
sal

Elaboración

1. Pela las patatas, córtalas en dados y saltéalas a fuego medio en una sartén con aceite de oliva. Retíralas del fuego y resérvalas.
2. Corta los solomillos de cerdo en dados.
3. Pela los ajos.
4. En otra sartén puesta al fuego con un poco de aceite saltea los solomillos cortados en dados y los ajos.
5. Sazona y espera hasta que se dore.
6. Incorpora a la sartén las patatas y el perejil picado, sazona todo el conjunto y mójalo con el vinagre.
7. Deja que se evapore el vinagre.
8. Ya puedes servir el plato, ¡disfrútalo!

Delicias de beicon y cebolla

Ingredientes
Para 4 personas

masa congelada de hojaldre
mantequilla
4 lonchas de beicon
1 cebolla
2 huevos

1 brick de nata
harina
semillas de sésamo
sal

Elaboración

1. Con un rodillo estira la masa de hojaldre en una superficie enharinada (si no tuvieras rodillo puede servirte una botella vacía).

2. Una vez estirada la masa de hojaldre, córtala en cuatro porciones.

3. A continuación, pon un poco de mantequilla y harina en cuatro moldes de flan y fórralos con la masa de hojaldre.

4. Corta el beicon en tiras.

5. Pela y pica la cebolla.

6. En un bol casca y bate los huevos.

7. Pon una sartén al fuego con un poco de aceite e incorpora y saltea el beicon y la cebolla.

8. En un bol mezcla la cebolla y el beicon con los huevos batidos y la nata.

9. Incorpora un poco de sal y rellena los moldes de flan con esta mezcla.

10. Hornea los moldes de flan durante 25 minutos a 180 °C.

11. Por último, vuelca los moldes de flan sobre una fuente y espolvorea estas «delicias» con semillas de sésamo.

Delicias de jamón con bechamel

Ingredientes
Para 4 personas

4 lonchas de jamón de york
½ l de leche semidesnatada
25 g de mantequilla
50 g de harina
huevo batido

pan rallado
pimienta blanca
aceite de oliva
sal

Elaboración

1. Corta las lonchas de jamón de york en cuadrados y resérvalas.

2. En un cazo puesto al fuego funde la mantequilla. Una vez fundida, añade la harina y deja cocer el conjunto unos minutos.

3. Incorpora la leche, calentada previamente, y remuévelo todo muy bien hasta conseguir una bechamel homogénea. A continuación, condimenta con sal y pimienta. Cocina a fuego lento 8 minutos.

4. Pon encima de cada cuadrado de jamón un poco de bechamel y colócalos en una fuente untada con un poco de aceite.

5. Mete la fuente en la nevera y espera a que la bechamel esté espesa y fría.

6. A continuación, pasa cada cuadrado de jamón con bechamel por huevo batido y pan rallado.

7. En una sartén puesta al fuego con abundante aceite caliente, fríe los cuadrados de jamón empanados.

8. Coloca las delicias de jamón con bechamel en un plato previamente cubierto con papel de cocina absorbente y deja que suelten el aceite sobrante.

9. Por último, sirve las delicias de jamón en una fuente y llévalas «calentitas» a la mesa.

Delicias de pavo con bechamel

Ingredientes
Para 4 personas

1 pechuga de pavo
200 g de champiñones
50 g de beicon
4 dl de leche

50 g de mantequilla
50 g de harina
aceite de oliva virgen extra
sal

Elaboración

1. Trocea las pechugas de pavo y ponlas a dorar en una cazuela con aceite.

2. Por otro lado calienta la leche en un cazo.

3. Prepara la bechamel mezclando la mantequilla y la harina e incorporando la leche caliente poco a poco. Salpiméntala.

4. Fuera del fuego, incorpora los trozos de pechuga de pavo cocidos a la bechamel y deja enfriar todo el conjunto.

5. A continuación, pasa por harina los trozos de pavo untados en bechamel y fríelos en una sartén con aceite.

6. Por otro lado, lava y filetea los champiñones, pica el beicon y saltéalo todo en una sartén con aceite.

7. Sirve el pavo en una fuente y acompaña el plato con la guarnición de champiñón y beicon.

Empanada de sardinas

Ingredientes
Para 4 personas

1 cebolla
1 pimiento verde
1 calabacín
salsa de tomate frito
200 g de sardinas en lata

300 g de masa de hojaldre
1 huevo
harina
aceite de oliva
sal

Elaboración

1. Pela y pica la cebolla.
2. Lava y pica el calabacín y el pimiento verde.
3. En una sartén puesta al fuego con un poco de aceite, rehoga las verduras y sazónalas.
4. Una vez rehogadas las verduras, sírvelas en un plato cubierto con papel de cocina absorbente, para que suelten el aceite sobrante.
5. Una vez escurridas las verduras, mézclalas con la salsa de tomate frito.
6. Por otro lado, estira el hojaldre sobre una superficie con harina con la ayuda de un rodillo (si no tuvieras rodillo, utiliza un vaso de tubo o una botella). Una vez estirado, córtalo en dos porciones iguales.
7. Coloca una de las porciones del hojaldre sobre una bandeja de horno y, sobre esta mitad, coloca las verduras rehogadas y las sardinas escurridas de su aceite. Termina tapando estos ingredientes con la otra porción de hojaldre.
8. En un bol casca un huevo y bátelo.
9. A continuación pinta la masa de hojaldre con el huevo batido con la ayuda de una brocha o pincel de cocina.
10. Pincha la masa con un tenedor y hornea la empanada durante 25 minutos a una temperatura de 175 °C.
11. Sirve la empanada en una fuente y ¡disfrútala!

Empanadillas de chicharrones

Ingredientes
Para 4 personas

12 obleas de empanadillas
50 g de chicharrones cocidos
1 cebolla
medio pimiento verde

medio pimiento rojo
salsa de tomate frito
aceite de oliva virgen extra
sal

Elaboración

1. Pela la cebolla y pícala.
2. Lava los pimientos rojo y verde y pícalos.
3. En una sartén puesta al fuego con aceite de oliva, rehoga la cebolla y los pimientos.
4. Sazona las verduras y déjalas pochar lentamente.
5. Agrega la salsa de tomate frito y cocina el conjunto a fuego medio.
6. Pica los chicharrones en trozos muy pequeños e incorpóralos al sofrito.
7. Una vez cocinado el sofrito, retira la sartén del fuego.
8. A continuación, rellena la mitad de las obleas de empanadillas con el sofrito y ciérralas con la otra mitad de las obleas, presionando bien los bordes con un tenedor.
9. Pon una sartén al fuego con aceite moderadamente caliente y fríe las empanadillas.
10. Una vez fritas, sírvelas en un plato previamente cubierto con papel de cocina absorbente para que suelten el exceso de aceite.
11. Cuando hayan soltado el aceite, sírvelas en una fuente y ¡disfrútalas!

Empanado de ibérico con peras

Ingredientes
Para 4 personas

½ kg de lomo de cerdo ibérico
queso manchego
harina
pan rallado
huevos

2 peras
azúcar
½ dl de vino moscatel
aceite de oliva virgen extra
sal

Elaboración

1. Corta el lomo de cerdo en filetes (puedes comprarlo ya cortado si lo prefieres).

2. Corta unas cuñas del queso manchego.

3. Corta cada filete de cerdo por la mitad y sazónalos; a continuación, introduce entre las dos mitades de cada filete una cuña de queso.

4. Una vez formados los montaditos de filete, pásalos por harina, huevo y pan rallado.

5. Fríe los montaditos empanados en una sartén con aceite a temperatura media.

6. Pela y corta las peras en láminas y espolvorea el azúcar por encima.

7. Saltea las peras en una sartén con aceite hasta que se doren.

8. Incorpora el vino dulce a las peras y déjalo cocinar hasta que reduzca.

9. Sirve los empanados en una fuente y acompáñalos con las peras caramelizadas como guarnición.

Empanados de jamón y queso

Ingredientes
Para 4 personas

150 g de queso Gruyère
   en un trozo
8 lonchas de jamón de york
harina
1 huevo
50 g de almendra molida

50 g de pan rallado
aceite de oliva virgen extra
eneldo
1 dl de nata agria
salsa de tomate frito
orégano

Elaboración

1. Corta el queso Gruyère en bastones y enróllalos con las lonchas de jamón de york.
2. En un recipiente aparte, mezcla la almendra molida y el pan rallado.
3. En otro bol casca y bate el huevo.
4. Reboza los bastones de queso en la harina, el huevo batido y en la mezcla de almendra y pan rallado.
5. Pon a calentar aceite de oliva en una sartén puesta al fuego.
6. Incorpora los empanados de jamón y queso a la sartén y fríelos hasta que se doren.
7. A continuación, sírvelos en un plato previamente cubierto con papel de cocina absorbente para que suelten el aceite que les sobra.
8. Por otro lado, pon a calentar la salsa de tomate frito con el orégano en una sartén.
9. Y en otro bol, mezcla la nata agria con eneldo.
10. Sirve los empanados en una fuente y acompáñalos de las dos salsas preparadas, la de tomate y la de nata agria.
11. ¡Disfruta el plato!

Empanados de pollo

Ingredientes
Para 4 personas

2 pechugas de pollo	azúcar
1 cerveza	aceite de oliva
2 ajos	sal
salsa de soja	harina
2 dl de nata	2 huevos
mostaza	pan rallado

Elaboración

1. Corta las pechugas de pollo en trozos regulares.

2. Pela y pica los ajos.

3. Casca los huevos y bátelos.

4. Introduce los trozos de pechuga en un bol y añade el ajo picado, la cerveza, la salsa de soja, un poco de sal y aceite.

5. Deja macerar todos los ingredientes del bol en la nevera durante 1 hora y 30 minutos.

6. Saca el pollo de la marinada, escúrrelo y pásalo por la harina, el huevo batido y el pan rallado.

7. Fríe los trozos de pollo empanados en una sartén puesta al fuego con un poco de aceite.

8. Por otro lado, pon a reducir en un cazo la nata con la mostaza y el azúcar hasta obtener una salsa.

9. Sirve los empanados de pollo en una fuente y cúbrelos con la salsa de nata y mostaza.

Empanados de pollo y langostinos

Ingredientes
Para 4 personas

8 contramuslos de pollo en
    filetes
8 langostinos
4 tiras de queso parmesano
harina
1 huevo

pan rallado
1 manojo de espárragos verdes
1 calabacín
aceite de oliva virgen extra
romero
sal

Elaboración

1. Corta por la mitad los filetes de pollo.
2. Corta las tiras de queso parmesano en trozos y colócalas encima de cada uno de los filetes de pollo.
3. Sazona el queso y envuelve los filetes sobre sí mismos con el queso en su interior, de forma que queden en forma de «paquetitos».
4. En un bol casca y bate el huevo.
5. Pasa los «paquetitos» de pollo y queso por la harina, el huevo batido y el pan rallado.
6. Por otro lado, lava y corta el calabacín en rodajas.
7. En una bandeja de horno coloca los espárragos verdes y el calabacín cortado en rodajas.
8. Añade sal y aceite de oliva a los ingredientes de la bandeja e introdúcela en el horno a 170 °C de temperatura durante 10 minutos.
9. Mientras se hornean las verduras, pela los langostinos.
10. En una sartén puesta al fuego con aceite caliente, fríe los empanados de pollo, incorpora los langostinos pelados y saltea el conjunto.
11. Una vez fritos los empanados y los langostinos, sírvelos en un plato cubierto con papel de cocina absorbente y deja que suelten el aceite que les sobra.
12. Transcurrido el tiempo indicado, saca los espárragos y el calabacín del horno.
13. Sirve los empanados en una fuente junto con los langostinos salteados y acompaña el plato con los espárragos y el calabacín como guarnición. Por último, puedes decorar el plato con una ramita de romero.

Empanados de salchicha y dátil

Ingredientes
Para 4 personas

4 lonchas de jamón de york	harina
4 lonchas de queso	1 huevo
8 dátiles sin hueso	pan rallado
8 salchichas de cóctel	aceite de oliva
1 patata	sal

Elaboración

1. Envuelve los dátiles y las salchichas de cóctel en una loncha de queso y otra de jamón de york para formar unos rollitos.

2. En un bol casca y bate el huevo.

3. Pasa los rollitos por la harina, el huevo batido y el pan rallado.

4. En una sartén puesta al fuego con aceite moderadamente caliente, fríe los rollitos rebozados.

5. Por otro lado, pela la patata y córtala en tiras finas.

6. A continuación, fríe la patata en otra sartén puesta al fuego con aceite de oliva.

7. Una vez fritos los rollitos y la patata, déjalos reposar en platos diferentes, previamente cubiertos con papel de cocina absorbente para que suelten el aceite que les sobra.

8. Sirve en una fuente los rollitos acompañados de las patatas fritas ¡y a la mesa!

Endibias asadas con romesco

Ingredientes
Para 4 personas

12 endibias
12 lonchas de beicon
pulpa de pimiento choricero
50 g de avellanas peladas
2 dientes de ajo

1 rebanada de pan de molde
tomate triturado
aceite de oliva
vinagre
sal

Elaboración

1. Calienta agua en una cazuela puesta al fuego y cuando hierva, incorpora las endibias.

2. Deja cocer las endibias unos 5 minutos.

3. En una sartén puesta al fuego con aceite, saltea los dientes de ajo, una vez los hayas pelado, y tuesta la miga de pan y las avellanas.

4. Envuelve cada endibia, una vez cocidas, con dos lonchas de beicon y pínchalas con unos palillos para cerrarlas bien.

5. En otra sartén puesta al fuego con muy poco aceite, dora las endibias.

6. Para preparar la salsa de acompañamiento, tritura en el vaso de la batidora las avellanas tostadas, el ajo, la pulpa de pimiento choricero, el tomate, el vinagre, el pan tostado, un poco de sal y aceite.

7. Sirve las endibias en una fuente y acompáñalas de la salsa romesco elaborada.

8. ¡Disfruta el plato!

Enrollados de pasta y beicon con crema

Ingredientes
Para 4 personas

100 g de espaguetis frescos
12 lonchas de beicon
2 dl de nata
50 g de parmesano

100 g de espárragos verdes
   cocidos
aceite de oliva
sal

Elaboración

1. Pon una olla al fuego con abundante agua para hervirla con sal. Cuando el agua esté hirviendo, incorpora la pasta fresca.
2. Cuando la pasta esté cocida, escúrrela y refréscala con agua fría.
3. Extiende unas lonchas de beicon y coloca encima la pasta cocida, a lo largo.
4. Con la ayuda de un cuchillo cuadra el beicon y la pasta para que no sobresalga ninguno de los dos. Enróllalos sobre sí mismos.
5. En una sartén puesta al fuego saltea los rollitos sin agregar nada de aceite (basta con la grasa que suelta el propio beicon).
6. Por otro lado, corta por la mitad unos espárragos verdes cocidos e incorpóralos a la sartén en la que se están cocinando los rollitos.
7. Agrega nata líquida y deja que el conjunto reduzca durante unos minutos.
8. Sirve en una fuente los rollitos y los espárragos salseados con la nata y espolvorea queso parmesano rallado por encima.
9. ¡El plato está listo!

Ensalada campera

Ingredientes
Para 4 personas

1 kg de patatas cocidas
1 pimiento rojo
1 pimiento verde
1 cebolla
4 pepinillos

1 bote de aceitunas sin hueso
1 lata de atún en aceite de oliva
aceite de oliva
vinagre de manzana
sal

Elaboración

1. Lava y pica el pimiento rojo y el pimiento verde.

2. Pela y pica la cebolla.

3. Incorpora los pimientos y la cebolla picados en un bol.

4. Pela y trocea la patata cocida y, a continuación, sírvela en una fuente.

5. Pon encima de la patata troceada el picadillo de verduras anteriormente preparado (pimientos y cebolla).

6. Incorpora a la fuente el atún en aceite y las aceitunas.

7. Trocea también el pepinillo y añádelo a los ingredientes anteriores.

8. Sazona todo el conjunto y mézclalo muy bien.

9. En otro bol prepara un aliño con vinagre y aceite de oliva.

10. Por último, adereza la ensalada campera con el aliño de vinagre y sal y ¡disfrútala!

Ensalada con beicon y vinagreta de frutos secos

Ingredientes
Para 4 personas

lechugas variadas
8 lonchas de beicon
16 langostinos
50 g de sucedáneo de angulas
50 g de frutos secos surtidos

vinagre balsámico
aceite de oliva
1 diente de ajo
sal

Elaboración

1. Pela los langostinos.
2. Lava y seca los distintos tipos de lechuga.
3. En el vaso de la batidora incorpora los frutos secos y tritúralos con la picadora.
4. En un bol prepara una vinagreta con aceite de oliva, sal y los frutos secos triturados.
5. Una vez mezclados muy bien los ingredientes anteriores, agrega el vinagre balsámico.
6. Por otro lado, haz rollitos con las lonchas de beicon poniendo un langostino pelado dentro de cada una. Cierra los rollitos con un palillo.
7. En una sartén puesta al fuego con un poco de aceite, fríe los rollitos.
8. Por otro lado, pela y pica un diente de ajo. En otra sartén con aceite, saltea el ajo y el sucedáneo de angulas.
9. En una fuente sirve la lechuga con el sucedáneo de angulas y los rollitos de beicon y salsea el conjunto con la vinagreta de frutos secos.
10. ¡El plato está listo!

Ensalada de aguacate

Ingredientes
Para 4 personas

2 aguacates
1 pechuga de pollo
1 pepino
1 zanahoria
1 lechuga
1 bote de maíz

1 yogur natural
1 ramita de apio
pimienta
menta fresca
sal

Elaboración

1. Pon en un recipiente a remojo la lechuga troceada a mano y un poco de apio sin hebras.

2. Lava el pepino, córtalo en rodajas y colócalas en un bol.

3. Pela las zanahorias y saca tiras de zanahoria con el propio pelador de verduras e incorpóralas al bol.

4. Escurre el agua de la lechuga con el apio y échalos también en el bol.

5. En una sartén puesta al fuego con aceite, fríe el pollo y sazónalo. Una vez frito y retirado del fuego, córtalo en tiras.

6. En otro bol prepara una vinagreta mezclando el yogur natural, el aceite de oliva, la menta fresca picada y un poco de sal.

7. Pela el aguacate, deshuésalo y córtalo en láminas finas.

8. Sirve la lechuga con las hortalizas en una fuente. Coloca encima las tiras de pollo y, a un lado, las láminas de aguacate.

9. Por último, salsea la ensalada con el aderezo y termina el plato agregando los granos de maíz.

Ensalada de aguacate con boquerones marinados

Ingredientes
Para 4 personas

1 aguacate
16 boquerones
aceite de oliva virgen
vinagre

6 tomates cherry
cebollino picado
perifollo picado

Elaboración

1. Marina los boquerones poniéndolos en un bol con aceite de oliva y vinagre y guárdalos durante 24 horas en la nevera.

2. Una vez transcurridas las 24 horas indicadas, escurre los boquerones sobre un plato con papel de cocina absorbente.

3. Lava y corta los tomates cherry en láminas.

4. Pela el aguacate y córtalo en láminas. A continuación, colócalo en una fuente. Intercala el aguacate con los boquerones y los tomates.

5. Espolvorea cebollino y perifollo por encima y riega la ensalada con un buen chorro de aceite de oliva.

6. ¡Listo para servir!

Ensalada de alcachofas y cebollas asadas

Ingredientes
Para 4 personas

1 kg de alcachofas
2 cebollas
2 ajos
1 tomate
perejil fresco

mostaza
miel
vinagre balsámico
aceite de oliva
sal

Elaboración

1. Pela las cebollas y los ajos y lava los tomates.

2. A continuación, colócalos en una bandeja de horno y ásalos a 180 °C durante 30 minutos en el horno.

3. Limpia las alcachofas, corta los corazones en láminas y ponlos en agua con perejil en un bol.

4. Pela el tomate asado y pícalo junto con el ajo asado. Ponlo todo en un bol.

5. Trocea las cebollas asadas e incorpóralas en el mismo bol.

6. Monta la ensalada en una fuente poniendo una base de cebolla y tomate y encima las alcachofas, una vez las hayas escurrido del agua.

7. Por otro lado, prepara una vinagreta con miel, mostaza, vinagre balsámico y un poco de aceite de oliva.

8. Aliña la ensalada con la vinagreta ¡y listo!

Ensalada de arroz

Ingredientes
Para 4 personas

300 g de arroz
150 g de gambas
1 lata de atún en aceite
1 lata de espárragos blancos

100 g de guisantes congelados
aceite de oliva
vinagre
sal

Elaboración

1. Pela las gambas.
2. Pon un cazo al fuego con agua y sal y cuece el arroz 15 minutos. Cuando el arroz se haya cocido, escurre el agua con la ayuda de un colador.
3. En otro cazo con agua, cuece las gambas.
4. En una sartén con un poquito de aceite, saltea los guisantes (una vez que éstos se hayan descongelado) y añade las gambas cocidas y un poquito de vinagre.
5. A continuación, incorpora el atún desmenuzado.
6. Por otro lado, incorpora aceite de oliva, vinagre y sal en un bol y mezcla estos ingredientes para preparar la vinagreta.
7. Echa el arroz en el bol de la vinagreta y agrega el salteado de guisantes y gambas. Mezcla todos los ingredientes.
8. Finalmente decora la ensalada de arroz con los espárragos por encima.

Ensalada de arroz basmati

Ingredientes
Para 4 personas

300 g de arroz basmati
5 palitos de surimi o cangrejo
100 g de aceitunas negras
   deshuesadas
1 huevo cocido
medio pimiento verde

media cebolla
aceite de oliva
vinagre de Jerez
albahaca fresca
sal

Elaboración

1. Pon un cazo al fuego con abundante agua, incorpora el arroz y cuécelo durante 12 minutos. Una vez cocido, retíralo del fuego y escurre el agua con la ayuda de un colador. Pásalo a continuación por
   un chorro de agua fría para eliminar el almidón.

2. Lava y pica el pimiento verde.

3. Pela y pica la cebolla.

4. Pica los palitos de cangrejo y las aceitunas.

5. Trocea el huevo duro.

6. En un bol, incorpora el cangrejo, las aceitunas negras, el pimiento
   verde, la cebolla, el huevo cocido y el arroz cocido.

7. En otro bol prepara una vinagreta con aceite de oliva, vinagre, sal y
   un poco de albahaca fresca picada.

8. Adereza la ensalada, mézclala bien y, a continuación, sírvela en una
   fuente. ¡Disfrútala!

Ensalada de arroz con aguacate, piña y gambas

Ingredientes
Para 4 personas

300 g de arroz de grano largo
1 aguacate
100 g de gambas cocidas
1 bote de piña en almíbar
1 naranja

1 bote de mayonesa *light*
salsa de tomate ketchup
1 chorrito de zumo de naranja
1 chorrito de brandy

Elaboración

1. Cuece durante 18 minutos el arroz en una cazuela con agua y sal.

2. Pela las gambas cocidas.

3. Pela el aguacate y trocéalo en dados, una vez le hayas quitado el hueso.

4. Corta la piña en trozos.

5. Pela la naranja y córtala también en trozos.

6. En un bol, mezcla la mayonesa con el tomate ketchup, el zumo de naranja y el brandy.

7. Mezcla en otro bol el arroz cocido con la piña y la naranja partidas en trozos. Añade a esta mezcla un poco de la salsa antes preparada.

8. Ya sólo queda que sirvas la ensalada en una fuente, incorporándole por encima el aguacate y las gambas cocidas y ¡lista para disfrutar!

Ensalada de arroz con pato y judías verdes

Ingredientes
Para 4 personas

200 g de arroz basmati
100 g de jamón de pato
1 bote de judías verdes en
    conserva
1 cebolleta

1 tomate
aceite de oliva virgen
vinagre
sal

Elaboración

1. Pon una cazuela al fuego con agua para hervir el arroz entre 10 y 12 minutos. Escúrrelo y échalo en un bol.

2. Por otro lado, escurre las judías de bote con la ayuda de un colador y añádelas al bol.

3. Pela la cebolleta, pícala e incorpórala al bol.

4. Pela el tomate, córtalo en dados y añádelo al bol con los demás ingredientes.

5. En otro bol prepara una vinagreta con aceite de oliva, vinagre y sal y mézclala bien.

6. Sirve la ensalada en una fuente redonda y, una vez incorpores la vinagreta, mezcla de nuevo todos sus ingredientes muy bien.

7. Coloca alrededor de la ensalada las lonchas de jamón de pato en forma de abanico.

8. Salsea el conjunto con un poco más de vinagreta por encima y ¡disfruta!

Ensalada de arroz salvaje y salmón

Ingredientes
Para 4 personas

250 g de arroz salvaje
175 g de salmón ahumado
100 g de gambas congeladas
1 pepino
media cebolleta

cebollino picado
mostaza agridulce
aceite de oliva virgen extra
vinagre balsámico
sal

Elaboración

1. Pasa por agua hirviendo unas gambas congeladas peladas (sólo unos segundos).

2. Escurre a continuación las gambas con la ayuda de un colador y resérvalas en un bol dentro de la nevera.

3. En un cazo puesto al fuego con agua, hierve el arroz entre 40 y 60 minutos. Una vez haya hervido, escúrrelo con la ayuda de un colador y resérvalo.

4. Corta en tiras el salmón ahumado.

5. Lava el pepino y trocéalo en tiras finas.

6. En un bol, incorpora mostaza agridulce, aceite de oliva, vinagre balsámico, un poco de sal y el cebollino picado y mezcla el conjunto con la ayuda de una varilla de cocina.

7. Por otro lado, corta media cebolleta en juliana e incorpórala al bol en donde has preparado el aliño de la ensalada.

8. Añade al bol del aliño las tiras de pepino, las gambas, el arroz salvaje y el salmón. Mézclalo todo muy bien.

9. Por último, sirve la ensalada de arroz en una fuente y decórala con unas ramas de cebollino.

Ensalada de bacalao y alubias

Ingredientes
Para 4 personas

300 g de bacalao desmigado desalado
400 g de alubias en conserva
100 g de hongos
perejil

vinagre de manzana
aceite de oliva
miel
sal

Elaboración

1. Desmiga el bacalao y sumérgelo en aceite de oliva durante 1 hora en un bol.

2. Lava los hongos y pícalos. A continuación, saltéalos en una sartén puesta al fuego con aceite e incorpora también las alubias cocidas en conserva, previamente escurridas.

3. Por otro lado, en un bol, prepara una vinagreta con vinagre de manzana, aceite de oliva, miel y un poco de sal.

4. Sirve en una fuente las alubias con los hongos, añade el bacalao y salsea con la vinagreta preparada.

5. Decora el plato por encima con perejil picado y ¡disfrútalo!

Ensalada de berros con arenque y apio

Ingredientes
Para 4 personas

1 paquete de berros
200 g de filetes de arenque
1 rama de apio
1 tomate

vinagre
aceite de oliva virgen extra
mostaza agridulce
sal

Elaboración

1. Quita las hebras de una rama de apio y, a continuación, lávala y tro-céala.

2. Acto seguido, mete el apio troceado en un cazo con agua hirviendo durante 1 minuto para blanquear.

3. Pela y trocea un tomate en dados.

4. En un bol, incorpora aceite de oliva, mostaza y vinagre y mezcla el conjunto. Sazónalo a continuación.

5. Añade los dados de tomate al bol de la vinagreta.

6. En una fuente redonda, sirve los berros en el centro e incorpora el apio.

7. Coloca por encima los dados de tomate de la vinagreta, aliña los berros con el resto de la vinagreta y termina colocando alrededor los filetes de arenque.

8. ¡Disfruta el plato!

Ensalada de bogavante

Ingredientes
Para 4 personas

3 lechugas variadas
1 remolacha de bote
2 bogavantes
1 huevo cocido
medio pimiento rojo
medio pimiento verde

media cebolleta
vinagre balsámico
pulpa de pimiento choricero
1 puerro
aceite de oliva
sal

Elaboración

1. Lava y limpia las lechugas, córtalas y resérvalas en un bol.

2. Lava y pica el pimiento rojo y el pimiento verde.

3. Pela y pica la cebolleta.

4. Pica el huevo cocido.

5. Lava el puerro y pica también su parte blanca.

6. En una cazuela puesta al fuego con agua, hierve los bogavantes durante 6 minutos.

7. Una vez hervidos, retira los bogavantes del fuego y, cuando se hayan enfriado, pélalos.

8. En una sartén puesta al fuego con un poco de aceite saltea los pimientos, la cebolleta y el puerro. Añade a estos ingredientes un poco de pulpa de pimiento choricero.

9. Cuando la verdura esté rehogada, retírala del fuego y déjala enfriar ligeramente antes de incorporar el huevo cocido picado.

10. En un bol prepara una vinagreta con aceite, vinagre y sal. Aliña con una pequeña cantidad de esta salsa las lechugas reservadas.

11. Sirve en una fuente las lechugas y coloca por encima las verduras rehogadas con el huevo. Añade la remolacha cortada en láminas.

12. Termina el plato incorporando el bogavante cortado en medallones y con las pinzas enteras decorando la fuente. Aprovecha un poco de la vinagreta preparada para salsear el bogavante.

13. ¡El plato está listo!

Ensalada de canónigos y anchoas

Ingredientes
Para 4 personas

1 bolsa de canónigos
1 lata de anchoas
8 tomates cherry
50 g de aceitunas negras
aceite de oliva

vinagre balsámico
queso parmesano rallado
mostaza
miel
sal

Elaboración

1. Desala las anchoas en un recipiente con agua o con leche durante 15 minutos.

2. Lava los tomates cherry y córtalos por la mitad.

3. Prepara una vinagreta en un bol mezclando la mostaza, la miel, el vinagre balsámico, la sal y el aceite de oliva. A continuación, mezcla los ingredientes con una varilla (si no tuvieras una varilla, realiza esta operación con una cuchara).

4. Monta la ensalada colocando los canónigos en el centro de una fuente redonda. A continuación, incorpora el tomate, las anchoas, las aceitunas y el queso parmesano rallado por encima.

5. Una vez incorporados todos los ingredientes de la ensalada, alíñala con la vinagreta preparada.

6. ¡Disfruta el plato!

Ensalada de cecina, nueces y panceta

Ingredientes
Para 4 personas

100 g de cecina de León
100 g de panceta
escarola
berros
nueces
aceitunas negras

costrones de pan frito
mostaza
aceite de oliva virgen extra
vinagre de manzana
pimienta
sal

Elaboración

1. Corta la cecina en tiras finas.

2. Corta la panceta en dados pequeños y saltéalos en una sartén con un poco de aceite, a fuego fuerte.

3. Por otro lado, lava la escarola y los berros y escúrrelos con la ayuda de un colador. A continuación, coloca en una fuente la escarola y los berros.

4. Incorpora, por encima de la escarola y los berros, las aceitunas y las nueces peladas.

5. A continuación, incorpora la cecina y la panceta y mezcla todos los ingredientes.

6. En un bol prepara una vinagreta mezclando la mostaza, el aceite de oliva virgen extra, el vinagre, la sal y la pimienta.

7. Por último, aliña la ensalada y decórala con los costrones de pan frito.

Ensalada de confit de pato

Ingredientes
Para 4 personas

2 confits de pato
1 lata de espárragos blancos
lechugas variadas

**Para la vinagreta
de almendras**
12 cucharadas soperas de aceite
de oliva
100 g de almendras crudas
fileteadas

4 cucharadas soperas de jugo de
trufa
4 cucharadas soperas de jugo de
limón
2 cucharadas soperas de trufa
picada
4 cucharadas soperas de hierbas
aromáticas picadas
4 cucharadas soperas de vinagre
de Jerez

Elaboración

1. Lava bien las diferentes lechugas, córtalas en trozos y resérvalas.

2. Coloca los confits de pato en una bandeja de horno e introdúcela en
el horno a 200 °C de temperatura durante 8 minutos (no saques el
confit del horno hasta que compruebes que la piel está crujiente).

3. Cuando el confit se haya enfriado, desmenuza su carne y retira los
huesos.

4. Por otro lado, en un bol prepara la vinagreta de la ensalada triturando las almendras con el aceite, la trufa, el jugo de trufa, el vinagre y
el jugo de limón (para triturar estos ingredientes con comodidad
prueba a hacerlo con un mortero). Cuando obtengas una pasta homogénea, prueba de sal y rectifica si fuera necesario. A continuación, añádele las hierbas aromáticas.

5. Coloca las diferentes lechugas en el centro de una fuente y alíñalas
con la vinagreta preparada, Por encima coloca la carne del confit de
pato desmenuzada y los espárragos blancos.

Ensalada de escarola con legumbres

Ingredientes
Para 4 personas

1 bolsa de escarola
medio bote de garbanzos
    en conserva
medio bote de lentejas
    en conserva

1 diente de ajo
aceite de oliva
vinagre
sal

Elaboración

1. Escurre los garbanzos y las lentejas en conserva.

2. Pela y pica el diente de ajo muy finito.

3. Rehoga el ajo picado en una sartén al fuego, con un poco de aceite y añádele un poco de vinagre (esto hazlo con cuidado pues el vinagre al fuego salpica bastante).

4. Lava la escarola y échala en un bol, incorporando a continuación, las legumbres ya escurridas.

5. Sazona todos los ingredientes del bol.

6. Añade la vinagreta templada de la sartén a la ensalada de escarola y mézclalo todo muy bien.

7. Date prisa en servir la ensalada en una fuente, pues ha de tomarse templada.

Ensalada de espinacas con beicon y pasas

Ingredientes
Para 4 personas

1 bolsa de espinacas frescas
4 lonchas de beicon
1 limón
100 g de pasas
150 g de champiñones

150 g de queso parmesano
2 cucharadas de mostaza
aceite de oliva
vinagre balsámico
sal

Elaboración

1. Corta en tiritas el beicon y saltéalo en una sartén sin aceite.

2. En un recipiente, exprime un limón.

3. Lava y lamina los champiñones. Aderézalos con el zumo de limón para que no se oxiden.

4. En un bol, lava las espinacas frescas y mézclalas con el beicon frito y los champiñones laminados.

5. Trocea el queso parmesano e incorpóralo también a las espinacas.

6. En otro bol, prepara la vinagreta para la ensalada, mezclando un chorro de aceite de oliva, la mostaza, unas gotas de vinagre y un pelín de sal. Mézclalo todo muy bien con una varilla o un tenedor.

7. Sirve la ensalada en una fuente o en un bol grande y aderézala con la vinagreta preparada.

Ensalada de foie con vainas

Ingredientes
Para 4 personas

300 g de foie
200 g de judías verdes redondas
2 pimientos rojos
brotes de soja
azúcar de caña

vinagre de Jerez
aceite de oliva
cebollino picado
sal

Elaboración

1. Asa los pimientos en el horno a 180 °C durante 30 minutos con sal y aceite de oliva.

2. Una vez asados, corta los pimientos en tiras.

3. Lava las judías y córtalas en tiras.

4. En una cazuela puesta al fuego con agua y sal, cuece las judías.

5. Por otro lado, corta el foie en lonchas y cocina ligeramente en una sartén puesta al fuego, tan sólo con un poco de sal y una pizca de azúcar.

6. En un bol prepara una vinagreta con el aceite, el vinagre, la sal y cebollino picado.

7. Sirve el foie con las judías en una fuente y añade los brotes de soja. A continuación, aereza la ensalada con la vinagreta.

8. ¡El plato está listo!

Ensalada de frutas especiadas

Ingredientes
Para 4 personas

200 g de fresón
1 pera
1 manzana
1 mandarina
alguna fruta tropical
½ l de vino blanco
1 rama de canela

1 vaina de vainilla
2 clavos de especia
granos de distintas pimientas
1 bolsita de té
100 g de azúcar
1 ramita de hierbabuena

Elaboración

1. En una cazo incorpora el vino blanco, una rama de canela, las pimientas, el azúcar, la vaina de vainilla abierta, los clavos y la bolsita de té.

2. Pon el cazo al fuego y cuando hierva, apaga el fuego y deja reposar durante 5 minutos.

3. Por otro lado, pela y corta las frutas (los fresones, la pera, la manzana, la mandarina y la fruta tropical) en trozos pequeños. Una vez cortadas, introdúcelas en un bol.

4. Agrega un poco de la infusión anterior al bol con la fruta para macerarla ligeramente.

5. Sirve la ensalada de frutas en una fuente y riega las frutas con el resto de la infusión.

6. Termina decorando el plato con unas ramitas de hierbabuena por encima.

7. Si se quiere servir la ensalada como postre, se puede acompañar del helado que más te guste.

8. ¡Disfruta el plato!

Ensalada de frutos secos y crema de queso Mascarpone

Ingredientes
Para 4 personas

1 bolsa de lechugas variadas
25 g de nueces peladas
25 g de avellanas peladas
25 g de almendras peladas
150 g de queso Mascarpone

1 punta de pimentón picante
1 punta de pimentón dulce
aceite de oliva
1 cucharadita de cominos
sal

Elaboración

1. Pica por separado los frutos secos (nueces peladas, avellanas peladas y almendras peladas) en un picador de cocina o en la batidora con el accesorio picador.

2. Prepara la crema de queso mezclando en un bol el queso Mascarpone, el pimentón picante, el pimentón dulce y una cucharadita de cominos. Una vez mezclados todos los ingredientes, añade aceite de oliva y sal y vuélvelo a mezclar todo muy bien.

3. Lava las lechugas.

4. Por último, coloca en una fuente la lechuga, incorpórale los frutos secos triturados y mezcla todo el conjunto muy bien. Ya sólo resta añadirle la crema de queso preparada y volver a mezclar todos los ingredientes.

5. ¡Ya está lista la ensalada para disfrutarla!

Ensalada de jamón de pato

Ingredientes
Para 4 personas

150 g de jamón de pato
lechugas variadas
1 mango
1 kiwi
8 cigalas

aceite de oliva virgen extra
vinagre balsámico
menta fresca
sal
miel

Elaboración

1. Lava los distintos tipos de lechuga y escúrrelos. Trocea las hojas de lechuga para incorporarlas a un bol.

2. Por otro lado pela las cigalas y resérvalas.

3. Pela el mango y el kiwi y córtalos en dados.

4. En otro bol prepara una vinagreta con el aceite de oliva virgen extra, el vinagre balsámico, la sal y miel al gusto.

5. Adereza con la vinagreta las lechugas colocadas en el otro bol. Incorpora también a esta mezcla la fruta cortada en dados.

6. En una sartén puesta al fuego con un poco de aceite, saltea las cigalas peladas con un poco de sal.

7. Sirve las lechugas aliñadas con los dados de mango y kiwi en una fuente. Acompáñalas con las lonchas de jamón de pato, las hojas de menta y las cigalas salteadas.

8. ¡El plato está listo!

Ensalada de jamón ibérico con frutos secos y aceitunas negras

Ingredientes
Para 4 personas

400 g de lechugas variadas
400 g de jamón ibérico en
    lonchas
50 g de frutos secos
16 espárragos verdes
aceite de oliva

vinagre balsámico
hierbas aromáticas
25 g de aceitunas negras
sal gorda

Elaboración

1. Limpia los espárragos verdes, pártelos por la mitad y saltéalos en una sartén puesta al fuego con un poquito de aceite de oliva.

2. Lava las lechugas variadas.

3. En un bol pon las lechugas y los frutos secos y aliña el conjunto con el aceite de oliva y el vinagre balsámico.

4. Sirve en una fuente las lechugas aliñadas y sobre éstas unas lonchas de jamón ibérico.

5. Coloca también los espárragos salteados y las aceitunas negras troceadas por encima.

6. Termina el plato sazonando la ensalada con un poco de sal gorda por encima.

Ensalada de judías blancas

Ingredientes
Para 4 personas

200 g de judías blancas en conserva
1 cebolla morada
6 pepinillos en vinagre
1 tomate
1 lata de jamón de cerdo

50 g de aceitunas verdes sin hueso
aceite de oliva
vinagre de Jerez
sal

Elaboración

1. Pela y pica el tomate en dados muy pequeños.
2. Pica también los pepinillos.
3. Pela la cebolla y córtala en dados.
4. Incorpora la cebolla cortada en dados en un bol y añade las judías blancas, el tomate y los pepinillos troceados. A continuación mezcla muy bien todos los ingredientes.
5. Corta el jamón de cerdo en tacos pequeños y añádelo también al bol. Incorpora las aceitunas.
6. Sazona con sal y aliña todo el conjunto con el vinagre y el aceite de oliva.
7. Por último, sirve la ensalada ya sazonada y aliñada en una fuente y ¡llévala a la mesa!

Ensalada de laterío

Ingredientes
Para 4 personas

1 lata de mejillones
1 lata de berberechos
1 lata de anchoas

1 bote de aceitunas sin hueso
patatas fritas de bolsa

Elaboración

1. Abre las latas de conserva y escúrrelas, dejando tan sólo un poquito del líquido de cada una de ellas para que no se sequen.

2. Coloca, de forma decorativa en un plato, los mejillones, los berberechos y las anchoas.

3. Coloca asimismo las aceitunas sin hueso en el plato.

4. Por último, acompaña con patatas fritas de bolsa y ¡ya está la ensalada!

Ensalada de legumbres con tofu

Ingredientes
Para 4 personas

300 g de legumbres en conserva
(lentejas, garbanzos, judías...)
media cebolla
1 paquete de brotes de soja
1 calabacín
100 g de tofu (queso de soja)

medio vasito de zumo de limón
vinagre balsámico
hierbas aromáticas
aceite de oliva
sal

Elaboración

1. Elimina el líquido de las legumbres con la ayuda de un escurridor.

2. En un cazo puesto al fuego con agua hirviendo, incorpora los brotes de soja durante 1 minuto para blanquearlos.

3. Lava el calabacín y córtalo en láminas finas.

4. Pela la cebolla y pártela en medios aros.

5. Pon una sartén al fuego con un poco de aceite y saltea el calabacín y la cebolla.

6. Prepara en un bol una vinagreta con aceite de oliva, zumo de limón, hierbas aromáticas y sal.

7. Lava bien el tofu y cuécelo, tan sólo unos minutos, en un cazo puesto al fuego con agua caliente (para quitarle la especie de salmuera que lo recubre). Déjalo enfriar y córtalo en dados pequeños.

8. Sirve las legumbres en una fuente y añade el calabacín y la cebolla. Incorpora el tofu y los brotes de soja. Aliña el conjunto con la vinagreta y, a continuación, mézclalo todo muy bien.

9. ¡El plato está listo!

Ensalada de legumbres y brotes de soja

Ingredientes
Para 4 personas

150 g de legumbres en conserva
(valen garbanzos, judías o
lentejas)
1 cebolleta fresca
medio pimiento rojo
1 pepino
1 calabacín

100 g de brotes de soja frescos
mostaza
miel
aceite de oliva virgen extra
vinagre balsámico
sal

Elaboración

1. Escurre las legumbres del líquido de la conserva con la ayuda de un colador y pásalas por el grifo. Una vez mojadas con agua, vuélvelas a escurrir.

2. Lava el pimiento, el pepino y el calabacín y córtalos en dados pequeños.

3. Coloca en un bol las legumbres y las verduras cortadas en dados.

4. Pela y pica la cebolleta e incorpórala también al bol.

5. En una sartén puesta al fuego con un poco de aceite, saltea los brotes de soja.

6. En otro bol prepara una vinagreta con la mostaza, la miel y el vinagre. Mezcla bien estos ingredientes con una varilla de cocina (si no tuvieras varilla, hazlo con una cuchara).

7. Sirve la ensalada en una fuente y aderézala con la vinagreta preparada y con un poco de sal. Acompaña la ensalada con los brotes de soja salteados.

8. ¡El plato está listo!

Ensalada de mollejas de cordero con verduras y legumbres

Ingredientes
Para 4 personas

200 g de mollejas de cordero
16 espárragos trigueros
50 g de guisantes de bote
40 g de habas *baby* de bote
1 tomate

aceite de oliva
vinagre
1 chalota
lechugas variadas
sal

Elaboración

1. Precalienta el horno a 200 °C.

2. Pon una cazuela al fuego con agua. En el momento en que rompa a hervir, incorpora las mollejas. Dales un hervor, retira el cazo del fuego y cambia el agua. Deja hervir las mollejas por espacio de 20 o 30 minutos, hasta que éstas estén tiernas.

3. Escurre los guisantes y las habas del líquido de la conserva.

4. Una vez hervidas las mollejas, retíralas del fuego y déjalas enfriar. Cuando se hayan enfriado, quítales la telilla que las recubre y trocéalas.

5. Pela, trocea la chalota y saltéala ligeramente en una sartén puesta al fuego con un poco de aceite.

6. Lava el tomate y córtalo en dados pequeños.

7. En un bol prepara un aliño con el tomate cortado en dados pequeños, el aceite de oliva, el vinagre y la sal.

8. Lava y corta las lechugas variadas.

9. Pon en la placa de horno las mollejas con las habitas, los guisantes, la chalota y un poco de aliño y hornea el conjunto durante 8 minutos a 180 °C.

10. Una vez horneados los ingredientes anteriores, coloca en el centro de una fuente un montoncito de lechugas y encima las mollejas con los vegetales horneados. Aliña todo el conjunto con el resto de la vinagreta preparada.

11. ¡Disfruta el plato!

Ensalada de naranja, bacalao y granada

Ingredientes
Para 4 personas

4 naranjas
150 g de bacalao desmigado y
    desalado
aceitunas negras

1 granada
1 ajo picado
aceite de oliva
vinagre

Elaboración

1. Pela las naranjas eliminando el máximo posible de parte blanca de la piel.

2. Corta las naranjas en rodajas y disponlas en una fuente.

3. A continuación, coloca el bacalao desmigado por encima.

4. Por otro lado, pela y desgrana la granada.

5. Añade a la ensalada unos granitos de granada y las aceitunas negras.

6. Por último, aliña la ensalada ligeramente con aceite de oliva, vinagre y ajo picado. Mézclalo todo muy bien.

7. Sirve el plato.

Ensalada de naranja y bacalao

Ingredientes
Para 4 personas

2 naranjas
200 g de bacalao desalado
100 g de atún de lata en aceite
aceitunas negras

1 cebolleta
albahaca fresca
aceite de oliva
sal

Elaboración

1. Pon una cazuela al fuego con agua y cuando esté caliente, incorpora el bacalao con la piel hacia abajo. Después de 3 minutos, dale la vuelta y mantenlo con la piel hacia arriba. Realiza este proceso hasta que el bacalao se haya blanqueado y retíralo del fuego.

2. Para evitar que el bacalao se siga cociendo, introdúcelo en un recipiente con agua a temperatura ambiente. Una vez parada la cocción, escurre el agua del recipiente y reserva el bacalao.

3. Corta el bacalao en láminas.

4. Pela y corta una cebolleta en medios aros.

5. Pela una de las naranjas y sepárala en gajos. Con la otra naranja haz un zumo con la ayuda de un exprimidor.

6. Incorpora el bacalao, la cebolleta y los gajos de naranja en un bol.

7. Añade el zumo de naranja y mezcla muy bien.

8. Sirve la ensalada en una fuente y añade por encima las aceitunas negras, el atún y la albahaca cortada en tiras. Échale por encima un chorro de aceite de oliva y vuelve a mezclarlo todo muy bien.

9. ¡Disfruta la ensalada!

Ensalada de pasta aromática

Ingredientes
Para 4 personas

½ kg de espirales o macarrones   tomillo fresco
1 tomate   romero fresco
1 cebolla   orégano seco
150 g de queso Emmenthal   aceite de oliva
150 g de jamón de york   sal

Elaboración

1. Cuece la pasta en una cazuela con agua, sal y aceite de oliva.
2. Una vez que la pasta esté cocida, escúrrela y déjala que se enfríe.
3. Mientras la pasta se enfría, lava el tomate y trocéalo en daditos pequeños.
4. Pela la cebolla y córtala también en daditos pequeños.
5. Corta el queso Emmenthal y el jamón de york en tiritas finas.
6. Prepara en un bol el aderezo de la ensalada, consistente en mezclar aceite de oliva, un poquito de sal, tomillo fresco, romero fresco y orégano seco.
7. Por último, sirve la pasta en un bol y mézclala muy bien con el tomate, la cebolla, el queso y el jamón.
8. Aliña la ensalada con el aderezo y ¡listo!

Ensalada de pasta con atún

Ingredientes
Para 4 personas

200 g de pasta
200 g de atún de lata en aceite
medio pimiento amarillo
1 tomate
50 g de aceitunas negras
    deshuesadas

1 bote de maíz
1 cebolleta
menta fresca
aceite de oliva virgen extra
vinagre de Jerez
sal

Elaboración

1. Pon una cazuela al fuego con agua a hervir y un poco de sal. Cuando el agua esté hirviendo, incorpora la pasta y déjala cocer.
2. Cuando la pasta se haya cocido, sácala del fuego y escúrrela.
3. Por otro lado, lava y trocea el tomate.
4. Lava y corta el pimiento amarillo en dados.
5. Pela la cebolleta y córtala también en dados.
6. En un bol prepara una vinagreta con aceite, vinagre y sal.
7. Añade a la vinagreta elaborada el tomate, el pimiento y la cebolleta picados.
8. Incorpora también al bol las aceitunas negras, el maíz y la pasta cocida.
9. Por último, mezcla todos los ingredientes muy bien.
10. Sirve la ensalada en una fuente, coloca el atún por encima y decora el plato con unas hojas de menta.
11. ¡El plato está listo!

Ensalada de pasta y salmón

Ingredientes
Para 4 personas

250 g de pasta fresca
175 g de salmón ahumado
1 lata de chipirones
1 huevo cocido
1 pimiento verde

1 cebolleta
eneldo
aceite de oliva virgen extra
vinagre de Jerez
sal

Elaboración

1. En una cazuela puesta al fuego con agua y sal, cuece la pasta. Una vez cocida, escurre el agua y déjala enfriar.

2. Escurre los chipirones del aceite de la lata de conserva.

3. Pela y pica el huevo cocido.

4. Lava y pica el pimiento verde.

5. Pela y pica la cebolleta.

6. En un bol prepara una vinagreta con aceite de oliva, sal y vinagre. Añade a este recipiente el huevo y las verduras picadas.

7. En otro recipiente mezcla la pasta y los chipirones.

8. Para presentar el plato, sirve la pasta con los chipirones en una fuente, incorpora la vinagreta con el huevo y las verduras picadas y mézclalo todo muy bien.

9. Decora el plato por encima con el salmón ahumado cortado en tiras finas.

10. ¡Disfruta la ensalada!

Ensalada de queso de cabra con tomate confitado

Ingredientes
Para 4 personas

1 rulo de queso de cabra
3 tomates
1 bolsa de berros
100 g de azúcar

aceite de oliva
vinagre balsámico
albahaca fresca
sal

Elaboración

1. Pela los tomates, trocéalos y ponlos a freír, en una sartén al fuego, con aceite y azúcar. Deja que el tomate se confite a fuego lento.

2. Mientras el tomate se confita, corta el rulo de queso de cabra en medallones y ponlos encima de una bandeja de horno, forrada con papel de aluminio o parafinado. Introduce la bandeja en el horno para gratinar el queso.

3. Lava la albahaca fresca y pícala.

4. Lava los berros.

5. En un recipiente aparte, prepara una vinagreta con el aceite de oliva, el vinagre balsámico, sal y la albahaca fresca picada.

6. Una vez que el tomate se encuentre confitado, retíralo del fuego y resérvalo.

7. Sirve los berros en cuatro platos y pon encima de ellos un poquito de tomate confitado y un medallón de queso de cabra.

8. Para terminar la presentación de los platos, salsea con la vinagreta elaborada.

Ensalada de queso manchego

Ingredientes
Para 4 personas

200 g de queso manchego
1 bolsa de berros o canónigos
1 bote pequeño de corazones de
  alcachofa
1 bolsa de escarola
1 manzana
menta fresca

50 g de nueces peladas
50 g de frutos rojos
cebollino
aceite de oliva
vinagre de Jerez
sal

Elaboración

1. Pela y corta en dados pequeños la manzana.

2. Tritura las nueces, el cebollino y la menta fresca con la ayuda de un mortero.

3. Corta en láminas muy finas el queso manchego.

4. Lava la escarola y los berros.

5. En un bol prepara una vinagreta con aceite de oliva, vinagre de Jerez y sal y añade la mezcla del mortero.

6. Coloca en una fuente los berros y la escarola e incorpora a ésta la manzana, y los corazones de alcachofa.

7. Aliña con la vinagreta previamente elaborada y coloca por encima las láminas de queso y unos frutos rojos.

Ensalada de remolacha

Ingredientes
Para 4 personas

1 bote de remolacha en conserva
2 patatas
2 huevos
1 bote de brotes de soja en
   conserva

sucedáneo de angulas
3 lonchas de jamón serrano
aceite de oliva virgen extra
vinagre balsámico
sal

Elaboración

1. En una cazuela puesta al fuego con agua y sal, cuece las patatas y los huevos.

2. Cocina los huevos 10 minutos y las patatas 30 minutos. Una vez hayas retirados ambos del fuego, deja que se enfríen.

3. Cuando estén a temperatura ambiente, pela los huevos y las patatas y corta estas últimas en rodajas.

4. En una sartén puesta al fuego con un poco de aceite, saltea el sucedáneo de angulas y el jamón cortado en tiras.

5. Por otro lado, prepara una vinagreta en un bol con aceite de oliva, vinagre balsámico y sal.

6. Corta en láminas la remolacha.

7. Coloca en una fuente las rodajas de patata y el huevo cortado en cuartos. Encima del huevo coloca las láminas de remolacha y los brotes de soja. Salsea el conjunto con la vinagreta y finalmente añade las angulas con jamón.

8. ¡Disfruta el plato!

Ensalada de sémola con hortalizas

Ingredientes
Para 4 personas

200 g de sémola
1 pepino
1 pimiento verde
1 tomate
1 cebolleta
1 lima

1 zanahoria
unos rabanitos
cilantro fresco
aceite de oliva
sal

Elaboración

1. Cuece la sémola según las instrucciones que establezca el fabricante en el envase y remuévela de vez en cuando.

2. Lava el pimiento verde, el tomate y el pepino y córtalos en trozos.

3. Pela la cebolleta y trocéala también.

4. A continuación, incorpora todas las verduras troceadas en un bol.

5. Lava los rabanitos y pícalos.

6. Pela la zanahoria y córtala en bastones finos.

7. Prepara un aliño con el aceite de oliva, el zumo exprimido de la lima, unas hojitas de cilantro y la sal, y mézclalo todo.

8. Una vez cocida la sémola, sírvela en el centro de una fuente y añade todas las verduras troceadas. Adereza el conjunto con el aliño preparado.

9. ¡El plato está listo!

Ensalada verde

Ingredientes
Para 4 personas

1 lechuga
2 tomates
1 cebolla
75 g de aceitunas verdes
1 lata de espárragos blancos

2 huevos
1 lata de atún en aceite
aceite de oliva
sal

Elaboración

1. En un cazo puesto al fuego con agua cuece los huevos 10 minutos.

2. Una vez cocidos, retíralos del fuego y espera a que se enfríen para pelarlos y resérvalos.

3. Lava bien las hojas de lechuga, escúrrelas, córtalas y ponlas en una ensaladera.

4. Pela la cebolla, córtala en rodajas y sírvela también en la ensaladera.

5. Lava los tomates y córtalos en cuartos. Agrégalos también a la ensaladera junto con las aceitunas y el atún en aceite.

6. Adereza los ingredientes con aceite de oliva y sal. Mezcla muy bien todo el conjunto y añade un chorrito de vinagre. A continuación vuelve a mezclar todos los ingredientes.

7. Por último, decora la ensalada con los espárragos y los huevos duros cortados en cuartos.

8. ¡Disfruta el plato!

Ensaladilla rusa

Ingredientes
Para 4 personas

2 patatas
100 g de guisantes de bote
2 zanahorias
1 bote de judías verdes
   redondas
1 bote de mayonesa

1 lata de atún natural
5 palitos de surimi (cangrejo)
100 g de aceitunas sin hueso
media cebolla
pepinillos agridulces
eneldo

Elaboración

1. Pela las patatas y las zanahorias, trocéalas en dados pequeños y ponlas a cocer en un cazo con agua y sal.

2. Pela la cebolla.

3. Corta los palitos de surimi, las aceitunas, la cebolla y los pepinillos en trozos pequeños e incorpora todo a un bol.

4. Añade al bol el atún desmigado y la mayonesa y mezcla todos los ingredientes muy bien.

5. Una vez se hayan cocido las patatas y las zanahorias, déjalas enfriar e incorpóralas al bol con los restantes ingredientes.

6. Añade los guisantes y las judías una vez las hayas escurrido y mezcla todos los ingredientes de nuevo.

7. Por último, agrega el eneldo al gusto y deja reposar la ensaladilla 2 horas en la nevera.

8. Sirve la ensaladilla en una fuente y ¡a disfrutar!

Escalivada

Ingredientes
Para 4 personas

3 pimientos rojos
2 berenjenas
2 cebollas pequeñas

12 tomates cherry
aceite de oliva virgen
sal

Elaboración

1. Lava los pimientos rojos, las berenjenas y los tomates cherry.
2. Pela las cebollas.
3. Vierte un chorro de aceite sobre todas las verduras.
4. A continuación, corta las cebollas por la mitad y cocínalas en el microondas durante 8 minutos al 100 % de su potencia.
5. En otro recipiente, coloca los pimientos y hornéalos en el microondas durante 15 minutos al 100 % de su potencia.
6. Corta las berenjenas por la mitad y en un bol, ásalas en el microondas al 100 % de su potencia durante 8 minutos.
7. Haz la misma operación con los tomates cherry enteros, asándolos en el microondas al 100 % de su potencia durante tan sólo 4 minutos.
8. Pela los pimientos una vez asados y corta todas las verduras en tiras. Colócalas en una bandeja.
9. Riega todo el conjunto con un chorrito de aceite de oliva virgen y echa sal a tu gusto.
10. ¡El plato ya está listo!

Escalivada con anchoas

Ingredientes
Para 4 personas

1 baguette de pan
4 anchoas en aceite
2 pimientos rojos
1 berenjena

vinagre de Jerez
aceite de oliva
sal gorda
cebollino picado

Elaboración

1. Lava los pimientos verdes y las berenjenas.

2. Coloca los pimientos y las berenjenas en una bandeja de horno y rocíalos con aceite de oliva y sal gorda.

3. A continuación hornea las verduras durante 30 minutos a 180 °C.

4. Una vez asados los pimientos y las berenjenas, sácalos del horno y cúbrelos con un paño de cocina.

5. Después de que las verduras se hayan enfriado y hayan reposado, pélalas y quítales las pepitas.

6. Corta las verduras en tiras y alíñalas en un bol con aceite de oliva, vinagre de Jerez y sal.

7. Una vez aliñadas las verduras, introduce el recipiente en la nevera hasta que se enfríen.

8. Corta el pan de baguette en rebanadas y tuéstalas en un tostador o en una sartén puesta al fuego vuelta y vuelta.

9. Coloca las rebanadas de pan tostado en una fuente y sobre éstas la escalibada. Pon las anchoas por encima y decora con el cebollino picado.

10. ¡Disfruta el plato!

Escalopes de ternera empanados

Ingredientes
Para 4 personas

8 filetes finos de babilla
4 lonchas de queso
pan rallado
1 huevo
harina
2 pimientos verdes

1 patata
sal
pimienta
aceite de oliva
unas rodajas de limón

Elaboración

1. Corta los filetes por la mitad y salpiméntalos.
2. Introduce una loncha de queso entre cada dos filetes.
3. Casca el huevo en un bol y bátelo.
4. Reboza los «montados» de filetes con harina, huevo y pan rallado.
5. Por otro lado, pela y corta la patata en trozos.
6. Corta el pimiento en trozos.
7. Fríe en una sartén con aceite caliente los «montados» de filete por ambos lados.
8. Pon otra sartén al fuego con aceite a temperatura media y dora las patatas.
9. Cuando las patatas estén casi fritas, agrega el pimiento verde y fríelo.
10. Una vez fritas las patatas y el pimiento, retíralos del fuego y sobre un plato cubierto con papel de cocina absorbente deja que suelten todo el aceite sobrante.
11. Por último, presenta los escalopes en una fuente junto con las patatas y los pimientos y acompaña el plato con unas rodajas de limón.

Escalopines a la crema

Ingredientes
Para 4 personas

600 g de babilla de ternera
100 g de champiñones
2 dl de nata
2 dl de caldo de carne

harina
aceite de oliva
sal

Elaboración

1. Corta la babilla en filetes pequeños, sazónalos y pásalos por harina.

2. A continuación, fríe los filetes enharinados en una sartén puesta al fuego con aceite caliente. Resérvalos en la sartén.

3. Por otro lado, lava, filetea los champiñones y saltéalos en otra sartén con un poco de aceite.

4. Moja con el caldo la sartén con los champiñones y cocínalo todo hasta que reduzca.

5. Añade la nata a los champiñones y deja hervir todos los ingredientes durante 5 minutos.

6. Una vez elaborada la salsa de los champiñones, échala sobre los escalopines y cocínalo todo a fuego suave durante 2 minutos.

7. Sirve en una fuente los escalopines acompañados de la salsa de champiñones y ¡disfruta el plato!

Espaguetis al pesto

Ingredientes
Para 4 personas

300 g de espaguetis frescos
10 hojas de albahaca fresca
1 ajo
8 tomates cherry
50 g de queso parmesano

50 g de piñones
aceite de oliva
albahaca seca
sal

Elaboración

1. Pon un olla al fuego con agua y sal, y cuando esté hirviendo incorpora los espaguetis el tiempo de cocción que indique el fabricante. Cuando la pasta se haya cocido, escúrrela y resérvala.

2. Pela el ajo.

3. En el vaso de la batidora incorpora el ajo, la albahaca fresca, el aceite de oliva, los piñones, el queso parmesano en trozos y un poco de hielo ligeramente derretido. A continuación, tritúralo todo muy bien con la batidora. Una vez hayas obtenido una salsa homogénea, resérvala.

4. Lava y corta los tomates cherry por la mitad. En una sartén puesta al fuego con un poco de aceite, saltea los tomates y aderézalos con la albahaca seca.

5. Sirve los espaguetis en una fuente y salséalos con la salsa de pesto. Ralla un poco de queso parmesano por encima de la pasta y acompaña el plato con los tomates cherry cortados por la mitad.

6. ¡El plato ya está listo!

Espaguetis con crema de espárragos

Ingredientes
Para 4 personas

300 g de espaguetis
1 manojo de espárragos blancos
2 dl de nata líquida
50 g de queso parmesano

aceite de oliva
perejil
sal

Elaboración

1. Limpia los espárragos, pélalos y ponlos a cocer en una cazuela con agua hirviendo y sal.

2. Cuando los espárragos se hayan cocido, retíralos del fuego, córtalos en trozos y reserva sus yemas.

3. Cuece los espaguetis en la misma agua de cocción de los espárragos. Cuando la pasta esté cocida, retírala del fuego y escúrrela bien.

4. Por otro lado, con la batidora tritura los tallos de los espárragos acompañados de parte del agua utilizada en su cocción. Una vez batidos, rectifica de sal si fuera necesario; a continuación, vuelve a mezclar bien la salsa obtenida y cuélala.

5. Añade la nata líquida a la crema anterior. Pon a hervir esta crema en un cazo durante 5 minutos.

6. A continuación, en una sartén puesta al fuego con un poco de aceite, saltea los espaguetis. Agrega la crema de espárragos preparada, las yemas de los espárragos y el queso parmesano rallado por encima.

7. Una vez salteados los espaguetis, retira la sartén del fuego y sírvelos en una fuente decorando el plato por encima con un poco de perejil picado.

8. ¡Disfruta el plato!

Espaguetis con frutos del mar

Ingredientes
Para 4 personas

300 g de espaguetis
25 cl de aceite de oliva
80 g de calamares
10 almejas
10 mejillones
2 cigalas
8 langostinos

1 vaso vino blanco
1 diente de ajo
1 guindilla
5 hojas de albahaca
150 g de salsa de tomate
250 cl de fumet de pescado
sal

Elaboración

1. Cuece los espaguetis en abundante agua hirviendo con sal. Cuando se hayan cocido, escúrrelos y resérvalos.

2. Pela y pica el ajo.

3. Pica la guindilla.

4. En una sartén antiadherente puesta al fuego, vierte el aceite y dora el ajo y la guindilla picados.

5. A continuación, limpia los calamares y córtalos en juliana. Agrégalos al sofrito.

6. Rehoga unos instantes el sofrito anterior y añade las almejas, las cigalas cortadas por la mitad, los langostinos y los mejillones.

7. Deja freír unos segundos los mariscos incorporados y vierte el vino blanco. Pon una tapa para que se evapore el vino.

8. Añade al sofrito la salsa de tomate y deja cocer unos minutos más todo el conjunto.

9. A continuación corrige de sal e incorpora un poco de fumet de pescado.

10. Mantén en el fuego unos segundos el sofrito y luego déjalo reposar.

11. Por últimos saltea en una cazuela los espaguetis y añade el sofrito de frutos de mar. Sírvelos en una fuente y espolvorea por encima las hojas de albahaca.

Espinacas a la crema

Ingredientes
Para 4 personas

800 g de espinacas frescas
2 ajos
¼ l de leche
1 dl de nata
harina

costrones de pan frito
pimienta blanca
aceite de oliva
sal

Elaboración

1. Pela y corta en láminas los ajos.
2. En un cazo con agua y sal, pon a hervir las espinacas.
3. Una vez hayan hervido las espinacas, escúrrelas del agua de cocción y resérvalas.
4. En una sartén con aceite, rehoga las espinacas con los ajos fileteados.
5. Añade a la sartén la harina, la leche y la nata.
6. Deja hervir todo el conjunto 2 minutos y salpiméntalo.
7. Sirve las espinacas en una fuente acompañada de los costrones de pan frito.
8. ¡El plato está listo!

Espirales tricolores con higaditos de pollo

Ingredientes
Para 4 personas

400 g de espirales de pasta
100 g de cebolla picada
1 vaso de aceite de oliva
15 g de mantequilla
600 g de higaditos de pollo ya limpios
5 g de salvia
5 g de romero
5 g de laurel

5 g de tomillo fresco
medio vaso de brandy
250 ml de caldo de carne
200 ml de nata líquida
50 g de queso parmesano
perejil picado
pimienta
sal

Elaboración

1. En un olla pon agua a hervir con sal. Cuece la pasta. Cuando esté cocida, retírala del fuego y resérvala.

2. Pica la cebolla y dórala en una sartén con aceite de oliva y mantequilla.

3. Salpimenta los higaditos y dóralos en otra sartén.

4. Incorpora los higaditos en la sartén donde has dorado la cebolla.

5. A continuación incorpora las hierbas: salvia, romero, tomillo y laurel.

6. Añade también el brandy y flambea todo el conjunto.

7. Una vez flambeado, vierte el caldo de carne y la nata. Deja cocer todo el conjunto unos 5 minutos. Rectifica de sal y pimienta antes de retirar la salsa del fuego.

8. Por último, sirve las espirales en una fuente y mézclalas con la salsa preparada. Echa el queso parmesano rallado y el perejil picado.

9. ¡Listo para servir!

Estofado de setas

Ingredientes
Para 4 personas

800 g de setas variadas
1 cebolla
1 zanahoria
2 tomates
1 l de vino tinto

aceite de oliva
laurel
perejil
1 ramita de romero
sal

Elaboración

1. Limpia, trocea las setas y rehógalas en una cazuela puesta al fuego con aceite.

2. Pela la cebolla y la zanahoria y córtalas en dados.

3. Añade a la cazuela la cebolla y la zanahoria y rehoga todo el conjunto 5 minutos más.

4. Pela y ralla los tomates con un rallador.

5. Incorpora a la cazuela los tomates rallados, el laurel y el perejil.

6. A continuación cubre los ingredientes de la cazuela con el vino tinto.

7. Cocina el estofado a fuego suave durante 10 minutos.

8. Por último, sazona y sirve el estofado en una fuente. Decóralo con una ramita de romero.

9. ¡El plato está listo!

Farfalle con ragú de brécol y almejas

Ingredientes
Para 4 personas

300 g de pasta «farfalle»
400 g de almejas frescas
250 g de brécol
150 g de habas frescas limpias
1 diente de ajo triturado
perejil picado al gusto

media guindilla picante
medio vaso de vino blanco seco
40 dl de aceite de oliva virgen
   extra
sal

Elaboración

1. En una sartén puesta al fuego con un poco de aceite, dora el ajo y la guindilla.

2. Cuando la guindilla y el ajo se hayan dorado un poco, añade las almejas, previamente lavadas, y ponlas a cocer en la sartén con el vino blanco hasta que se abran.

3. En otra cazuela puesta al fuego con abundante agua y sal, pon a cocer la pasta con el brécol y las habas.

4. Una vez cocida la pasta y las verduras, escúrrelas con ayuda de un colador e incorpóralas al salteado de almejas.

5. Vuelve a saltear al fuego la pasta con las verduras y las almejas ya abiertas.

6. Por último, sirve la pasta en una fuente y decórala por encima con perejil picado. ¡Listo!

Fettuccini a la carbonara

Ingredientes
Para 4 personas

400 g de fettuccini
100 g de panceta fresca o beicon
3 huevos
40-50 g de queso parmesano
  rallado

20 cl de aceite de oliva
250 ml de nata líquida
pimienta negra recién molida
  al gusto

Elaboración

1. En una sartén puesta al fuego con un poco de aceite, dora la panceta.

2. Por otro lado, casca los huevos en un bol y mézclalos con el queso parmesano, la sal, la nata líquida y la pimienta negra recién molida.

3. Cuece la pasta en un olla puesta al fuego con abundante agua con sal. Incorpora la pasta cuando el agua esté hirviendo y retírala cuando veas que está cocida. Una vez retirada del fuego, escurre el agua de la cocción.

4. Incorpora la pasta a la sartén con la panceta y rehoga unos instantes.

5. A continuación, incorpora a la sartén los ingredientes del bol, mezcla el conjunto unos minutos y sírvelo muy caliente en una fuente.

6. ¡El plato está listo!

Fideos a la cazuela

Ingredientes
Para 4 personas

300 g de fideos
1 pimiento verde
medio pimiento rojo
1 tomate rallado
1 sepia
100 g de chirlas
1 l de caldo de verduras

2 hebras de azafrán
1 cucharadita de pimentón
   dulce
1 dl de vino blanco
aceite de oliva
sal

Elaboración

1. Pon las chirlas en remojo en un bol con agua y sal para quitarles la arenilla.

2. Calienta el caldo de verduras en un cazuela puesta al fuego.

3. Limpia la sepia y añade la aleta y los extremos de ésta al caldo de verduras para potenciar el sabor.

4. Limpia y corta el pimiento rojo en tiras.

5. Limpia y corta el pimiento verde en tiras y rehógalo en una sartén puesta al fuego con un poco de aceite. Sazona el pimiento verde y cuando empiece a «sudar» (soltar su propia grasa), incorpora las tiras de pimiento rojo.

6. Agrega el tomate rallado al conjunto anterior y deja rehogar el sofrito.

7. Corta la sepia en dados e incorpóralos al sofrito.

8. Por último, agrega los fideos y deja rehogar todo los ingredientes.

9. Moja todo el conjunto con el vino blanco, deja que se evapore el alcohol y, a continuación, incorpora el caldo de verduras.

10. Finalmente, añade el azafrán y el pimentón y deja cocer el plato durante 6 minutos más.

11. Unos 3 minutos antes de terminar la cocción, incorpora las chirlas.

12. Pasados los 3 minutos, sólo te queda llevar la cazuela de fideos directamente a la mesa para que no se enfríe el plato.

Fideos salteados con verduras y gambas

Ingredientes
Para 4 personas

400 g de fideos finos n.º 1
1 zanahoria
1 brécol
1 puerro
150 g de judías verdes
media cebolla

1 diente de ajo
24 gambas peladas
aceite de oliva suave
pimienta
nuez moscada
sal

Elaboración

1. Limpia y corta todas las verduras (zanahoria, brécol, puerro, judías verdes, cebolla y ajo) en tiras finas.

2. En una sartén puesta al fuego con un poco de aceite, fríe los fideos hasta que estén dorados y, una vez retirados del fuego, déjalos reposar sobre un plato cubierto con papel de cocina absorbente para que escurra el aceite sobrante.

3. Cuece los fideos, una vez fritos, durante 2 minutos, en una olla con agua hirviendo y sal. Una vez se hayan cocido, escúrrelos y resérvalos.

4. Por otro lado, en una sartén puesta a fuego fuerte, saltea las verduras con un poco de aceite e incorpora las gambas peladas. Añade también los fideos. Saltea todo el conjunto.

5. Por último, adereza el plato con una pizca de nuez moscada y pimienta y vuelve a mezclar muy bien todos los ingredientes.

6. Sirve los fideos en una fuente y ¡disfruta el plato!

Filetes de caballa adobados

Ingredientes
Para 4 personas

2 caballas grandes
2 cebolletas frescas
pimentón dulce
azafrán
pimienta rosa en grano

pimienta blanca en grano
1 cerveza
aceite de oliva virgen extra
sal

Elaboración

1. Limpia los lomos de la caballa y adóbalos en un bol con sal, pimentón, azafrán, pimienta rosa y pimienta blanca molidas, un chorro de aceite y otro de cerveza.

2. Introduce el bol en la nevera para que la caballa se marine durante 1 hora y 30 minutos.

3. Pela y pica las cebolletas en juliana muy fina y colócalas en una bandeja de horno con sal y aceite de oliva.

4. Tapa la bandeja de las cebolletas con papel de aluminio y hornéalas a 175 °C durante 30 minutos.

5. A continuación, saca las cebolletas del horno y, una vez hayas retirado el papel de aluminio, coloca los lomos de caballa encima.

6. Hornea de nuevo el plato entre 5 y 7 minutos con el grill puesto.

7. Transcurrido el tiempo indicado, saca la bandeja del horno, sirve la caballa en un fuente y ¡disfruta del plato!

Filetes de fletán encebollados

Ingredientes
Para 4 personas

8 filetes de fletán congelados
1 cucharada perejil picado
2 cebollas
1 dl de vino blanco seco

pimienta blanca
aceite de oliva virgen
sal

Elaboración

1. Pela y trocea la cebolla en medios aros muy finos.

2. En una cazuela puesta al fuego, rehoga los aros de cebolla en aceite de oliva, sazónalos y déjalos que se doren.

3. Incorpora el vino blanco al conjunto anterior y deja que se evapore el alcohol.

4. A continuación, espolvorea un poco de perejil picado.

5. Por otro lado, corta los filetes de fletán en trozos regulares y salpiméntalos.

6. En una sartén puesta al fuego con un poco de aceite, dora ligeramente por ambos lados los filetes de fletán.

7. Una vez dorados, incorpora los filetes de fletán a la cazuela con la cebolla y deja que se cocine el plato unos minutos más.

8. Pasado ese tiempo, sirve el fletán en una fuente con la cebolla y ¡disfrútalo!

Filetes de hígado encebollados

Ingredientes
Para 4 personas

½ kg de hígado de ternera
   cortado en filetes finos
harina
1 dl de vino blanco

1 cebolla
estragón en polvo
aceite de oliva
sal

Elaboración

1. Calienta un poco de aceite de oliva en una sartén puesta al fuego.

2. Pela la cebolla, córtala en juliana y rehógala en la sartén en la que previamente has puesto a calentar aceite.

3. En un cazo pon a calentar al fuego vino blanco con estragón seco.

4. Cuando el vino haya hervido, apaga el fuego y déjalo reposar en el cazo 5 minutos.

5. Una vez infusionado el vino, vierte éste sobre la cebolla rehogada y deja hervir ambos ingredientes 5 minutos.

6. Por otra parte, corta los filetes de hígado por la mitad, sazónalos y pásalos por harina antes de freírlos en una sartén puesta al fuego con aceite.

7. Incorpora a la salsa de cebolla elaborada los filetes de hígado y mantén en el fuego cocinándose todo el conjunto unos instantes más.

8. Sirve los filetes encebollados en una fuente y ¡disfrútalos!

Filetes de rodaballo con salsa de nueces

Ingredientes
Para 4 personas

600 g de rodaballo limpio
100 g de nueces
2 dl de nata
2 yemas de huevo

azafrán
aceite de oliva
albahaca fresca
sal

Elaboración

1. Tritura unas nueces con el accesorio picador de la batidora hasta obtener una pasta.

2. Pon una sartén al fuego y tuesta la pasta de nueces obtenida.

3. Incorpora nata líquida y unas hebras de azafrán en rama a la sartén con la pasta de nueces y deja que el conjunto reduzca lentamente.

4. Por otro lado, limpia un rodaballo sacando los lomos y quitándole la piel (si te es más fácil pide en la pescadería que te lo limpien).

5. A continuación, sazona el pescado ya limpio e introdúcelo en la salsa de la sartén.

6. Deja que hierva todo el conjunto unos instantes y, a continuación, da la vuelta a los lomos.

7. Acto seguido saca los lomos de rodaballo de la sartén y resérvalos.

8. Retira del fuego la sartén con la salsa y añádele entonces dos yemas de huevo y remueve todo muy bien para que se ligue la salsa.

9. Por último, sirve el rodaballo en una fuente, salséalo y decora el plato con unas hojas de albahaca fresca.

Filetes de trucha al vino blanco

Ingredientes
Para 4 personas

4 truchas
2 dl de vino blanco
1 dl de nata líquida
¼ kg de patatas pequeñas

¼ kg de cebollitas francesas
harina
aceite de oliva
sal

Elaboración

1. Pela las patatas y dales forma con un cuchillo.
2. Pon a hervir un cazo con agua e incorpora las patatas.
3. Añade al cazo unas cebollitas francesas y deja que se cuezan ambos ingredientes hasta que estén tiernos.
4. Por otro lado, abre las truchas, quítales la cola y la parte de la cabeza, y, córtalas por la mitad sacando unos filetes (si te es más fácil pídele al pescadero que te la limpie).
5. Sazona y pasa por harina los filetes de trucha.
6. A continuación, fríe los filetes en una sartén puesta al fuego con un poco de aceite.
7. Incorpora a los filetes el vino blanco y deja que se evapore el alcohol.
8. Agrega asimismo la nata líquida y espera a que reduzca ligeramente.
9. Por último, añade a la sartén las patatas y las cebollitas francesas cocidas.
10. Sirve el conjunto anterior en una fuente y ¡disfrútalo!

Flamenquines

Ingredientes
Para 4 personas

4 filetes finos de ternera	pan rallado
4 filetes finos de cerdo ibérico	1 patata
4 lonchas de jamón serrano	aceite de oliva virgen extra
harina	sal
2 huevos	

Elaboración

1. Pela la patata y córtala en forma de bastones.

2. Pon aceite en una sartén al fuego y pocha a baja temperatura las patatas cortadas en bastones.

3. Sazona los filetes de ternera y de cerdo ibérico.

4. Extiende los filetes de cerdo con un rodillo y coloca encima los filetes de ternera también extendidos de las misma forma.

5. A su vez, coloca las cuatro lonchas de jamón serrano encima de cada uno de los filetes de ternera y, a continuación, enrolla los filetes y las lonchas de jamón, dejando en los cuatro casos el filete de cerdo por fuera.

6. Por otro lado, bate los huevos en un bol y pasa los cuatro rollitos de filetes por harina, huevo y pan rallado.

7. Una vez empanados los cuatro rollitos, fríelos en una sartén puesta al fuego a temperatura moderada.

8. En otra sartén, con aceite caliente, incorpora y fríe las patatas que previamente has pochado y no las retires del fuego hasta que se hayan dorado; una vez fuera del fuego y cuando hayan soltado el aceite sobrante de la fritura (para ello sírvelas en un plato cubierto con papel de cocina absorbente) sazónalas.

9. Por último, sirve los flamenquines en una fuente acompañados de las patatas y llévalos a la mesa antes de que se enfríen.

Flan de naranja

Ingredientes
Para 4 personas

¾ l de zumo de naranja
5 huevos
1 cucharada de harina de maíz

60 g de azúcar molido
trozos de naranja para decorar

Elaboración

1. Calienta el zumo de naranja en un cazo puesto al fuego.

2. En un bol casca y bate los huevos con el azúcar.

3. Incorpora al bol la harina de maíz y mezcla todos los ingredientes muy bien.

4. Agrega al bol el zumo de naranja caliente y vuelve a mezclar muy bien todos los ingredientes.

5. Vuelca el resultado de la mezcla en un molde de flan y ponlo al baño María (esto significa colocar el molde de flan dentro de un recipiente más grande lleno de agua hasta un poco más de la mitad) en el horno a 175 °C durante 45 minutos.

6. Cuando el flan se haya cocinado y enfriado, métalo en la nevera durante un mínimo de 2 horas.

7. Transcurrido el tiempo indicado, desmolda el flan y sírvelo con unos trozos de naranja.

8. ¡Disfruta el postre!

Flores de brécol rebozadas

Ingredientes
Para 4 personas

1 brécol
harina
huevo
aceite de oliva virgen extra

1 bote de mayonesa
1 diente de ajo
sal

Elaboración

1. Limpia y trocea el brécol en ramitos.

2. En un cazo puesto al fuego con agua hirviendo, cuece el brécol hasta que esté tierno.

3. A continuación, reboza el brécol con harina y huevo batido y fríelo en una sartén puesta al fuego con aceite moderadamente caliente.

4. Una vez fritos los ramitos de brécol déjalos reposar en un plato previamente cubierto con papel de cocina absorbente para que suelten el aceite sobrante.

5. Por otro lado, mezcla en un bol la mayonesa con el ajo pelado y muy picado.

6. Sirve el brécol en una fuente acompañado de la salsa mayonesa al ajo.

7. ¡El plato está listo!

Fondue de carne y salsas

Ingredientes
Para 4 personas

¾ kg de lomo de ternera limpio
mostaza
100 ml de nata
1 cucharada de miel
1 cebolleta
1 dl de tomate triturado

aceite de oliva virgen
unas cucharadas de mayonesa
media cebolla
3 pepinillos
mayonesa
sal

Elaboración

1. Pela y trocea la cebolleta y rehógala en un cazo puesto al fuego con aceite de oliva.

2. Cuando la cebolleta adquiera color, añade al cazo el tomate triturado y rehoga ambos ingredientes. Una vez rehogados retira la salsa resultante del fuego.

3. En otro cazo puesto al fuego, incorpora nata líquida y deja que ésta espese ligeramente.

4. Agrega al cazo con la nata una cucharada de mostaza, otra de miel, sal y, a continuación, mezcla muy bien todos los ingredientes.

5. Pela la cebolla y trocéala junto con los pepinillos. A continuación, mezcla en un bol la mayonesa con la cebolla y los pepinillos troceados.

6. Con los pasos seguidos hasta ahora, ya tienes listas las tres salsas que acompañarán a la *fondue*; en consecuencia, resérvalas hasta montar el plato.

7. Por otro lado, pon a calentar bastante aceite en un cazo puesto al fuego para luego incorporar este aceite al recipiente de la *fondue*.

8. Corta la carne de lomo en trozos pequeños.

9. Presenta una fuente con los trozos de carne crudos, las salsas elaboradas y la *fondue* preparada con el aceite caliente.

10. ¡Disfruta el plato!

Fondue de chocolate con frutas exóticas

Ingredientes
Para 4 personas

1 mango
1 papaya
media piña
1 kiwi

150 g de cobertura de chocolate negro
150 g de chocolate blanco
200 g de mantequilla

Elaboración

1. Trocea la mantequilla y distribúyela en dos cazos al fuego.

2. Una vez que la mantequilla se haya fundido, incorpora la cobertura de chocolate negro en uno de los cazos y el chocolate blanco en el otro.

3. Por otro lado, pela las frutas (el mango, la papaya, la piña y el kiwi) y córtalas en trozos de tamaño mediano.

4. Sirve el plato colocando las frutas en una bandeja y llena dos recipientes de *fondue* con los chocolates y ya sólo queda ¡mojar las frutas en el chocolate!

Fondue de quesos

Ingredientes
Para 4 personas

300 g de queso manchego tierno

300 g de queso Brie

300 g de queso Masdam holandés

media copita de vino blanco o de cava (opcional)

picos de pan/galletitas saladas/ verduras troceadas crudas…

Elaboración

1. Corta los diferentes tipos de queso en cuadrados pequeños.

2. Si dispones de un recipiente de *fondue*, introduce los quesos con un poco de aceite y, si lo deseas, el vino blanco o el cava.

3. Si no tienes recipiente de *fondue*, se pueden poner los quesos en una fuente de horno o microondas y derretirlos a fuego medio.

4. El delicioso plato estará preparado cuando el queso esté fundido.

5. Acompaña los quesos con picos de pan, galletitas saladas, trocitos de verduras crudas, o con alguna variante del estilo que acompañe bien al queso fundido.

6. ¡Disfruta el plato!

Fritura andaluza

Ingredientes
Para 4 personas

200 g de palometa limpia
1 calamar
350 g de cazón
4 salmonetes
media lechuga

harina
limón
aceite de oliva virgen extra
vinagre de Jerez
sal

Elaboración

1. Limpia y corta el calamar en anillas.
2. Coloca el cazón limpio en un bol, con sal, zumo de limón y vinagre.
3. Deja macerar el cazón en el bol durante 4 horas aproximadamente.
4. Rocía el resto de los pescados con más zumo de limón y sazónalos.
5. Incorpora abundante aceite en una sartén honda y ponlo a calentar al fuego.
6. Corta un lomo de palometa, quítale la piel y trocéalo.
7. Pasa por harina todos los pescados y tamízalos (escúrrelos) con un colador para eliminar el exceso de harina.
8. Ve friendo en el aceite caliente poco a poco todos los pescados.
9. Cuando estén fritos, deja que suelten el aceite sobrante sirviéndolos sobre un plato previamente cubierto con papel de cocina absorbente.
10. Por último, sirve la fritura de pescado en una fuente y acompáñala con unas tiras de lechuga aderezadas con sal y aceite de oliva.

Fritura de canguro al pimentón

Ingredientes
Para 4 personas

500 g de solomillo de canguro
4 dientes de ajo
1 cucharadita de pimentón
5 dl de vino tinto

5 dl de caldo de carne
1 cucharada de mantequilla
aceite de oliva virgen extra

Elaboración

1. Pela los ajos y córtalos en láminas.

2. Rehoga en una sartén puesta al fuego con aceite los ajos laminados.

3. Retira los ajos del fuego y reserva un poco de aceite de esa misma sartén en la que has rehogado los ajos.

4. Vierte el vino tinto en un cazo puesto al fuego y deja que se evapore el alcohol.

5. Cuando el alcohol se haya evaporado, añade al cazo el caldo de carne y deja que vuelva a hervir todo el conjunto.

6. A continuación, baja el fuego y añade al cazo la mantequilla y, de nuevo, deja cocinar todos los ingredientes hasta que espese la salsa.

7. Por otro lado, corta la carne de canguro en escalopines (si te es más fácil pídele al carnicero que te la corte) y fríelos en la misma sartén en la que previamente has rehogado los ajos con el aceite reservado.

8. Cuando los escalopines estén fritos, sírvelos en una fuente acompañados con los ajos y con un poco de pimentón, y salséalos por encima con la salsa previamente elaborada.

Fritura de mariscos

Ingredientes
Para 4 personas

200 g de langostinos pelados
1 sepia
½ kg de mejillones
100 g de gulas
2 cogollos de Tudela
harina

el zumo de 1 limón
aceite de oliva virgen extra
ajos
vinagre de Jerez
sal

Elaboración

1. Limpia, pela y corta los langostinos y la sepia y, una vez hecho esto, resérvalos.

2. Por otro lado, en una olla puesta al fuego con agua hirviendo, deja que los mejillones se abran al vapor. Cuando se hayan abierto, retíralos del fuego y resérvalos.

3. En un bol, sirve el zumo de un limón que previamente hayas exprimido e incorpora los langostinos, la sepia, las gulas y los mejillones, los cuales has sazonado con anterioridad.

4. Cuando los mariscos y las gulas se hayan macerado en el zumo de limón, sácalos del bol y escúrrelos y, a continuación, pásalos por harina para seguidamente freírlos con abundante aceite bien caliente en una sartén puesta al fuego. Cuando la fritura esté lista, retírala del fuego y deja que suelte el aceite que le sobra dejándola reposar en un plato previamente cubierto con papel de cocina absorbente.

5. Por otro lado, lava los cogollos y córtalos en cuartos.

6. Asimismo, prepara un sofrito con los ajos laminados y el vinagre. Aliña con esta mezcla el cogollo.

7. Por último, sirve en una fuente los mariscos y acompáñalos con los cogollos aliñados.

8. ¡El plato está listo!

Fritura de rape con alcachofas

Ingredientes
Para 4 personas

600 g de rape limpio
1 kg de alcachofas
harina
agua

aceite de oliva
aceite de oliva virgen extra
sal

Elaboración

1. Limpia las alcachofas, córtalas y sácales el corazón.

2. En una cazuela puesta al fuego con aceite, incorpora los corazones de alcachofas y ponlos a confitar a fuego suave.

3. Por otro lado, corta unos medallones de rape.

4. En un bol, mezcla la harina y el agua con una varilla (si no tuvieras varilla, utiliza un tenedor).

5. Salpimenta los medallones de rape y pásalos por la mezcla de harina y agua del bol.

6. Fríe el pescado en una sartén puesta al fuego con aceite moderadamente caliente.

7. Una vez fritos los medallones de rape escurre el aceite que les sobra, dejándolos reposar en un plato cubierto con papel de cocina absorbente.

8. Por último, sirve los medallones de rape en una fuente acompañados de las alcachofas confitadas y termina el plato regándolo con unas gotas de aceite de oliva virgen extra.

9. ¡Llévalo a la mesa calentito!

Frutas con yogur, chocolate y nata

Ingredientes
Para 4 personas

2 peras
2 manzanas
1 plátano
8 fresas

Para la nata
nata montada
ralladuras de limón y de naranja

Para el chocolate
media taza de nata
media taza de leche
250 g de chocolate para fundir

Para el yogur
1 yogur natural
2 cucharadas de miel
unas hojas de menta fresca

Elaboración

1. Pela las frutas y córtalas en trozos pequeños.
2. En un bol mezcla la nata montada con las ralladuras de naranja y de limón.
3. En otro bol, incorpora y mezcla el yogur, la miel y las hojas de menta picada.
4. Por otro lado, en un cazo puesto al fuego, incorpora y derrite el chocolate, la leche y la nata y, a continuación, sirve esta salsa en otro bol.
5. Por último, presenta las frutas en una bandeja acompañadas con los tres boles de salsa.
6. ¡Disfruta el plato!

Galletas con chocolate

Ingredientes
Para 4 personas

1 paquete de galletas neutras de diversos tipos y formas
150 g de cobertura de chocolate blanco y negro

100 g de frutos secos diversos
1 plátano
nata líquida

Elaboración

1. Funde las coberturas de chocolate en dos boles separados, en el microondas, con un poco de nata líquida en cada uno de ellos.

2. Cubre la mitad de las galletas con el chocolate blanco y la otra mitad con el chocolate negro.

3. Pela el plátano y córtalo en rodajitas finas.

4. Para presentar el plato, sirve las galletas cubiertas con el chocolate en una fuente y coloca, sobre algunas de ellas, el plátano cortado en rodajas finas y, sobre el resto, incorpora los frutos secos picados.

5. ¡Lleva la fuente a la mesa!

Galletas de mantequilla

Ingredientes
Para 4 personas

225 g de mantequilla
110 g de azúcar
450 g de harina
media cucharadita de levadura

un cuarto de cucharadita
de esencia de vainilla
50 g de azúcar moreno

Elaboración

1. Saca la mantequilla de la nevera y déjala reposar hasta que adquiera apariencia de pomada.

2. En un bol, mezcla la mantequilla con el azúcar, la harina, la levadura y la vainilla hasta conseguir una masa.

3. Estira la masa resultante con el rodillo (si no tuvieras rodillo utiliza un vaso de tubo o una botella).

4. Corta esta masa en formas redondas y cuadradas.

5. Coloca la masa cortada en un recipiente de microondas y hornéala 6 o 7 minutos al 100 % de su potencia.

6. Por último, sirve las galletas en una fuente y espolvoréalas por encima con azúcar moreno.

7. ¡Disfrútalas!

Galletitas de miel

Ingredientes
Para 4 personas

3 rebanadas de pan de molde
   multicereales
6 cucharadas de miel
margarina
1 huevo batido

aceite de oliva
canela en polvo
azúcar
vainilla

Elaboración

1. Unta las rebanadas de pan de molde con margarina sólo por una cara.

2. Corta cada rebanada de pan untada con margarina en cuatro tiras y extiende sobre cada una de ellas un poco de miel.

3. Mete a continuación las tiras de pan untadas con miel en el congelador y, cuando estén duras, sácalas.

4. A continuación, pasa las tiras de pan por el huevo batido y fríelas en una sartén puesta al fuego con abundante aceite de oliva. Cuando estén fritas, deja que suelten el aceite que les sobra dejándolas reposar sobre un plato con papel de cocina absorbente.

5. Finalmente coloca las «galletas» de miel en una fuente y espolvoréalas por encima con canela, azúcar y vainilla.

6. ¡Disfruta en compañía!

Gallo en salsa verde con guisantes

Ingredientes
Para 4 personas

2 gallos para filetes
1 cebolla
2 ajos
guisantes frescos
harina

perejil rizado
2 dl de caldo de pescado
1 dl de fino
aceite de oliva
sal

Elaboración

1. Pela y pica la cebolla en dados muy pequeños.

2. Pela y pica el ajo.

3. En una sartén con un poco de aceite puesta al fuego, rehoga la cebolla en dados junto con el ajo picado.

4. Lava los guisantes y añádelos a la sartén junto con el perejil picado, la harina y el vino, y cocina los ingredientes hasta que se consuma el alcohol.

5. Cuando el alcohol se haya consumido, añade el caldo de pescado y deja hervir el conjunto durante 10 minutos más y luego retíralo del fuego.

6. Por otro lado, corta los gallos en filetes (si lo compras en la pescadería que te los preparen en filetes), sazónalos y pásalos por harina.

7. Pon una sartén al fuego con aceite y dora los filetes de gallo.

8. A continuación, incorpórales por encima la salsa preparada y deja hervir el plato en la sartén 2 minutos más.

9. Sirve los filetes de gallo con la salsa verde con guisantes en una fuente y ¡a la mesa!

Gambas con gabardina

Ingredientes
Para 4 personas

¼ kg de gambas
3 huevos
250 g de harina

1 sobre de levadura
cerveza
aceite de oliva

Elaboración

1. Pela las gambas dejándoles la colita final, sálalas y resérvalas en un recipiente.

2. A continuación, separa las yemas de las claras de los tres huevos, en dos boles diferentes.

3. Bate las yemas con la cerveza, la levadura y la harina. Ve mezclando los ingredientes poco a poco con unas varillas de mezclar hasta obtener una pasta sin grumos.

4. Monta las claras de los huevos a punto de nieve con una varilla.

5. Mezcla suavemente la pasta obtenida de las yemas con las claras a punto de nieve.

6. Por último, reboza las gambas en la pasta fruto de la mezcla de las yemas, las claras y demás ingredientes y fríelas en una sartén al fuego con aceite de oliva bien caliente.

7. Una vez fritas las gambas, escúrrelas del exceso de aceite dejándolas reposar en un plato previamente recubierto con papel de cocina absorbente.

8. Cuando las gambas hayan soltado todo el aceite sobrante, sírvelas en una fuente y llévalas rápidamente a la mesa para que no se enfríen.

Garbanzos con pasta

Ingredientes
Para 4 personas

250 g de garbanzos cocidos
200 g de bacalao desalado
100 g de macarrones
2 huevos cocidos
¾ l de caldo de jamón

harina
2 ajos
aceite de oliva
perejil
sal

Elaboración

1. En una olla puesta al fuego, pon a hervir los macarrones en el caldo de jamón.

2. Pela y pica los ajos y rehógalos en una cacerola puesta al fuego con un poco de aceite.

3. Añade a la cacerola en la que estás rehogando los ajos, la harina y la pasta recién hervida junto con el caldo de jamón.

4. Asimismo incorpora los garbanzos cocidos.

5. Por otro lado, pela y pica los huevos cocidos.

6. Trocea el bacalao y añádelo junto con el huevo picado a la cacerola.

7. Deja cocer todo el conjunto anterior unos minutos más.

8. Para terminar, sirve los macarrones con los garbanzos en una fuente y espolvorea el plato con perejil picado por encima.

9. ¡Disfruta el plato!

Garbanzos con sepia

Ingredientes
Para 4 personas

300 g de garbanzos cocidos
en conserva
1 sepia limpia
200 g de cebollitas francesas
peladas

1 pimiento verde
1 cebolleta morada
1 dl de vino fino
aceite de oliva
sal

Elaboración

1. Prepara un caldo con parte de la sepia, poniendo ésta a hervir en una cazuela con agua y salpimentando el conjunto. Cuando el caldo esté preparado, retíralo del fuego y resérvalo.

2. Pela y trocea la cebolleta morada en medios aros.

3. Lava, limpia y pela el pimiento verde y córtalo en tiras.

4. En una olla puesta a fuego vivo con aceite de oliva, rehoga la cebolleta y el pimiento.

5. Parte las cebollitas francesas por la mitad e incorpóralas a la olla con la cebolleta y el pimiento. Una vez incorporados estos tres ingredientes, sazónalos.

6. Por otro lado, escurre los garbanzos del líquido de la conserva e incorpóralos también a la olla.

7. Cubre todos los ingredientes de la olla con el caldo de sepia preparado y deja cocer todo el conjunto.

8. Corta el resto de la sepia en tiras y cocínalas en una sartén puesta al fuego con aceite y sal.

9. Incorpora a la sepia cocinada en la sartén un poco de vino fino y deja que reduzca.

10. Una vez haya reducido la mezcla de la sepia con el vino, incorpora ésta a la olla con los garbanzos.

11. Por último, mezcla muy bien todos los ingredientes de la olla y sirve el plato en una fuente y ¡a disfrutar!

Gazpacho de melón con fresas

Ingredientes
Para 4 personas

un cuarto de melón
4 tomates
1 pepino
1 pimiento verde
50 g de fresas
50 g de miga de pan

1 rebanada de pan de molde
hierbabuena
aceite de oliva virgen extra
vinagre
sal

Elaboración

1. Corta por la mitad el cuarto de melón. Con un sacabocados saca unas bolitas de la mitad del melón y resérvalas.

2. Limpia de semillas la otra mitad del melón y quítale la piel.

3. Trocea el melón, los tomates, el pimiento verde y el pepino, previamente lavados, y el pan de molde sin corteza.

4. Incorpora todos los ingredientes anteriores en un vaso de batidora y bátelos.

5. Incorpora a la mezcla obtenida el aceite de oliva, el vinagre de Jerez, la sal y unos cubitos de hielo y, vuelve a triturarlo todo.

6. A continuación, sirve el gazpacho en cuatro cuencos y acompáñalo con las fresas cortadas en láminas, las bolitas de melón y unos trocitos de pan. Asimismo decora cada cuenco con unas hojas de hierbabuena.

7. ¡Sírvelo frío!

Gelatinas de frutas

Ingredientes
Para 4 personas

½ l de zumo de naranja
½ l de zumo de piña
½ l de zumo de melocotón

6 hojas de gelatina
azúcar

Elaboración

1. Calienta los zumos de piña, naranja y melocotón en tres cazos distintos puestos al fuego.

2. Por otro lado, remoja las hojas de gelatina en un bol con agua fría.

3. Incorpora dos hojas de gelatina ya remojadas en cada uno de los tres cazos.

4. Cuando en los tres cazos haya una salsa homogénea, incorpóralas en bandejas de cubitos de hielo.

5. Introduce a continuación las bandejas de cubitos de hielo en el congelador y déjalas que se enfríen hasta que adquieran textura de gelatina.

6. Por último, desmolda los cubitos con mucho cuidado con la ayuda de un cuchillo, y vuélvelos a meter en la nevera para que se enfríen.

7. Una vez fría, sirve la gelatina en una fuente y rebózala con azúcar.

8. ¡Disfruta el plato!

Gratinado de frutas rojas

Ingredientes
Para 4 personas

500 g de frutas rojas
6 yemas de huevo
100 g de azúcar

200 g de nata montada
1 copa de licor de almendra
helado

Elaboración

1. En un bol incorpora las yemas de huevo y el azúcar y ponlas a calentar en el microondas 1 minuto al 100 % de potencia.

2. Una vez que la mezcla del bol se haya calentado, bátela hasta formar una crema, e incorpora a la crema un poco de licor sin dejar de batirla.

3. En otro recipiente, incorpora la nata montada y remuévela ligeramente.

4. A continuación, incorpora al recipiente con la nata, la crema de yema de huevo y mezcla los ingredientes con cuidado.

5. Por otro lado, lava las frutas rojas, colócalas sobre una bandeja de horno y cúbrelas con la crema del recipiente. A continuación, introduce la bandeja en el horno y gratina el plato durante 2 o 3 minutos.

6. Una vez fuera del horno y servido en una fuente, acompaña el gratinado de frutas con el helado que más te guste.

Gratinado de huevos con mariscos

Ingredientes
Para 4 personas

4 huevos
4 rebanadas de pan de molde
40 g de mantequilla
40 g de harina
200 g de gambones
2 carabineros

queso rallado
1 dl de nata
huevas de arenque
aceite de oliva virgen extra
sal

Elaboración

1. Pela y trocea los carabineros y los gambones y resérvalos. No tires las cabezas y las cáscaras pues las vas a utilizar para preparar el plato.

2. En un cazo puesto al fuego con agua hirviendo, escalfa los huevos y una vez hecho esto, resérvalos.

3. Prepara una *veloute* (bechamel que en lugar de llevar leche lleva caldo de pescado) rehogando en una cazuela puesta al fuego, la harina con la mantequilla, y añadiendo, poco a poco, un caldo que has preparado previamente cociendo las cabezas de los gambones y carabineros y sus cáscaras. Deja hervir el conjunto hasta que quede una salsa cremosa.

4. Pon una sartén al fuego con un poco de aceite y saltea los gambones y carabineros troceados. Cuando estén dorados retíralos del fuego y resérvalos.

5. Por otro lado, tuesta las rebanadas de pan y coloca encima da cada rebanada 1 huevo escalfado; encima de los huevos, los gambones y los carabineros troceados y cubre cada rebanada con la salsa preparada con las cabezas del marisco; a continuación, espolvorea sobre cada una de ellas el queso rallado. Por último, coloca las rebanadas preparadas en una bandeja de horno y gratínalas.

6. Mientras las rebanadas se gratinan, pon un cazo al fuego con la nata para que se reduzca e incorpórale las huevas de arenque.

7. Una vez se hayan gratinado las rebanadas de pan, sírvelas en una fuente y acompáñalas con la salsa de huevas de arenque.

8. ¡El plato está listo!

Gratinado de pasta fresca con frutos del mar

Ingredientes
Para 4 personas

150 g de cebolla
50 g de aceite
600 g de pimientos amarillos
250 ml de nata
250 ml de caldo de pescado

300 g de gambas
10 g de perejil
500 g de pasta «fettuccini» negros
pimienta
sal

Elaboración

1. Pela y limpia las gambas.

2. Pela y pica la cebolla.

3. Lava y limpia los pimientos y córtalos en dados.

4. Para preparar la salsa con la que acompañar la pasta, pon una cazuela al fuego con un poco de aceite y rehoga en ella parte de la cebolla picada y los pimientos cortados en dados.

5. Deja rehogar el conjunto anterior unos minutos y añade, a continuación, el caldo de pescado.

6. Acto seguido incorpora la nata y deja cocer todos los ingredientes, bien mezclados durante 10 minutos.

7. Cuando hayan transcurrido los 10 minutos tritura todos los ingredientes con el robot de cocina (si no tienes robot de cocina, puedes utilizar la batidora).

8. Por otro lado, pon una sartén al fuego con un poco de aceite y saltea con el resto de la cebolla picada las gambas ya condimentadas.

9. Agrega a las gambas rehogadas la salsa preparada y deja que ligue unos instantes. Antes de retirar la sartén del fuego, comprueba el punto de sal y pimienta y rectifica si fuera necesario.

10. Finalmente, pon a hervir una olla con agua y sal y cuando el agua esté hirviendo incorpora la pasta y no la retires del fuego hasta que la pasta se haya cocido.

11. Una vez cocida, escúrrela e incorpórala a la sartén para saltearla con el resto de los ingredientes.

12. Sirve la pasta en una fuente y espolvorea por encima el perejil picado.

Guacamole con chile

Ingredientes
Para 4 personas

1 paquete de nachos
2 aguacates maduros
1 tomate muy rojo
1 cebolla
aceite de sésamo

cominos
chile o guindilla
1 limón
aceite de oliva

Elaboración

1. El guacamole puedes prepararlo a mano, con un tenedor o con la batidora.
2. Parte por la mitad los aguacates y sácales su carne (la pulpa).
3. Por otro lado, pela la cebolla y pártela en trocitos muy pequeños.
4. Lava y pela el tomate y pártelo también en trocitos muy pequeños.
5. Exprime el zumo de un limón con la ayuda de un exprimidor.
6. En un bol introduce y mezcla el aguacate, la cebolla y el tomate troceados, el aceite de sésamo, los cominos, el chile o la guindilla, el zumo de limón, el aceite de oliva y la sal.
7. Presenta el plato en una fuente en la que puedas colocar en el centro un cuenco con la pasta de guacamole y, alrededor de éste, los nachos.

Guisantes con jamón y huevo escalfado

Ingredientes
Para 4 personas

800 g de guisantes en conserva
100 g de jamón ibérico
un cuarto de cebolla
4 huevos

2 patatas
aceite de oliva
sal

Elaboración

1. Pela las patatas y córtalas en trozos.
2. En una olla puesta al fuego con agua salada, pon las patatas a cocer hasta que estén blandas.
3. Pela y corta la cebolla en dados pequeños y el jamón, en tiras.
4. En una cazuela puesta al fuego con un poco de aceite, pocha la cebolla y añade también el jamón.
5. Por otro lado, escurre los guisantes del líquido de la conserva.
6. A continuación, incorpora los guisantes y las patatas cocidas a la cazuela donde se pocha la cebolla y rehoga todo el conjunto.
7. En un cazo puesto al fuego con agua y vinagre hirviendo, escalfa los huevos (es decir, cuece los huevos sin la cáscara).
8. Una vez se hayan escalfado los huevos, pásalos a un recipiente con agua templada y cuando se hayan enfriado, escúrrelos y resérvalos.
9. Por último, sirve los guisantes en cuatro cazoletas individuales y sobre cada una de ellas coloca un huevo escalfado.
10. ¡Disfruta el plato!

Habas con butifarra

Ingredientes
Para 4 personas

800 g de habitas finas
  desgranadas
1 butifarra fresca
1 trozo de jamón en un taco
2 ajos

1 guindilla
menta fresca
1 dl de vino blanco añejo
aceite de oliva virgen extra
sal

Elaboración

1. Limpia y cuece las habitas en agua hirviendo con sal en una cazuela hasta que estén tiernas.

2. Pela y pica los ajos.

3. En una sartén puesta al fuego con un poco de aceite, rehoga el ajo picado y la guindilla entera.

4. Trocea el jamón y la butifarra y añádelos a la sartén.

5. Moja todo el conjunto con el vino blanco añejo y deja que éste se evapore.

6. Por último, añade las habitas cocidas y la menta fresca y mezcla todos los ingredientes muy bien.

7. Sirve el plato en una fuente y ¡disfrútalo!

Habas con jamón

Ingredientes
Para 4 personas

800 g de habitas finas
    desgranadas
100 g de jamón serrano en un
    taco
2 ajos

1 guindilla
menta fresca picada
aceite de oliva
sal

Elaboración

1. En una cazuela con agua hirviendo con sal incorpora unas habas y cuécelas durante 20 minutos.

2. Una vez cocidas las habas, escúrrelas con la ayuda de un escurridor y resérvalas en un bol.

3. Pela los ajos y córtalos en láminas y, a continuación, rehógalos en una sartén puesta al fuego con un poco de aceite de oliva.

4. Incorpora un trozo de guindilla a la sartén y rehoga el conjunto.

5. Añade asimismo las habas cocidas y saltéalas junto con los demás ingredientes.

6. Corta el jamón en trozos pequeños y agrega éstos también a la sartén.

7. Retira del conjunto anterior la guindilla.

8. Por último, sirve las habas con el ajo y el jamón en una fuente y termina el plato decorándolo con un poco de menta fresca picada.

Hamburguesa de avestruz

Ingredientes
Para 4 personas

600 g de carne picada de
   avestruz
50 g de tocino curado picado
2 ajos cocidos
1 tomate
mostaza semidulce

pepinillos grandes
4 panes pequeños de
   hamburguesa
1 patata
aceite de oliva
sal

Elaboración

1. Trocea la carne de avestruz con un cuchillo y pícala incorporándola en un picador de cocina.

2. Añade al picador el ajo cocido y el tocino y una vez sazonados todos los ingredientes, pícalo todo muy bien.

3. Con la mezcla anterior, forma las hamburguesas y fríelas por ambos lados en una sartén con aceite puesta al fuego.

4. Por otro lado, tuesta los panes de hamburguesa en el horno 2 minutos a 250 °C.

5. Asimismo, pica los pepinillos y resérvalos.

6. Pela y corta la patata en bastones muy finos (patatas paja) y fríelas en otra sartén puesta al fuego con aceite.

7. Una vez fritas las patatas, retíralas del fuego y para que suelten el aceite sobrante, déjalas reposar en un plato cubierto con papel de cocina absorbente.

8. Por último, sirve en cuatro platos las hamburguesas acompañadas, cada una de ellas, con los pepinillos picados, el tomate cortado en rodajas y las patatas paja.

9. ¡Las hamburguesas están listas para disfrutarlas!

Hamburguesas vegetarianas

Ingredientes
Para 4 personas

¼ kg de soja verde (en forma de legumbre seca)
1 cebolla
1 diente de ajo
1 cucharada de aceite de oliva
1 cucharadita de semillas de sésamo tostado
perejil
1 huevo batido
mostaza
1 tomate
unas hojas de lechuga
pepinillo
maíz
zanahoria en tiras
queso en lonchas
4 panes de hamburguesa
sal

Elaboración

1. Pon en remojo en un bol la soja toda una noche.
2. Pela la cebolla y córtala en dados pequeños.
3. Escurre la soja del agua y ponla a cocer en una cazuela puesta al fuego con agua junto con la cebolla.
4. Cuando la soja y la cebolla se hayan cocido, retíralas del fuego y resérvalas en un bol.
5. A continuación, tritura la soja y la cebolla con la batidora a una velocidad suave para que la soja no se deshaga demasiado.
6. Condimenta la pasta resultante con el ajo pelado y picado, el aceite, la sal, las semillas de sésamo, el perejil y un huevo batido.
7. Con la mezcla de todos los ingredientes anteriores, forma las hamburguesas y cocínalas a la plancha con muy poco aceite.
8. Por último, sirve las hamburguesas con el pan y acompañadas con hojas de lechuga, tomate en rodajas, zanahoria en tiras, queso en lonchas, maíz, pepinillo y mostaza.
9. ¡Disfrútalas!

Hojaldre de crema y almendra

Ingredientes
Para 4 personas

250 g de masa de hojaldre
¼ l de leche
2 yemas de huevo
25 g de harina
40 g de azúcar
ralladura de naranja y de limón

1 huevo
1 rama de canela
50 g de almendra picada
azúcar molido
arándanos

Elaboración

1. Espolvorea con harina una superficie lisa.
2. Con un rodillo estira encima de la harina el hojaldre (si no tuvieras rodillo, utiliza un vaso de tubo largo o una botella).
3. Corta la masa de hojaldre en dos rectángulos y deja que repose en el congelador 20 minutos.
4. Por otro lado, pon a hervir en un cazo al fuego, la leche con la canela.
5. Mezcla en un bol las yemas de huevo, la harina y el azúcar.
6. A continuación, añade la mezcla del bol a la leche, pon el cazo a fuego bajo y espesa los ingredientes de éste con cuidado de que no se pegue. Una vez conseguido esto, retira el cazo del fuego y deja que se enfríe su contenido.
7. Coloca un poco de esta crema (la crema del cazo) entre los dos rectángulos de hojaldre.
8. Pinta la parte superior del hojaldre con huevo batido y hornea el plato en el horno a 180 °C durante 20 minutos.
9. Al sacar el hojaldre del horno, échale azúcar en polvo y almendras picadas tostadas por encima.
10. ¡El plato está listo!

Hojaldre de manzana

Ingredientes
Para 4 personas

1 plancha de hojaldre
20 g de almendra tostada
   en granillo
azúcar molido

2 manzanas reinetas
100 g de azúcar moreno
canela en polvo

Elaboración

1. Estira el hojaldre con un rodillo sobre una superficie lisa con harina (si no tienes rodillo utiliza un vaso largo de tubo o una botella).

2. Corta el hojaldre en círculos, ayudándote con la boca de un vaso.

3. Pela y corta en láminas la manzana y coloca encima de cada hojaldre una lámina de manzana.

4. Espolvorea cada hojaldre con manzana con azúcar moreno por encima.

5. A continuación, coloca los hojaldres en una bandeja de horno y hornéalos durante 15 minutos a 180 ºC.

6. Por otro lado, carameliza las almendras con el azúcar moreno en un cazo puesto a fuego bajo.

7. Por último, sirve los hojaldres en una fuente con un poco de canela molida por encima, un toque de azúcar en polvo y una cucharada de almendra caramelizada.

8. ¡A comer!

Hojaldre de verduras

Ingredientes
Para 4 personas

1 plancha de hojaldre
harina
media cebolla
medio puerro
media zanahoria
2 dientes de ajo
1 dl de brandy

1 dl de vino blanco
200 g de langostinos
1 tomate
1 huevo
aceite de oliva
sal

Elaboración

1. Pela los langostinos.

2. En una sartén puesta al fuego con aceite de oliva muy caliente, fríe las cabezas de langostinos.

3. Una vez que las cabezas estén doradas, añade la harina y riega el conjunto con el brandy y el vino blanco. Flambea con un mechero.

4. Cuando los ingredientes anteriores hayan flambeado, añade un poco de agua y deja reducir a fuego lento.

5. Después de que el conjunto haya reducido, coloca las cabezas de los langostinos y la salsa en el vaso de la batidora y tritúralas con la batidora. A continuación, sazona la mezcla obtenida.

6. Por otro lado, pela la cebolla y pártela en trozos.

7. Pela asimismo la zanahoria y el ajo y córtalos en trozos.

8. Lava y trocea el puerro y el tomate.

9. En otra sartén puesta al fuego con aceite rehoga las verduras e incorpora los langostinos pelados. Una vez las verduras y los langostinos estén cocinados, retira la sartén del fuego.

10. Estira la masa de hojaldre con la ayuda de un rodillo (si no tuvieras rodillo puedes hacerlo con un vaso de tubo o una botella) y córtala en dos partes iguales.

11. Coloca una capa del hojaldre sobre la bandeja del horno y sirve sobre la misma las verduras y los langostinos.

12. A continuación, cubre los ingredientes anteriores con la otra capa de hojaldre.

13. En un bol casca y bate el huevo.
14. Pinta el hojaldre que cubre las verduras y langostinos con el huevo batido y pincha la masa de hojaldre con un tenedor para que no se reviente en el horno.
15. Introduce el hojaldre en el horno durante 40 minutos a 180 °C.
16. Transcurridos los 40 minutos, apaga el horno y deja que el hojaldre se enfríe un poco.
17. Para presentar el plato, parte el hojaldre en porciones y colócalas sobre una fuente, cubriendo las porciones con la salsa elaborada con las cabezas de langostinos.

* * *

Horchata de melón

Ingredientes
Para 4 personas

200 g de pulpa de melón
1 cucharadita de azúcar
1 cucharadita de zumo de limón
⅛ l de agua

cubitos de hielo
hojas de hierbabuena
1 rodaja de melón con cáscara

Elaboración

1. En un vaso de batidora tritura la pulpa del melón con la batidora.
2. Añade a la mezcla obtenida, el azúcar y el zumo limón y disuélvelo todo en ⅛ l de agua.
3. Añade también los cubitos de hielo y vuelve a triturar todos los ingredientes de nuevo.
4. Lava las hojas de hierbabuena.
5. De la rodaja de melón con cáscara, corta unas rodajitas con las que decorar la horchata una vez la sirvas.
6. Sirve la horchata en cuatro vasos altos y decóralos con unas hojas de hierbabuena y unas rodajitas de melón en el borde de cada vaso.

Huevos a la madrileña

Ingredientes
Para 4 personas

8 huevos cocidos
2 pimientos verdes
3 tomates escaldados y pelados
150 g de jamón serrano en tacos

perejil picado
aceite de oliva
sal

Elaboración

1. Pela los huevos cocidos, córtalos en rodajas y colócalos en una fuente.

2. Lava y limpia el pimiento verde y pícalo muy bien.

3. Despepita los tomates escaldados y córtalos en trozos muy pequeños.

4. En una sartén puesta al fuego con un poco de aceite de oliva, saltea el pimiento verde picado y los tomates troceados.

5. Incorpora a la sartén el jamón y el perejil.

6. Retira la sartén del fuego e incorpora sobre los huevos colocados en la fuente, el salteado de pimiento y tomate preparado.

7. Sazona el plato y alíñalo con un chorro de aceite y con perejil picado.

Huevos a la marinera

Ingredientes
Para 4 personas

8 huevos

8 gambas

4 mejillones

1 cebolla

1 brick de bechamel

queso rallado

aceite de oliva

sal

Elaboración

1. Pela las gambas.

2. Pon los mejillones a hervir en una olla con agua y tapa ésta para que se abran al vapor.

3. Cuece los huevos en un cazo puesto al fuego con agua durante 10 minutos.

4. Pela y pica la cebolla y rehógala en una sartén puesta al fuego con un poco de aceite. A continuación, sazónala.

5. Pica las gambas y los mejillones e incorpóralos a un bol con la cebolla rehogada.

6. Por otro lado, pon a cocer en un cazo con agua al fuego los huevos.

7. Cuando los huevos se hayan cocido y se hayan enfriado, pélalos y pártelos por la mitad y saca las yemas e incorpora éstas al bol con los mejillones y las gambas. Mezcla todos estos ingredientes muy bien.

8. Rellena las mitades de los huevos con un poco de la mezcla del bol y, una vez rellenos, colócalos en una bandeja de horno y cúbrelos con la bechamel. Espolvorea por encima el queso rallado y mételos al horno para gratinarlos.

9. Sirve los huevos gratinados en una fuente y ¡disfrútalos!

Huevos a la mostaza

Ingredientes
Para 4 personas

8 huevos
3 cucharadas de mostaza
4 cucharadas de crema de queso

el zumo de 1 limón
cebollino picado
sal

Elaboración

1. En un cazo puesto al fuego cuece los huevos 10 minutos.

2. Cuando se hayan cocido, retíralos del fuego y déjalos enfriar. Una vez que se hayan enfriado, pélalos y pártelos por la mitad.

3. Por otro lado, prepara una salsa en un bol con tres cucharadas de mostaza, un chorro de zumo de limón, cuatro cucharadas de crema de queso y un poco de sal.

4. Por último, sirve las mitades de huevo en una bandeja y cúbrelos con la salsa preparada en el bol.

5. Decora el plato con el cebollino picado y ¡a comer!

Huevos al plato con jamón

Ingredientes
Para 4 personas

8 huevos
100 g de jamón serrano
25 g de guisantes en conserva
1 cebolleta

tomate triturado
cebollino picado
aceite de oliva
sal

Elaboración

1. Pela y pica la cebolleta en tiras finas y rehógalas en una sartén con un poco de aceite de oliva.

2. Pica el jamón serrano.

3. Añade a la sartén el tomate triturado y termina de sofreír la cebolleta y el tomate ligeramente.

4. Coloca en cuatro fuentes individuales un fondo con la salsa de cebolleta y tomate preparada.

5. Encima de la salsa casca dos huevos, todavía sin cocinar. A continuación, añade encima de los huevos, el jamón picado, unos guisantes, sal y aceite de oliva.

6. Hornea cada fuente en el horno durante 7 minutos a 175 °C.

7. Por último, saca las cuatro fuentes del horno y decora cada una de ellas con el cebollino picado por encima.

8. Sirve las fuentes al instante.

Huevos caldosos

Ingredientes
Para 4 personas

300 g de cebolla
100 g de queso rallado
2 rebanadas de pan frito cortado
   en dados
2 huevos

150 cl de aceite de oliva
600 cl de caldo de ave
pimienta
sal

Elaboración

1. Pela la cebolla y trocéala.

2. En una cazuela puesta al fuego con un poco de aceite, pocha la cebolla durante 20 minutos pero sin que coja color (que no se dore).

3. A continuación, cubre la cebolla pochada con el caldo de ave y deja hervir el conjunto lentamente durante 15 minutos.

4. Por otro lado, casca los huevos en un bol y añádelos a la sopa de la cazuela removiéndolos hasta que cuajen.

5. Añade asimismo el queso y el pan frito.

6. Por último, salpimenta el plato y déjalo reposar unos instantes antes de servirlo.

7. ¡Disfruta el plato!

Huevos de avestruz a la sartén

Ingredientes
Para 4 personas

1 huevo de avestruz
100 g de chistorra
100 g de jamón ibérico
2 ajos

2 dl de vino tinto
pimentón
aceite de oliva virgen extra
sal

Elaboración

1. Corta la chistorra en trozos y, en una sartén puesta al fuego, saltéala con un poco de aceite.

2. Incorpora a la sartén con la chistorra, el vino tinto y, a continuación, retira la grasa que suelte la chistorra.

3. Casca encima de los ingredientes anteriores el huevo de avestruz.

4. Sazona el conjunto y añade un poco de aceite de oliva virgen y el jamón cortado en trozos.

5. Sigue salteando el plato al fuego y termina de cocinarlo en el horno 5 minutos a 200 ºC.

6. En otra sartén puesta al fuego, fríe los ajos con un poco de pimentón.

7. Una vez se haya terminado de cocinar en el horno la chistorra y el huevo, sirve todo el conjunto en una fuente y decora el plato con los ajos fritos con el pimentón.

8. ¡Disfruta el plato!

Huevos de codorniz empanados

Ingredientes
Para 4 personas

12 huevos de codorniz
1 lata de sardinas en aceite
media cebolla
salsa de tomate frito

aceite de oliva
pan rallado
1 huevo batido

Elaboración

1. En una cazo con agua puesto al fuego cuece los huevos de codorniz 5 minutos.

2. Pela y pica la cebolla muy fina.

3. Cuando los huevos se hayan cocido, déjalos enfriar y, a continuación, pélalos y pártelos por la mitad, retirando con cuidado las yemas.

4. En un bol incorpora y mezcla las yemas, la cebolla picada, las sardinas, una vez escurridas del aceite, y unas cucharadas de salsa de tomate frito.

5. Incorpora un poco del relleno del bol en cada una de las mitades de los huevos cocidos vacías.

6. Una vez rellenos los huevos, junta de nuevo las dos mitades de cada huevo y una vez montados, pasa éstos por el huevo batido y el pan rallado.

7. A continuación, pincha cada huevo con un palillo para que no se abran.

8. Por último, en una sartén puesta al fuego con aceite muy caliente, fríe los huevos rellenos empanados, y una vez fritos deja que suelten el aceite sobrante en un plato previamente cubierto con papel de cocina absorbente.

9. Sirve los huevos rellenos fritos en una fuente y llévalos a la mesa como aperitivo.

Huevos escalfados con ibéricos

Ingredientes
Para 4 personas

8 huevos
50 g de lomo ibérico
50 g de jamón ibérico
100 g de habitas *baby*
pimentón picante
cebollino

1 ajo
aceite de oliva
aceite de oliva virgen extra
vinagre
sal

Elaboración

1. Pon una cacerola al fuego a hervir con agua, sal y vinagre, y escalfa los huevos, sin su cáscara, durante 4 minutos.

2. Una vez escalfados los huevos, sácalos del agua y resérvalos.

3. Pela y pica el ajo y el cebollino.

4. Pon una sartén al fuego con un poco de aceite de oliva y saltea las habas con el ajo y el cebollino picados.

5. Corta el lomo y el jamón en láminas muy finas.

6. Sirve en una fuente las habas, sobre éstas los embutidos y encima los huevos escalfados.

7. Para terminar el plato, espolvorea un poco de pimentón sobre los huevos y riégalos también con un poco de aceite de oliva virgen extra.

Huevos fritos con morcilla

Ingredientes
Para 4 personas

4 huevos
2 morcillas de arroz
aceite de oliva

pimentón
sal

Elaboración

1. Pincha la morcilla con un tenedor y hazla a la plancha en una sartén puesta al fuego.
2. Pela y lamina el ajo.
3. Pon a calentar en otra sartén abundante aceite de oliva.
4. Cuando el aceite esté bien caliente, fríe los huevos y una vez fritos éstos, retíralos del fuego y resérvalos.
5. En el mismo aceite en el que has frito los huevos, dora el ajo que has laminado con anterioridad.
6. Sirve los huevos fritos en una fuente acompañados con la morcilla y los ajos y, para decorar el plato, espolvorea pimentón por encima.
7. ¡El plato está listo!

Huevos rellenos de atún

Ingredientes
Para 4 personas

8 huevos
1 lata de 250 g de atún en aceite

Para la salsa rosa
150 g de mayonesa

80 g de ketchup
1 vaso pequeño de zumo
de naranja
1 chorrito de coñac

Elaboración

1. Cuece los huevos en una olla puesta al fuego con agua hirviendo durante 10 minutos.

2. Cuando los huevos se hayan cocido retíralos del agua y, cuando se hayan enfriado, pélalos y córtalos por la mitad.

3. Una vez cortados por la mitad, separa las yemas de lo blanco del huevo y resérvalas.

4. Prepara la salsa rosa mezclando en un bol la mayonesa con el ketchup. Añade a esta mezcla un chorrito de coñac y el zumo de naranja. Mezcla a continuación todo el conjunto con la batidora para que se liguen muy bien todos los ingredientes.

5. Una vez obtenida la salsa rosa, mezcla ésta con la yema de los huevos y el atún desmigado. Reserva media yema de huevo para decorar el plato al final.

6. Rellena con la mezcla anterior (la salsa rosa y las yemas de huevo) las mitades blancas de los huevos y coloca éstos hacia abajo en una fuente.

7. Cubre los huevos con la salsa del relleno que sobra y ralla sobre ésta la media yema de huevo por encima para decorar el plato.

8. ¡Disfruta el plato!

Huevos rellenos de marisco

Ingredientes
Para 4 personas

6 huevos cocidos
100 g de langostinos
media sepia
1 cebolleta
pan rallado

ajo en polvo
caldo de pescado
2 dl de nata
aceite de oliva
sal

Elaboración

1. Pela y pica la cebolleta e incorpórala en una sartén puesta al fuego con un poco de aceite.

2. Rehoga y sazona la cebolleta puesta al fuego.

3. Limpia la sepia y pela los langostinos, reservando sus cabezas.

4. En una olla puesta al fuego con agua, cuece la sepia y los langostinos. Cuando estén cocidos, trocéalos e introdúcelos en el vaso de la batidora y tritúralos con ésta.

5. En un bol incorpora el picadillo resultante de triturar la sepia y los langostinos y añade a este picadillo la cebolleta pochada.

6. Sazona todos los ingredientes del bol y mézclalos muy bien.

7. Pela los huevos cocidos y córtalos por la mitad y, a continuación, retira las yemas y resérvalas.

8. Agrega las yemas al picadillo obtenido y forma unas bolas.

9. Rellena las mitades de los huevos vacías con estas bolas.

10. En otro bol incorpora pan rallado, una cucharada de ajo en polvo, un poco de aceite de oliva y mezcla todos estos ingredientes.

11. Coloca los huevos rellenos en una fuente de horno y cúbrelos con la mezcla de pan rallado elaborada.

12. Por otro lado, saltea con un poco de aceite en una sartén puesta al fuego las cabezas de los langostinos que has reservado.

13. Incorpora a las cabezas de langostinos, el caldo de pescado y déjalo hervir durante 3 minutos al fuego.

14. Añade a la sartén la nata y deja que hierva.

15. Una vez haya hervido la nata, retira la mezcla del fuego y tritura ésta con la batidora.

16. Introduce en el horno la bandeja en la que has colocado los huevos rellenos y hornea el plato durante 5 minutos a 170 ºC.

17. Por último, sirve los huevos en una fuente y acompáñalos de la salsa elaborada con las cabezas de los langostinos.

18. ¡Disfruta el plato!

* * *

Huevos rellenos de salmón

Ingredientes
Para 4 personas

8 huevos cocidos
100 g de salmón limpio
media cebolla
1 pimiento verde
bechamel espesa

2 cucharadas de tomate
   triturado
pan rallado
aceite de oliva
sal

Elaboración

1. Pica el salmón en trozos muy pequeños.

2. Pela la cebolla y pícala.

3. Lava y limpia el pimiento, y pícalo.

4. En una sartén puesta al fuego con un poco de aceite de oliva, rehoga la cebolla y el pimiento picado.

5. Añade a los ingredientes de la sartén el tomate triturado.

6. Pasados unos minutos incorpora también a la sartén el salmón picado. Deja que el conjunto se cocine un poco más antes de retirar la sartén del fuego.

7. Pela los huevos cocidos y córtalos por la mitad.

8. Separa las yemas y rellena las claras con la mezcla de la sartén.

9. Coloca los huevos rellenos en una fuente de horno y cúbrelos con la bechamel y el pan rallado.

10. Gratina los huevos en el horno 5 minutos.

11. Una vez gratinados, sirve los huevos en una fuente y ¡disfruta el plato al instante!

Huevos sorpresa de chocolate

Ingredientes
Para 4 personas

4 cáscaras de huevo vacías y limpias
2 dl de leche
100 g de mantequilla

200 g de chocolate negro para postres
2 sobaos
chocolate blanco para decorar

Elaboración

1. Reblandece en un bol la mantequilla 1 minuto en el microondas y resérvala.

2. En otro bol calienta la leche 2 minutos en el microondas al 100 % de su potencia.

3. Añade el chocolate negro troceado para que se funda en el bol con la leche, con cuidado de que no se queme. Ve fundiendo el chocolate en diferentes golpes de microondas de corta duración.

4. Incorpora la mantequilla en pomada al chocolate derretido y bátelo muy bien hasta que quede una mezcla lisa.

5. A continuación, rellena las cáscaras de huevo con esta mezcla.

6. Enfría los huevos rellenos en la nevera y sírvelos en unas hueveras como si fueran huevos pasados por agua y decora con chocolate blanco.

7. Por último, trocea en bastones los sobaos y sírvelos en una fuente como acompañamiento de los huevos.

Humus

Ingredientes
Para 4 personas

300 g de garbanzos en conserva
3 dientes de ajo picados
10 cl de aceite de oliva virgen
   extra
60 g de sésamo tostado
1 cucharada de cominos

1 pizca de pimentón dulce
1 cebolleta troceada
3 cl aceite de oliva virgen
100 g de beicon muy fino
cebollino
perifollo

Elaboración

1. Saca los garbanzos del bote y deja que escurran el agua de la conserva con ayuda de un colador.

2. A continuación, echa los garbanzos en el vaso de la batidora, junto con el sésamo tostado, el comino, la cebolleta y el ajo picado, y bate todo los ingredientes con la batidora.

3. Agrega un poco de pimentón y aceite de oliva en la mezcla obtenida y vuelve a batir todo muy bien hasta obtener una pasta homogénea.

4. En una bandeja de horno coloca las lonchas de beicon y hornéalas hasta que compruebes que quedan crujientes (aproximadamente 5 minutos a 200 °C).

5. Por último, sirve el puré de garbanzos (humus) en una fuente y acompáñalo con el beicon crujiente. Para presentar el plato, espolvorea el cebollino y el perifollo picados por encima del humus.

Islas flotantes a los cítricos

Ingredientes
Para 4 personas

1 vaso de zumo de naranja
medio vaso de zumo de limón
1 cucharada pequeña de harina
   de maíz
2 cucharadas de miel

1 rama de canela
3 claras de huevo
75 g de azúcar
ralladura de 1 naranja
ralladura de 1 limón

Elaboración

1. Mezcla en un bol los zumos de naranja y de limón, la harina de maíz, la miel y la rama de canela.

2. Introduce el bol sin tapar durante 5 minutos en el microondas al 100 % de potencia hasta que hierva.

3. Remueve el contenido del bol y vierte la crema resultante en una fuente.

4. Por otro lado, monta las claras de huevo a punto de nieve (esto se consigue batiéndolas a ritmo constante durante un tiempo) e incorpora el azúcar poco a poco hasta obtener un merengue firme.

5. Coloca el merengue sobre la crema de cítricos.

6. Por último, espolvorea el merengue con las ralladuras de naranja y limón y mete la fuente en el microondas un par de minutos más al 100 %.

7. Puedes servir el plato frío o caliente.

Jamón de cerdo asado

Ingredientes
Para 4 personas

2 contras frescas de cerdo
1 manojo de zanahorias *baby*
2 lonchas de beicon
1 l de fondo (caldo) de carne

azúcar
agua
aceite de oliva
sal

Elaboración

1. Coloca las contras de cerdo en una bandeja de horno, sazónalas y riégalas con aceite de oliva.

2. Lava las zanahorias y córtales las hojas si las tuvieran; a continuación, envuelve cada una de ellas en lonchas de beicon y una vez envueltas, colócalas en la bandeja de horno acompañando a las contras de cerdo.

3. Mete la bandeja en el horno y hornea el conjunto durante 1 hora y 15 minutos a temperatura de 165 °C.

4. En un cazo puesto al fuego prepara el caramelo con el azúcar y un poco de agua. Cuando el caramelo esté a punto, retira el cazo del fuego y resérvalo.

5. Cuando sólo falten 5 minutos para completar la cocción, saca la bandeja del horno y unta las contras de cerdo con el caramelo (esto lo puedes realizar con una brocha o pincel de cocina) y vuelve a introducir la bandeja en el horno para que termine de cocinarse el plato.

6. Cuando la carne esté lista, utiliza parte del jugo que haya soltado al cocinarse para incorporarlo en un cazo puesto al fuego junto con el caldo de carne. A continuación, deja reducir la salsa hasta que espese.

7. Corta la carne de cerdo en filetes finos.

8. Por último, sirve los filetes en una fuente y acompáñalos con las zanahorias envueltas en beicon y salsea el plato con la salsa de carne preparada.

Jamoncitos de pollo al vino

Ingredientes
Para 4 personas

4 contramuslos de pollo
150 g de setas
2 ajos
½ l de vino de Oporto
2 patatas grandes

2 cebollas
perejil
aceite de oliva
sal

Elaboración

1. Limpia los contramuslos de pollo, deshuésalos (si te es más fácil pídele al pollero que los deshuese) y ciérralos con la ayuda de un palillo.
2. Sazona los jamoncitos de pollo y rehógalos en una cazuela puesta al fuego con aceite.
3. Pela y pica la cebolla.
4. Pela y pica los ajos.
5. Lava y pica las setas.
6. Una vez picados los ingredientes anteriores incorpora todos a la cazuela en la que se rehogan los jamoncitos de pollo.
7. Moja la cazuela con el vino de Oporto y deja que se evapore el alcohol.
8. Por otro lado, pela las patatas y con la ayuda de una sacabocados haz bolitas de patata.
9. Incorpora las bolitas de patata a la cazuela y deja hervir todo el conjunto durante 30 minutos.
10. Por último, sirve los jamoncitos con su salsa en una fuente y decóralos por encima con perejil picado.

Judías pintas con oreja

Ingredientes
Para 4 personas

½ kg de judías pintas
200 g de oreja de cerdo
100 g de chorizo
1 codillo de jamón
1 pimiento verde
1 tomate maduro

1 cebolla
1 diente de ajo
aceite de oliva
pimentón dulce
sal

Elaboración

1. Pon las judías en remojo en un bol la noche anterior.
2. Lava y limpia el pimiento verde y el tomate y córtalos en trozos.
3. Pela la cebolla y córtala en trozos.
4. Pela el diente de ajo.
5. En una cazuela puesta al fuego incorpora las judías, la oreja, el chorizo, el codillo, el pimiento, el tomate y el diente de ajo y cubre todos los ingredientes con agua fría.
6. Deja cocer los ingredientes de la cazuela al fuego durante 2 horas.
7. Mientras tanto, pon una sartén al fuego con un poco de aceite y sofríe la cebolla picada hasta dorarla y añádele a continuación pimentón.
8. Una vez preparado el sofrito anterior retíralo de la sartén e incorpóralo a la cazuela.
9. Retira el chorizo de la cazuela y córtalo en trozos.
10. Deja hervir las judías tan sólo unos minutos más y retira del fuego.
11. Sirve las judías y acompáñalas con el chorizo en trozos por encima.
12. ¡Disfruta el plato!

Langostinos de la tía Carmen

Ingredientes
Para 4 personas

1 kg de langostinos
el zumo de 2 limones
100 g de almendras fritas
4 rebanadas de pan frito
1 copa de ron

aceite de oliva
ajos
perejil fresco
sal

Elaboración

1. Pela los langostinos.

2. Vierte un chorro de aceite de oliva en una sartén puesta al fuego y fríe los langostinos.

3. Una vez estén dorados, flambéalos con ron (riégalos con el ron y prende fuego a éste) y, a continuación, retira los langostinos de la sartén.

4. Por otro lado, prepara una «picada» en un mortero con el pan frito, las almendras fritas, unas hebras de azafrán, perejil fresco picado y una pizca de sal. Mezcla bien todos los ingredientes incorporados y machácalos muy bien.

5. Añade a la salsa de la sartén un poco de zumo de limón y la picada del mortero; cocina hasta que se dore.

6. Añade por último a la sartén los langostinos y deja que se rehoguen todos los ingredientes juntos unos minutos más.

7. Sirve los langostinos en una fuente y ¡disfrútalos!

Lasaña de pavo

Ingredientes
Para 4 personas

1 paquete de pasta de lasaña
  precocinada
1 pechuga de pavo picada
1 huevo
1 cebolla
1 ajo
½ l de leche

50 g de harina
50 g de mantequilla
queso parmesano en trozo
salsa de tomate
aceite de oliva virgen extra
pimienta blanca
sal

Elaboración

1. Pela y pica el ajo y la cebolla.

2. Casca el huevo y bátelo.

3. En una sartén puesta al fuego con aceite de oliva rehoga el ajo picado.

4. Incorpora a continuación a la sartén la cebolla picada y la pechuga de pavo también picada y saltea ambos ingredientes ligeramente.

5. Agrega asimismo a la sartén el huevo batido y cuájalo.

6. Retira del fuego la sartén y deja enfriar un poco el conjunto.

7. Por otro lado, en un recipiente con agua moja (hidrata) las láminas de lasaña y sécalas a continuación.

8. Una vez secas, corta las láminas de lasaña en forma cuadrada con un molde cuadrado.

9. Asimismo extiende un poco de mantequilla en una placa de horno y sobre ésta capas alternas de pasta y de la mezcla de pavo, cebolla, ajo y huevo batido cocinada en la sartén.

10. En otra sartén puesta al fuego prepara la bechamel con la harina, la mantequilla, la leche y la pimienta blanca, y mientras la cocinas, no pares de removerla para que no se formen grumos.

11. Cubre la pasta con la bechamel preparada y ralla queso parmesano por encima de ésta.

12. A continuación, hornea la pasta durante 15 minutos a 175 °C.

13. Pasados los 15 minutos, la lasaña ya está lista; sólo queda que la sirvas en una fuente y la acompañes con un poco de salsa de tomate y una ramita de perejil.

Lasaña de setas

Ingredientes
Para 4 personas

1 paquete de pasta de lasaña	2 dl de bechamel
1 calabacín	2 tomates picados
1 berenjena	queso rallado
50 g de champiñones	azúcar
50 g de níscalos	aceite de oliva
50 g de setas de cardo	sal

Elaboración

1. Pon a cocer la pasta de lasaña en una olla con abundante agua hirviendo con sal.

2. Lava las verduras (el calabacín y la berenjena), pícalas y rehógalas en una sartén puesta al fuego con un poco aceite de oliva.

3. Lava y limpia todas las setas, córtalas y añádelas a la sartén con las verduras.

4. En otra sartén aparte puesta al fuego con un poco de aceite, fríe los tomates picados y rectifica la acidez con un poco de azúcar.

5. Monta la pasta de lasaña sobre una base de tomate servida en una fuente de horno, y rellénala con las setas y las verduras cocinadas. Una vez montada la lasaña cúbrela con la bechamel y sobre ésta espolvorea el queso rallado.

6. Hornea la lasaña a 200 °C durante 20 minutos con el grill del horno.

7. Pasados los 20 minutos la lasaña está lista. Sírvela en una fuente con una base de salsa de tomate y sobre ésta coloca la lasaña.

8. ¡Disfruta el plato!

Lentejas en ensalada con ventresca de atún

Ingredientes
Para 4 personas

400 g de lentejas en conserva
1 pimiento rojo
1 cebolla roja
1 diente de ajo
1 cucharadita de comino
50 ml de agua
50 ml de vinagre de Módena

50 ml de salsa de soja
2 cucharadas soperas de
    ketchup
aceite de oliva
tomates cherry
1 ventresca de atún
sal

Elaboración

1. Pela la cebolla y el ajo y córtalos en trozos.

2. Lava el pimiento rojo y pícalo.

3. Lava los tomates cherry y córtalos por la mitad. Resérvalos hasta que vayas a montar el plato.

4. En una sartén puesta al fuego con un poco de aceite rehoga la cebolla, el pimiento y el ajo. Añade a este conjunto, el comino, el agua y el vinagre.

5. Retira la sartén del fuego cuando se haya evaporado casi la totalidad del líquido.

6. Añade a continuación las lentejas, una vez las hayas escurrido del líquido de la conserva, el ketchup y la salsa de soja. Asimismo, añade un poco de aceite de oliva.

7. En otra sartén puesta al fuego con un poco de aceite, fríe la ventresca de atún por sus dos lados.

8. Por último, sirve las lentejas en la base de una fuente y coloca encima de éstas la ventresca frita. Decora el plato con los tomates cherry cortados por la mitad.

9. ¡Disfruta el plato!

Lentejas en ensalada templada

Ingredientes
Para 4 personas

200 g de lentejas en conserva   aceite
8 langostinos   vinagre
1 lata de berberechos al natural sal
1 cebolleta   pimienta negra
100 g de champiñones

Elaboración

1. Escurre las lentejas del líquido de conserva.
2. En una sartén con aceite saltea las cabezas de los langostinos.
3. Saca las cabezas, incorpóralas a un bol y aplástalas para sacar el jugo.
4. Echa un chorrito de vinagre, cuélalo y reserva.
5. Corta los champiñones en láminas, saltéalos en una sartén con aceite y sazona.
6. Pela los langostinos y añádelos a los champiñones. Cocina hasta que se doren.
7. Corta las cebolletas en medios aros y ponlos en una ensaladera con un poco de aceite.
8. Añade a las cebolletas el jugo de la cabeza de los langostinos.
9. Incorpora los champiñones, las lentejas y los berberechos escurridos y mezcla bien.
10. Sirve la ensalada y decora con los langostinos y un poco de pimienta.

Linguini integrales con alcachofas y carabineros

Ingredientes
Para 4 personas

400 g de linguini (variedad de pasta)
1 diente de ajo triturado
4 alcachofas grandes
30 dl de aceite de oliva virgen extra
1 vaso de vino blanco seco

8 carabineros medianos
1 guindilla fresca
8 hojas de albahaca fresca
el zumo de 1 limón
sal gorda
sal fina

Elaboración

1. Limpia bien los carabineros, cortando las barbillas y la parte de la cola.

2. Quita las primeras hojas a las alcachofas, lávalas y córtalas en juliana. A continuación, introdúcelas en un bol con agua y el zumo de un limón y déjalas ahí durante unos instantes.

3. Dora en una sartén puesta al fuego con un poco de aceite, el ajo con la guindilla.

4. Añade a la sartén las alcachofas y, pasados unos instantes, incorpora los carabineros.

5. Deja dorar unos minutos los carabineros y, a continuación, incorpora el vino blanco.

6. Una vez incorporado el vino deja cocer todo el conjunto unos minutos y corrige de sal si fuera necesario.

7. Por otro lado, en una olla con abundante agua hirviendo con sal gorda, pon a cocer la pasta.

8. Cuando la pasta se haya cocido, escúrrela con la ayuda de un colador e incorpórala a la sartén con los carabineros y las alcachofas y saltea todo el conjunto.

9. Para terminar, espolvorea abundante albahaca fresca sobre la pasta y sirve ésta en una fuente.

10. ¡El plato está listo!

Lombarda estofada con piñones

Ingredientes
Para 4 personas

1 lombarda
1 cebolleta
2 ajos
50 g de piñones
50 g de pasas

2 dl de caldo de verduras
menta fresca
aceite de oliva
sal

Elaboración

1. Lava y trocea la lombarda en tiras, y luego, pícala.

2. Pela y pica el ajo y la cebolla.

3. En una sartén con aceite puesta al fuego, rehoga el ajo y la cebolla picada.

4. Incorpora a la sartén los piñones y la lombarda picada y deja rehogar todo el conjunto 2 minutos.

5. Moja los ingredientes de la sartén con el caldo y deja estofar el plato 30 minutos.

6. Por último, incorpora las pasas y la menta picada al final de la cocción.

7. Sirve la lombarda estofada con piñones en una fuente y ¡disfrútala!

Lomo al horno con manchego y jamón ibérico

Ingredientes
Para 4 personas

600 g de lomo de cerdo
75 g de queso curado
50 g de jamón ibérico

perejil
aceite de oliva virgen extra
sal

Elaboración

1. Coloca el lomo de cerdo en una bandeja de horno con un chorro de aceite por encima. A continuación, ponlo a hornear durante 20 minutos a una temperatura de 170 °C.

2. Cuando haya pasado el tiempo indicado, saca el lomo del horno y cuela el jugo de la carne que ésta haya soltado mientras se cocinaba y redúcelo en una cazuela puesta al fuego. Cuando la salsa esté preparada, resérvala.

3. Corta el queso curado en lonchas.

4. Por otro lado, corta el lomo de cerdo en filetes y sazónalo ligeramente.

5. En otra fuente de horno pon los filetes de lomo y encima de cada uno de ellos coloca una loncha de jamón y otra de queso.

6. Introduce la fuente con los filetes en el horno y gratina el conjunto hasta que se dore.

7. Sirve los filetes en una fuente y salsea el plato con la salsa de carne preparada.

Lomo de cerdo ibérico con huevos

Ingredientes
Para 4 personas

¾ kg de lomo de cerdo ibérico
1 cabeza de ajos
pimentón dulce
4 huevos

aceite de oliva
vinagre de Jerez
sal

Elaboración

1. Pela los dientes de ajo.
2. Corta el lomo en filetes (si te es más fácil pídele al carnicero que te corte los filetes).
3. En una sartén con aceite, dora los filetes junto con los dientes de ajo.
4. Cuando los ajos estén dorados, retíralos de la sartén y resérvalos.
5. A su vez, cuando el lomo esté también dorado, retira la sartén del fuego e incorpora los filetes en una cazuela de barro.
6. Cubre los filetes con el aceite de la fritura anterior y deja reposar el conjunto.
7. Una vez que el conjunto haya reposado, saca los filetes de lomo de la cazuela de barro, córtalos en dados y vuelve a darles una vuelta en una sartén puesta al fuego con algún ajo.
8. En otra sartén puesta al fuego con un poco de aceite fríe cuatro huevos.
9. Sirve los huevos fritos en una fuente acompañados por los dados de lomo y el ajo. Espolvorea encima de cada huevo un poco de pimentón y de vinagre de Jerez. ¡Listo!

Lomo de merluza a la Navarra

Ingredientes
Para 4 personas

600 g de merluza limpia
4 lonchas de jamón serrano
8 patatas pequeñas
perejil

harina
aceite de oliva
aceite de oliva virgen extra
sal

Elaboración

1. Corta en filetes la merluza (si te es más fácil pídele al pescadero que te la corte en filetes) y rellena cada uno con una loncha de jamón serrano.

2. Una vez rellenos los filetes, pásalos por harina y fríelos en una sartén puesta al fuego con aceite de oliva.

3. Por otro lado, pela las patatas, trocéalas y ponlas a cocer en una cazuela con agua al fuego.

4. Cuando se hayan cocido las patatas, escúrrelas y ponlas a freír en una sartén con aceite y con perejil.

5. Por último, sirve los filetes de merluza en una fuente y acompáñalos con las patatas salteadas. Para terminar el plato, riega el conjunto con un chorro de aceite de oliva virgen extra.

Lomos de cabracho a la sartén

Ingredientes
Para 4 personas

4 cabrachos de ración en lomos
  y sus espinas
1 bote de tomate triturado
2 dl de caldo de pescado
1 dl de vino blanco seco

perejil fresco picado
aceite de oliva
azúcar
sal

Elaboración

1. Limpia los lomos de cabracho y reserva sus espinas (si te es más fácil pide que te lo limpien en la pescadería y que te entreguen las espinas; las necesitarás para preparar el plato).

2. En una cazuela con agua, cuece las espinas de cabracho para hacer un caldo.

3. Deja la cazuela al fuego hasta que el caldo reduzca.

4. En otra cazuela con aceite, incorpora el tomate triturado con sal y también con un poco de azúcar para evitar la acidez.

5. Remueve muy bien el tomate con el resto de los ingredientes de la cazuela y, a continuación, tápala y deja que el tomate se cocine a fuego suave.

6. Sazona los lomos de cabracho e incorpóralos, con la piel hacia arriba, a una sartén puesta al fuego con aceite y con el vino blanco.

7. Por último, sirve en una fuente el caldo reducido con la salsa de tomate y perejil. Coloca sobre la salsa los lomos de cabracho fritos y decora el plato con un poco de perejil.

Lomos de chicharro en escabeche

Ingredientes
Para 4 personas

4 chicharros de ración
1 cebolla
1 zanahoria
1 cabeza de ajos
1 dl de vino blanco

2 dl de vinagre de manzana
1 dl de agua
aceite de oliva virgen
harina
sal

Elaboración

1. Pela los ajos y pártelos por la mitad.
2. Pela la cebolla y córtala en juliana (aros muy finos).
3. Asimismo pela la zanahoria y córtala en juliana (tiras finas).
4. Rehoga en una sartén puesta al fuego con aceite, los ajos partidos por la mitad y la cebolla y la zanahoria cortadas en juliana.
5. Una vez se hayan rehogado los ingredientes anteriores, retira la sartén del fuego y, cuando el conjunto se haya enfriado ligeramente, añade el vino, el vinagre y la sal.
6. Cuando esté preparado el escabeche anterior, viértelo en una cazuela y pon ésta al fuego con el agua a hervir.
7. Sazona y sumerge los lomos de chicharro cuando el agua de la cazuela esté hirviendo.
8. Deja hervir los lomos de chicharro 2 minutos y luego retira la cazuela del fuego, dejando que los lomos de chicharro terminen de cocinarse en su propio escabeche.
9. ¡El plato está listo!

Lomos de congrio a la romana

Ingredientes
Para 4 personas

600 g de congrio abierto
2 patatas
1 zanahoria
2 ajos
harina

1 huevo
aceite de oliva
limón
perejil picado
sal

Elaboración

1. Pela las patatas y la zanahoria y ponlas a cocer en una olla con agua hirviendo.

2. Cuando las patatas y las zanahorias estén hervidas, retíralas del fuego y pasa por separado ambas por un pasapurés con el fin de obtener un puré de zanahorias y un puré de patatas, a los que debes añadir aceite de oliva y sal.

3. Por otro lado, limpia el congrio (si te es más fácil, puedes pedir en la pescadería que te lo limpien), córtalo en trozos y sazónalo.

4. En un bol casca el huevo y bátelo.

5. A continuación, reboza los trozos de congrio en harina y huevo batido.

6. En una sartén puesta al fuego con aceite, fríe el congrio rebozado y, una vez frito, deja que escurra el aceite que le sobra, poniendo el congrio en un plato cubierto con papel de cocina absorbente.

7. Por último, sirve el congrio en una fuente y acompáñalo con los purés de patata y zanahoria. Decora el plato con rodajas de limón y perejil picado.

8. ¡Disfruta el plato!

Macarrones con alcachofas

Ingredientes
Para 4 personas

300 g de macarrones
¾ kg de alcachofas
1 dl de vino blanco
2 ajos
1 cebolleta

un cuarto de pimiento verde
perejil
aceite de oliva virgen extra
sal

Elaboración

1. Pela y pica el ajo y la cebolleta.

2. Lava y limpia el pimiento y pícalo.

3. En una sartén con aceite, rehoga los ajos, la cebolleta y el pimiento verde picados muy finos.

4. Limpia los corazones de las alcachofas y cuécelos en una cazuela puesta al fuego con agua y con un poco de harina para que no se oxiden.

5. Una vez se hayan cocido los corazones de alcachofa, escúrrelos del agua e incorpóralos a la sartén donde se rehogan las verduras.

6. Moja todo el conjunto de la sartén con el vino blanco y deja que reduzca.

7. En otra olla cuece los macarrones en agua hirviendo con sal.

8. Una vez cocidos los macarrones, escúrrelos y añádelos a la sartén con las verduras.

9. Saltea todo el conjunto unos instantes y retira la sartén del fuego.

10. Sirve la pasta en una fuente y decórala con el perejil.

Macedonia de naranja y piña con yogur de kiwi

Ingredientes
Para 4 personas

2 naranjas
media piña
3 yogures líquidos sabor kiwi
¼ l de vino de Oporto

50 g de azúcar
hojas de menta
1 ramita de canela
cereales variados

Elaboración

1. Pela la naranja y córtala en gajos.
2. Pela la piña, córtala por la mitad, y a su vez, córtala en dados.
3. Pon el vino de Oporto en un cazo y añade el azúcar y la canela. A continuación, pon el cazo a calentar a fuego suave hasta que se forme un caramelo.
4. Mezcla la piña con la naranja y echa un poco de la reducción del vino (el caramelo del cazo) sobre la fruta hasta que se impregne.
5. Por otro lado, en una fuente pon un fondo de yogur de kiwi y encima la fruta caramelizada.
6. Termina la composición del plato sirviendo los cereales junto con el resto del caramelo por encima de la fruta y, por último, decora el conjunto con las hojas de menta.
7. ¡Disfruta la macedonia!

Magret de pato

Ingredientes
Para 4 personas

2 magrets de pato
1 bandeja de grosellas
1 bandeja de frambuesas
1 cucharada de miel

2 dl de vino moscatel
aceite de oliva virgen extra
pimienta negra
sal

Elaboración

1. Desgrana las grosellas y lávalas.

2. Lava las frambuesas.

3. Pon una sartén al fuego con un poco de aceite y saltea las grosellas junto con las frambuesas.

4. Una vez salteados los frutos rojos, colócalos en un plato previamente cubierto con papel de cocina absorbente para que suelten el aceite.

5. En la misma sartén en la que has salteado la fruta, incorpora un chorrito del vino y deja que reduzca.

6. Agrega al vino una cucharadita de miel y deja espesar la salsa.

7. Realiza unas incisiones en la piel del magret de pato con la ayuda de un cuchillo y fríelo por la parte de la piel en una sartén puesta al fuego.

8. Corta el magret en filetes.

9. Sirve los filetes de magret en una fuente e incorpora los frutos rojos salteados. Una vez hecho esto, salpimenta y salsea el plato.

10. ¡Ya está listo!

Manzanas asadas con ciruela

Ingredientes
Para 4 personas

4 manzanas reinetas
4 cucharadas de mantequilla
azúcar
agua

Para la salsa de ciruelas
50 g de ciruelas pasas
15 dl de agua

Elaboración

1. Pela las manzanas y quítales el corazón.

2. A continuación, colócalas en una bandeja de horno.

3. Espolvorea las manzanas por encima con abundante azúcar y pon asimismo una cucharada de mantequilla en cada una de ellas.

4. Añade al conjunto un vaso de agua.

5. Introduce la bandeja en el horno y hornéalas a 160 °C hasta que las manzanas estén tiernas.

6. Para preparar la salsa de ciruelas tritura las ciruelas junto con el agua, con la ayuda de la batidora, hasta obtener una salsa.

7. Para presentar el plato, sirve en el fondo de una fuente la salsa de ciruelas y coloca encima las manzanas asadas.

8. ¡Disfruta el plato!

Manzanas con queso

Ingredientes
Para 4 personas

3 manzanas Golden
50 g de queso Gouda de cabra
50 g de queso manchego
    semicurado

50 g de queso de bola
30 pasas de Corinto
30 almendras picadas
orégano

Elaboración

1. Corta en trozos los distintos tipos de queso.

2. Lava las manzanas, quítales el corazón y córtalas horizontalmente para que salgan seis rebanadas por pieza.

3. Prepara una plancha caliente (si no tienes plancha puedes utilizar una sartén) y pon encima las rebanadas de manzana. Dóralas 1 minuto por cada lado.

4. Manteniendo las rebanadas de manzana en la plancha, coloca sobre cada una de ellas un poco de queso Gouda, almendras picadas y un poco de queso de bola.

5. Por último, añade pasas de Corinto y un trozo pequeño de queso manchego.

6. A continuación, baja el fuego al mínimo y tapa la plancha, aproximadamente 3 minutos, para que se derritan los quesos.

7. Sirve las manzanas con queso en una fuente y espolvoréalas con un poco de orégano.

8. ¡El plato está listo!

Marinado de mero con cítricos y huevas de salmón

Ingredientes
Para 4 personas

400 g de mero
el zumo de 1 pomelo
cebollino
perejil

huevas de salmón
1 tomate
aceite de oliva virgen extra
sal

Elaboración

1. Limpia el mero (si te es más fácil pide que te lo limpien en la pescadería) y córtalo en trozos regulares.

2. Pon el mero a macerar 1 o 2 horas en un bol con el zumo del pomelo, aceite de oliva, cebollino y perejil picados.

3. Por otro lado, lava, pela y pica en trozos muy pequeños el tomate.

4. En otro bol, incorpora un poco de aceite de oliva virgen extra, sal y cebollino, y liga con la ayuda de una varilla o un tenedor.

5. Por último, sirve el mero en una fuente, una vez lo hayas escurrido de la macerada, y acompáñalo con el tomate; asimismo riega el plato con el aceite de oliva virgen extra y decóralo por encima con unas huevas de salmón.

6. ¡El plato está listo!

Medallones de foie al Pedro Ximénez

Ingredientes
Para 4 personas

400 g de foie fresco
1 cebolleta
2 dl de vino Pedro Ximénez

1 cebollino
aceite de oliva
sal

Elaboración

1. Corta el foie en medallones de grosor medio y mételos en el congelador durante 30 minutos.

2. Lava la cebolleta y pícala y, a continuación, rehoga la cebolleta en una sartén con aceite a fuego lento hasta que quede muy blanda.

3. Añade a la sartén en la que se rehoga la cebolleta, el Pedro Ximénez y deja que éste reduzca. Una vez preparada la salsa retírala del fuego y resérvala.

4. En otra sartén asa los escalopes de foie 1 minuto por cada lado y retíralos.

5. Sirve los medallones de foie en una fuente y acompáñalos de la salsa previamente elaborada.

Medias noches de lacón con huevo hilado

Ingredientes
Para 4 personas

bollitos de medias noches
200 g de lacón
150 g de huevo hilado
unas rodajas finas de tomate

unas cucharadas de mayonesa
light
unas hojas de lechuga

Elaboración

1. Abre las medias noches por la mitad.
2. Lava con agua las hojas de lechuga y, a continuación, córtalas en tiras.
3. Unta las mitades de medias noches con un poco de mayonesa *light*.
4. Rellena cada media noche con un poco de la lechuga cortada en tiras, el lacón, el huevo hilado y una rodaja fina de tomate.
5. Sirve el plato en una fuente y ¡disfrútalo!

Mejillones con picadillo de jamón

Ingredientes
Para 4 personas

1 kg de mejillones
4 lonchas de jamón serrano
2 dientes de ajo
3 chalotas o 1 cebolla pequeña
1 manojo de perejil

2 vasos de vino blanco
4 patatas
aceite de oliva
pimienta
sal

Elaboración

1. Rasca, limpia y quita las barbas a los mejillones.

2. Pela y pica muy finos los ajos, las chalotas y el perejil.

3. Corta el jamón del tamaño de un grano de arroz.

4. Pela las patatas y córtalas en bastones.

5. Pon en una cazuela aceite y caliéntalo en el microondas durante 2 minutos al 100 % de su potencia.

6. Incorpora a la cazuela con el aceite caliente, el picadillo de jamón, el ajo, la chalota y el perejil picados y cuece todo el conjunto, una vez lo hayas salpimentado, durante 5 minutos en el microondas, sin tapar la cazuela y al 100 % de su potencia.

7. Añade el vino y los mejillones.

8. Cubre a continuación la cazuela con una tapadera e introdúcela en el horno durante 5 minutos.

9. Fríe las patatas en otra sartén con bastante aceite muy caliente. Una vez fritas, escúrrelas del aceite que les sobre sirviéndolas en un plato cubierto con papel absorbente.

10. Una vez preparados los mejillones, sírvelos muy calientes y acompañados de patatas fritas en una fuente.

Mejillones de roca con tomate y albahaca

Ingredientes
Para 4 personas

1 kg de mejillones de roca
4 dientes de ajo
12 tomates cherry
1 ramillete de albahaca fresca
   y seca

2 cucharadas de vinagre de
   Módena
4 cucharadas de aceite de oliva
sal

Elaboración

1. Pon una olla tapada al fuego y calienta un poco de agua.

2. Incorpora los mejillones a la olla cuando el agua esté hirviendo y cubre de nuevo la olla con la tapadera para que los mejillones se abran al vapor. Cuando se hayan cocido sácalos del fuego y resérvalos.

3. Pela el ajo y córtalo en láminas y, a continuación, incorpóralo a una sartén con un poco de aceite de oliva y rehógalo.

4. En un bol, incorpora y mezcla muy bien, aceite, vinagre balsámico y sal.

5. Introduce a continuación los mejillones en la vinagreta preparada en el bol y añade la albahaca seca picada.

6. Trocea la albahaca fresca e incorpórala también al bol. Mezcla de nuevo muy bien todos los ingredientes.

7. Lava los tomates cherry y córtalos por la mitad. Cuando los hayas cortado incorpóralos también al bol con el resto de los ingredientes y el ajo rehogado.

8. Por último, liga todos los ingredientes del bol muy bien y sírvelos en una fuente.

9. ¡El plato ya está listo!

Menestra de verduras aragonesa

Ingredientes
Para 4 personas

250 g de guisantes en conserva
250 g de setas
250 g de judías verdes en
   conserva
yemas de espárragos verdes
8 corazones de alcachofa en
   conserva
media coliflor

2 huevos duros
100 g de jamón en tacos
media cebolla
aceite de oliva
sal
pan rallado
perejil
harina

Elaboración

1. Rehoga las setas, limpias y troceadas en tiras, en una sartén con aceite y sazónalas.

2. En una olla con agua y sal pon a cocer los cogollos de coliflor y las yemas de espárrago.

3. Pasa por harina las alcachofas y la coliflor y fríelas en una sartén puesta al fuego con aceite. Una vez fritas, deja que suelten el aceite que les sobra dejándolas reposar en un plato con papel de cocina absorbente.

4. Pela y pica la cebolla y póchala en otra sartén puesta al fuego con aceite.

5. Añade a la sartén en la que se pocha la cebolla, el jamón y todas las verduras bien escurridas.

6. Cubre el conjunto con el caldo de cocer la coliflor y los espárragos.

7. Incorpora un poco de harina para ligar el caldo.

8. Deja cocer el plato hasta que las verduras se empapen del caldo.

9. A continuación, prueba de sal y si estuviera soso el plato, añade un poco más.

10. Por último, espolvorea la menestra con un poco de pan rallado y sírvela en una fuente de horno para gratinarla en el horno hasta que se dore el pan.

11. Fuera del horno, decora el plato con perejil y los huevos duros troceados.

Merluza a la gallega

Ingredientes
Para 4 personas

800 g de merluza en rodajas	aceite de oliva
4 patatas medianas	ajo
100 g de guisantes frescos	sal
pimentón dulce	

Elaboración

1. Pela y corta las patatas en rodajas.

2. En una olla con agua hirviendo, pon a cocer las rodajas de patata a fuego suave.

3. Cuando a las patatas les falten 5 minutos para estar cocidas, incorpora a la olla los guisantes.

4. Por otro lado, sazona las rodajas de merluza e incorpóralas también a la olla.

5. A continuación, tapa la olla y deja que los ingredientes cuezan a fuego lento durante 10 minutos.

6. Prepara un sofrito en una sartén puesta al fuego con aceite e incorpora el ajo pelado y picado y el pimentón.

7. Cuando el sofrito esté listo, incorpóralo a la olla con la merluza y deja cocer todo el conjunto 2 minutos antes de servir el plato.

8. Lleva directamente la olla a la mesa y ¡a disfrutar!

Merluza al horno con manchego y jamón

Ingredientes
Para 4 personas

600 g de merluza en una pieza
75 g de queso manchego curado
50 g de jamón serrano
pimentón dulce
pimienta

2 dl de nata
perejil
aceite de oliva
sal

Elaboración

1. Limpia la merluza y quítale la quijada. Quítale asimismo la piel, ábrela por la mitad y quítale las espinas (si te es más fácil pide en la pescadería que te limpien la merluza).

2. Coloca a continuación la merluza en una bandeja de horno.

3. Por otro lado, corta unas lonchas de queso curado, retírales la corteza y colócalas sobre uno de los lomos de la merluza.

4. Asimismo coloca el jamón serrano sobre las lonchas de queso.

5. Una vez incorporados el queso y el jamón, cúbrelos con el otro lomo de la merluza.

6. A continuación, sazona la merluza y échale por encima aceite de oliva. Una vez hecho esto, hornea la merluza durante 10 minutos a 170 °C.

7. En un cazo puesto al fuego, incorpora la nata, la sal y una pizca de pimienta y pimentón. Deja que los ingredientes se reduzcan a fuego suave.

8. Una vez transcurridos los 10 minutos, saca la bandeja del horno y sirve la merluza en una fuente acompañada con la salsa elaborada en el cazo.

9. Por último, decora el plato con perejil picado y ¡disfrútalo!

Merluza en salsa de naranja

Ingredientes
Para 4 personas

600 g de merluza limpia
1 naranja
200 g de guisantes
100 g de gambas peladas
harina

½ l de caldo de pescado
1 cucharadita de espesante
perejil
aceite de oliva
sal

Elaboración

1. Rehoga los guisantes en una sartén con un poquito de aceite de oliva.

2. Incorpora el caldo de pescado en un cazo.

3. Exprime una naranja y añade su zumo al caldo de pescado. Incorpora el perejil picado.

4. Pon el cazo a hervir y mantenlo unos minutos mezclando los ingredientes muy bien e incorporando un poco de espesante para que la salsa quede muy bien ligada.

5. Por otro lado, corta la merluza en supremas, sazónalas, enharínalas y dóralas en una sartén con muy poco aceite.

6. Una vez dorada la merluza retírala del fuego y deja que escurra el aceite que le sobra en un plato cubierto con papel absorbente.

7. Añade a la salsa del cazo las gambas peladas y cocina de nuevo todo el conjunto.

8. Sirve la merluza en una fuente acompañada de la salsa y ¡disfruta el plato!

Merluza y gambones a la gran fritura

Ingredientes
Para 4 personas

400 g de lomo de merluza limpia
8 gambones
harina de fritura
1 limón
4 cogollos

aceite de oliva
mostaza
vinagre de Jerez
azúcar moreno
sal

Elaboración

1. Trocea la merluza, sazónala junto con los gambones pelados sin quitar la cabeza y moja ambos con el zumo de un limón exprimido.

2. A continuación, pasa la merluza y los gambones por harina, quítales el exceso de ésta una vez enharinados y fríelos en una sartén con abundante aceite caliente. Una vez fritos los trozos de merluza y los gambones, deja que escurran el aceite sobrante colocándolos sobre un plato con papel absorbente.

3. Lava y limpia los cogollos y córtalos en cuartos.

4. Prepara un jarabe con el azúcar moreno incorporándolo a una sartén al fuego con agua.

5. Aliña los cogollos con una vinagreta elaborada con aceite de oliva, vinagre, una cucharadita de mostaza, el jarabe de azúcar moreno preparado y sal.

6. Por último, sirve la fritura de merluza y gambones en una fuente acompañada de los cogollos aliñados con la vinagreta.

7. ¡El plato está listo!

Mermelada de albaricoque y cítricos

Ingredientes
Para 4 personas

6 orejones (albaricoques secos)
2 naranjas
2 limones

agua
azúcar

Elaboración

1. Corta los cítricos (naranjas y limones) en cuartos y ponlos con los orejones en un bol.
2. Añade un poco de agua, tapa el bol y mantenlo 24 horas en la nevera.
3. Una vez saques el bol de la nevera, corta los orejones y los cuartos de naranja y limón en trozos más pequeños y añádeles un poco más de agua.
4. Introduce el bol en el microondas al 100 % de su potencia durante 5 minutos para cocer la fruta.
5. Cuando la fruta esté cocida, vuelve a tapar el bol y métulo en la nevera hasta el día siguiente.
6. Pesa la mezcla del bol e incorpora la misma cantidad de azúcar a ésta.
7. Cuece de nuevo en el microondas todo el conjunto durante 5 minutos al 100 % de su potencia, mezclando todos los ingredientes un par de veces y luego, vuélvelo a cocer 5 minutos más, esta vez sin mezclar los ingredientes.
8. La mermelada de albaricoque y cítricos está lista para untar en rebanadas con pan y mantequilla.

Migas con huevos de corral

Ingredientes
Para 4 personas

1 kg de pan del día anterior
2 pimientos rojos
7 cucharadas de aceite de oliva
200 g de tocino ahumado
150 g de chorizo

8 dientes de ajo
4 huevos de corral
unas uvas
sal

Elaboración

1. Corta el pan en rebanadas muy finas y mételas en un bol.
2. Sazona el pan y mójalo con un poco de agua.
3. Una vez hecho lo anterior, tapa el bol con un paño limpio de cocina y deja que repose.
4. Lava el pimiento rojo y córtalo en bastones de tamaño mediano.
5. Corta el tocino ahumado en tacos pequeños.
6. Corta el chorizo en trozos pequeños.
7. Lava las uvas.
8. En una sartén con aceite, fríe el ajo entero (sin pelar) e incorpora el pimiento rojo, el tocino y el chorizo.
9. Saltea los ingredientes anteriores en la sartén y cuando estén cocinados, retíralos del fuego, elimina un poco de aceite y agrega a continuación las migas, las cuales irás troceando un poco con la propia espumadera mientras las remueves.
10. Continúa friendo las migas en la sartén al fuego, sin dejar de removerlas y aplastarlas ligeramente.
11. Incorpora casi en el último momento el tocino y el pimiento rojo y vuelve a remover el conjunto al fuego.
12. En otra sartén con aceite, fríe los huevos.
13. Sirve los huevos en una fuente e incorpora las migas por encima de éstos, acompañando el plato con unas uvas.
14. ¡Disfruta el plato!

Milhojas de manzana, crema y chocolate

Ingredientes
Para 4 personas

2 manzanas
1 paquete de masa de
  empanadillas
1 brick de natillas
50 g de azúcar moreno
1 dl de leche

50 g de cobertura de chocolate
  negro
aceite de oliva
azúcar molido
mantequilla
canela en polvo

Elaboración

1. Pela las manzanas y córtalas en dados pequeños.

2. En una cazuela pon a rehogar los dados de manzana con la mantequilla y el azúcar moreno.

3. Deja que los dados de manzana se caramelicen al fuego y espolvorea canela en polvo al conjunto.

4. Por otro lado, funde el chocolate con la leche en un bol en el microondas, poco a poco para que no se queme.

5. En una sartén fríe las obleas de empanadilla con aceite moderadamente caliente. Una vez fritas, déjalas reposar en un plato con papel de cocina absorbente para que suelten el aceite sobrante.

6. Monta las milhojas alternando capas de empanadilla con los dados de manzana.

7. Sirve las milhojas en una fuente y acompáñalas con la crema de natillas en un bol y la crema de chocolate en otro.

8. Por último, espolvorea las milhojas con azúcar molido.

9. ¡Disfruta el plato!

Milhojas de patatas

Ingredientes
Para 4 personas

2 patatas
2 chalotas (tipo de ajo)
50 g de mantequilla
hierbas aromáticas al gusto

50 g de queso Emmenthal
   rallado
1 brick de nata líquida
sal

Elaboración

1. Pela las patatas y córtalas en forma de círculo lo más finas posible. A medida que las cortas, ve metiéndolas en un bol con agua fría.

2. Transcurridos unos minutos desde que incorporaste todas las patatas al agua fría, sácalas y sécalas con la ayuda de un paño. Sazónalas.

3. Pela y pica las chalotas. Rehógalas en una sartén con un poco de mantequilla.

4. En una bandeja del horno, pon un poco de mantequilla en la base y, a continuación, ve formando capas con las patatas y las chalotas, espolvoreando cada capa con hierbas aromáticas.

5. Una vez completado el «milhojas», cubre con nata líquida todo el conjunto y termina por espolvorear el plato con queso Emmenthal rallado.

6. Por último, mete la bandeja al horno unos 15 minutos a 190 °C.

7. Cuando transcurran los 15 minutos, saca el «milhojas» del horno y sírvelo en una fuente.

Mini chapatas de queso y rúcula

Ingredientes
Para 4 personas

8 mini chapatas
200 g de queso fresco
200 g de rúcula

1 bote de salsa pesto
tomates cherry

Elaboración

1. Corta el queso fresco en trozos del tamaño de las mini chapatas.

2. Lava la rúcula y córtala.

3. En un bol mezcla la rúcula con la salsa de pesto.

4. Lava y parte los tomates cherry en dos mitades.

5. Por último, abre las mini chapatas por la mitad y rellénalas con la rúcula, los trozos de queso fresco y las mitades de los tomates cherry.

6. Sirve las mini chapatas en una fuente y ¡disfrútalas!

Mini chapatas de salchichón y torta del Casar

Ingredientes
Para 4 personas

8 mini chapatas
250 g de salchichón ibérico en
   rodajas finas
1 tomate

8 cucharadas de queso torta
   del Casar
aceite de oliva virgen extra
sal

Elaboración

1. Lava y ralla el tomate y mézclalo con aceite de oliva y sal en un bol.

2. Abre las mini chapatas y unta cada una de ellas con un poco de la mezcla elaborada en el bol con el tomate.

3. Encima de la mezcla de tomate, coloca unas lonchas de salchichón ibérico y una cucharada de torta del Casar por cada mini chapata.

4. A continuación, cierra las mini chapatas y ¡a comérselas!

Mini pizzas

Ingredientes
Para 4 personas

4 rebanadas de pan de molde
queso mozzarella rallado
salsa de tomate frito
atún en aceite
100 g de jamón serrano

media cebolla
1 pimiento verde
aceite de oliva
orégano

Elaboración

1. Unta cada rebanada de pan de molde con la salsa de tomate frito.

2. Distribuye el queso mozzarella rallado por encima de cada rebanada de pan de molde.

3. Pon el atún en aceite encima de unas rebanadas y en otras el jamón serrano cortado en tiras.

4. Lava el pimiento verde y trocéalo.

5. Aprovecha también para pelar la cebolla y trocearla.

6. A continuación, reparte el pimiento verde y la cebolla picada en las rebanadas de pan.

7. Echa un chorrito de aceite de oliva sobre cada rebanada.

8. Coloca las rebanadas en una fuente y hornéalas a 180 °C hasta que se tueste el pan y el queso se derrita.

9. Saca entonces del horno las rebanadas de pan (ya convertidas en mini pizzas) y una vez espolvoreadas con orégano, sírvelas en una fuente y ¡disfrútalas!

Mini sándwiches atigrados

Ingredientes
Para 4 personas

9 rebanadas de pan de molde
1 bote de crema de cacao

1 tableta de chocolate blanco

Elaboración

1. Trocea una tableta de chocolate blanco e introdúcela en el microondas para derretirla (al 100 % de su potencia durante 5 minutos). No saques el chocolate del microondas hasta que éste no tenga una textura cremosa, pero ten cuidado de que no se queme.

2. Unta con crema de cacao la mitad de las rebanadas.

3. La otra mitad de las rebanadas úntalas con la crema de chocolate blanco.

4. Coloca en una fuente de forma alterna, una encima de otra, las cuatro rebanadas.

5. Termina la composición indicada con una rebanada sin untar encima de las otras cuatro rebanadas. Y acto seguido, córtalas en cuadritos.

6. ¡Los mini sándwiches ya están listos!

Mini tortillas de arroz

Ingredientes
Para 4 personas

150 g de arroz blanco
100 g de beicon
1 tomate
2 ajos
6 huevos

50 g de queso parmesano
   rallado
albahaca
aceite de oliva virgen extra
sal

Elaboración

1. Pon a cocer el arroz en un cazo con agua y sal.

2. Una vez que el arroz esté cocido, escúrrelo y resérvalo en un bol.

3. Pela y pica los ajos.

4. Corta el beicon en tiras.

5. Pela el tomate y rállalo.

6. Saltea los ajos, el beicon picado, el tomate triturado y el arroz hervido en una sartén con un poquito de aceite de oliva virgen extra.

7. A continuación, aromatízalos con un poco de albahaca picada –fresca o seca– y añade el queso parmesano rallado.

8. Por otro lado, bate los huevos en un bol e incorpórales el salteado anterior. Sazona y mezcla bien todo el conjunto.

9. En un sartén antiadherente con un poquito de aceite de oliva, ve echando pequeñas cantidades de la mezcla anterior para cuajar las tortillas.

10. No tardes mucho en llevar las mini tortillas a la mesa, pues han de servirse calentitas.

Mollejas de cordero a la romana

Ingredientes
Para 4 personas

300 g de mollejas de cordero
30 g de jamón de Parma
20 g de cebolla
30 g de mantequilla

50 cl de caldo de carne
pimienta
sal
1 vaso de vino

Elaboración

1. Limpia bien las mollejas y ponlas a blanquear en agua hirviendo.
2. Una vez blanqueadas, déjalas enfriar, sécalas y trocéalas con la ayuda de un cuchillo.
3. Pela y pica la cebolla.
4. Corta el jamón en tacos.
5. Sofríe la cebolla y el jamón en una sartén con un poco de aceite.
6. Añade las mollejas, salpiméntalas y cubre la sartén con una tapa para que cuezan a fuego suave.
7. Cuando la textura de las mollejas permita pincharlas, agrega el vino y el caldo de carne y deja reducir el conjunto unos instantes.
8. A continuación, retira las mollejas de la sartén y añade la mantequilla y algo más de caldo a la salsa. Una vez elaborada la salsa, retírala del fuego y resérvala.
9. Sirve las mollejas bien calientes en una fuente con la salsa preparada por encima.

Mollejas de lechal y vieiras con patatas

Ingredientes
Para 4 personas

400 g de mollejas de cordero
    lechal
6 vieras
12 bolitas de patata

1 dl de jugo de carne
1 cebollino
aceite de oliva
sal

Elaboración

1. Echa los corales de las vieiras en un mortero y májalos hasta hacer una pasta homogénea.

2. Limpia muy bien las mollejas de cordero lechal.

3. Lava el cebollino y córtalo en ramitas.

4. Pon un cazo al fuego con un poco de aceite a calentar.

5. Dora las bolitas de patata en el cazo, baja el fuego y luego vuélvelo a subir.

6. Calienta más aceite en otras dos sartenes.

7. En una de las sartenes saltea las mollejas de cordero lechal ya limpias y añade un poco de harina para darles consistencia.

8. Cuando empiecen a dorarse las mollejas, incorpora al conjunto las bolitas de patata.

9. Añade a esta sartén parte del caldo de carne hasta que se cubran las mollejas.

10. Calienta el caldo sobrante en un cazo puesto al fuego.

11. Echa el caldo caliente en el mortero y mézclalo con la pasta de los corales de las vieiras.

12. Saltea el cuerpo de las vieiras en la otra sartén con un poco de aceite.

13. Por último, sirve las vieiras con las bolitas de patata en una fuente y échales un poquito de sal por encima y, a continuación, salséalas con el caldo de carne. Termina el plato decorando el conjunto con unas ramitas de cebollino.

Montadito de calabacín

Ingredientes
Para 4 personas

2 calabacines
150 g de queso en lonchas
150 g de jamón de york
pan rallado

orégano
1 huevo
aceite de oliva
sal

Elaboración

1. Lava bien los calabacines y córtalos en rodajas de grosor medio.

2. A continuación, sazona cada rodaja de calabacín.

3. Coloca encima de la mitad de las rodajas de calabacín un trozo de queso en lonchas y un trozo de jamón de york.

4. Tapa con otra rodaja de calabacín y una vez hecho esto, pincha ambas con palillos partidos por la mitad.

5. Mezcla el pan rallado con el orégano en un bol, y en otro casca el huevo y bátelo.

6. Pasa los montaditos por el huevo y el pan rallado.

7. Una vez empanados los montaditos, fríelos en una sartén con aceite muy caliente.

8. Sírvelos en un plato cubierto con papel absorbente para quitar el aceite sobrante.

9. Una vez escurridos, no tardes mucho en servirlos en una fuente, pues has de disfrutarlos calentitos.

Montadito de foie con mermelada de naranja amarga

Ingredientes
Para 4 personas

1 baguette de pan
4 rodajas de foie de pato
4 cucharaditas de mermelada de naranja amarga

perifollo para adornar
vinagre de Módena
azúcar

Elaboración

1. Corta el pan de baguette en rebanadas y dóralas en el horno.

2. Pon a fuego lento en un cazo el vinagre con el azúcar hasta que la mezcla adquiera consistencia de almíbar. Una vez conseguido, retíralo del fuego y resérvalo.

3. Unta las rebanadas de pan de baguette con el foie y pon encima de cada una, una cucharada de mermelada de naranja amarga.

4. Por último, tienes que montar el plato; para ello, sirve los montaditos en una fuente y decóralos con perifollo y el almíbar de vinagre de Módena alrededor.

Montaditos de lomo con sustancia

Ingredientes
Para 4 personas

1 barra de pan de chapata
½ kg de cinta de lomo fresca
    cortada en filetes
200 g de queso en lonchas
2 pimientos verdes
1 cebolla

3 cucharadas de mayonesa
1 cucharada de mostaza
1 cucharada de miel
aceite de oliva virgen extra
sal

Elaboración

1. Corta el pan en montados, ábrelos por la mitad y tuéstalos.

2. Pela y trocea la cebolla en aros.

3. Lava, limpia y corta en tiras el pimiento.

4. Fríe la cebolla y el pimiento en una sartén con aceite de oliva, y sazónalos. Una vez fritos deja que escurran la grasa sobre un plato cubierto de papel absorbente.

5. Haz a la plancha los filetes de lomo y échales un poco de sal por encima.

6. En un bol aparte, mezcla la mayonesa con la mostaza y la miel. A continuación, unta con esta mezcla los montados de pan.

7. Para preparar el plato, rellena cada montado con la cebolla y el pimiento, dos filetes de lomo con una loncha de queso en medio y ¡listo!

Montaditos huerta y granja

Ingredientes
Para 4 personas

1 barra de pan de chapata
1 cebolla pelada
1 pimiento rojo
1 pimiento verde

3 huevos
aceite de oliva
sal

Elaboración

1. Lava las verduras y ponlas en una bandeja de horno con aceite de oliva y sal. Hornéalas 30 minutos a 190 °C.
2. Corta el pan en trozos para montados, es decir, ábrelos por la mitad y tuéstalos.
3. En un bol casca y bate los huevos incorporándoles un poco de sal y haz una tortilla francesa en una sartén grande para que quede finita.
4. Saca las verduras del horno y córtalas en tiras.
5. Corta la tortilla francesa en tiras y colócalas en las rebanadas de pan.
6. A continuación, pon las verduras por encima de las tiras de tortilla y cierra los montados con las otras rebanadas de pan.
7. Sírvelos en una fuente y ¡a disfrutarlos!

Mousse de naranja

Ingredientes
Para 4 personas

250 cl de zumo de naranja
el zumo de 1 limón
ralladura de naranja y limón

75 g de azúcar
25 g de harina
3 huevos

Elaboración

1. Mezcla en un bol la harina, el azúcar, la ralladura de limón y naranja y las tres yemas de huevo.

2. Agrega al bol el zumo de naranja y el de limón.

3. Cuaja la preparación del bol durante 3 minutos en el microondas al 100 % de su potencia y bate a continuación el resultado hasta que la mezcla tenga una consistencia cremosa.

4. Deja enfriar el bol en la nevera.

5. En otro bol monta las tres claras a punto de nieve con una pizca de sal (para montar las claras es necesario que las batas de forma continuada y a buen ritmo hasta obtener el resultado buscado).

6. Añade a la crema fría de naranja las claras montadas en tres veces.

7. Por otro lado, vacía la pulpa de tres naranjas cortadas por la mitad y vierte la mousse dentro de cada una de ellas.

8. Trocea la pulpa de las naranjas e incorpórala junto con la mousse en cada una de las mitades de las naranjas.

9. Por último, sirve las medias naranjas en una fuente y decóralas con ralladura de naranja por encima. Deja que se enfríen varias horas en la nevera antes de servirlas.

Mousse de queso de cabra con crujiente parmesano

Ingredientes
Para 4 personas

100 g de queso de cabra
50 ml de leche tibia
100 ml de nata líquida
1 hoja de gelatina

Para el crujiente
queso parmesano rallado
agua

Elaboración

1. Remoja la hoja de gelatina en un bol con agua fría.
2. En otro bol, prepara una crema fina triturando el queso de cabra y la leche tibia.
3. Incorpora la gelatina escurrida a la crema preparada con el queso y la leche.
4. Bate la nata líquida para montarla, añádela a la mezcla anterior y vuelve a remover todos los ingredientes.
5. Deja enfriar todo el conjunto (la mousse) un rato.
6. Por otro lado, mezcla en un bol el queso parmesano rallado en cantidad abundante con agua.
7. A continuación, estira pequeñas porciones de la pasta resultante del parmesano y el agua, sobre una bandeja de horno forrada con papel sulfurizado (de horno).
8. Introduce la bandeja en el horno y hornea las porciones de pasta durante 6 minutos a temperatura de 180 °C.
9. Por último, sirve la mousse acompañada con el crujiente horneado.

Mousse de vainilla con galleta de almendra y salsa de zanahoria

Ingredientes
Para 4 personas

Para la mousse
½ l de nata
3 vainas de vainilla
4 hojas de gelatina
8 yemas de huevo
125 g de azúcar

3 claras de huevo
galletas de almendra

Para la salsa
4 zanahorias
60 g de azúcar

Elaboración

Mousse

1. Abre las vainas de vainilla y saca las semillas ayudándote con la punta de un cuchillo.
2. Pon a hervir en una cazo la nata con la vainilla durante 2 minutos y una vez transcurrido este tiempo retira el cazo del fuego y deja que se enfríe ligeramente.
3. En un bol bate las yemas de huevo con el azúcar.
4. Pon en remojo las hojas de gelatina en un bol con agua fría.
5. Añade a la nata con la vainilla las hojas de gelatina y disuélvelas en la nata puesta de nuevo al fuego.
6. Una vez se haya disuelto la gelatina, retira el cazo del fuego y deja que la nata se enfríe. Cuando la nata esté fría, cuélala e incorpórala al bol con la mezcla de las yemas y el azúcar.
7. Por último, monta las claras a punto de nieve (para montar las claras es necesario que las batas de forma continuada y a buen ritmo hasta obtener el resultado buscado) y mézclalas con mucho cuidado con los ingredientes del bol.

Salsa de zanahorias

1. Para preparar la salsa de zanahorias, pela las zanahorias y licúalas para obtener zumo de zanahorias.
2. A continuación, incorpora el zumo de zanahorias junto con el azúcar en un cazo y déjalo hervir.

3. Cuando la salsa haya hervido, deja que se enfríe antes de incorporarla al plato.
4. Para presentar la mousse, sírvela en un bol junto con unas galletas de almendra troceadas y decora el conjunto con la salsa de zanahorias.

* * *

Mousse ligera de chocolate con frambuesas

Ingredientes
Para 4 personas

3 huevos
100 g de chocolate amargo
frambuesas
30 g de mantequilla

2 cucharadas de azúcar molido
hojas de menta
avellanas

Elaboración

1. Separa las yemas de las claras y colócalas en dos boles distintos.
2. Parte el chocolate en trozos pequeños y derrítelos al baño María (esto significa colocar el bol con el chocolate dentro de un cazo lleno de agua hasta un poco más de la mitad y puesto al fuego) a baja temperatura. Cuando el chocolate se haya fundido, añade la mantequilla.
3. Agrega al cazo las yemas de huevo y mezcla rápido todos los ingredientes. Retira el cazo del fuego para que éstos se enfríen ligeramente.
4. Por otro lado, monta las claras a punto de nieve (para montar las claras es necesario que las batas de forma continuada y a buen ritmo hasta obtener el resultado buscado) y añádeles el azúcar para que tomen consistencia.
5. Mezcla cuidadosamente las claras de huevo con el chocolate.
6. Vierte el resultado de la mezcla anterior en un cuenco y consérvala en el frigorífico hasta su consumo.
7. Sirve la mousse acompañada de las frambuesas y con unas avellanas por encima. Decora el postre con una hoja de menta y espolvorea azúcar molido por encima.

Musaka con cordón de yogur

Ingredientes
Para 4 personas

Para la bechamel
275 ml de leche
25 g de harina
25 g de mantequilla
pimienta
nuez moscada
1 huevo
sal

Para la musaka
4 berenjenas
1 cebolla
1 diente de ajo

300 g de filetes de pierna de
   cordero
2 tomates
vino blanco

Para el cordón de yogur
1 yogur natural
media cucharada de vinagre
   de vino blanco
1 cucharada de aceite de oliva
eneldo picado
sal

Elaboración

1. Lava dos berenjenas y ásalas al horno precalentado a 180 °C durante unos 20 minutos. Una vez asadas, deja enfriar las berenjenas para
poder pelarlas y, a continuación, picar su carne.

2. Lava y corta las otras dos berenjenas en láminas. Sazónalas y, en una
sartén con un chorro de aceite, dóralas por los dos lados.

3. Rehoga la cebolla y el ajo que previamente has pelado y picado en
otra sartén con un chorro de aceite, pero sin que cojan demasiado
color.

4. Añade a la sartén la carne de la berenjena picada y el tomate cortado en dados. A continuación, vierte sobre el conjunto un chorro de
vino blanco y deja que se evapore el líquido.

5. Prueba de sal y pimienta y rectifica si fuera necesario. Una vez cocinados los ingredientes, aparta la sartén del fuego y reserva su contenido.

6. En otra sartén puesta al fuego con un poco de aceite, haz a la plancha los filetes de cordero y sazónalos.

Para la bechamel

1. Incorpora la leche, la mantequilla y la harina en un cazo puesto al fuego y no dejes de remover los ingredientes hasta que empiecen a espesar.
2. Cuando empiecen a espesar, baja el fuego y mantén el cazo en el fuego durante unos 10 minutos más.
3. Sazona el conjunto y añádele un poco de nuez moscada.
4. En un bol casca y bate un huevo.
5. Mezcla bien todos los ingredientes y, por último, añade el huevo batido.

Para la musaka

1. Para montar la musaka coloca una rodaja de berenjena sobre una placa de horno, cúbrela con un poco del picadillo de berenjena y encima coloca un filete de cordero. A continuación, pon otra rodaja de berenjena encima del cordero y así sucesivamente.
2. Una vez montada la musaka, échale encima la bechamel y mete al horno el conjunto hasta que la bechamel esté gratinada, a una temperatura de 200 ºC.

Para el cordón de yogur

1. En un bol mezcla el yogur natural, el vinagre, el aceite de oliva, la sal y el eneldo picado.
2. Por último, sirve la musaka en una fuente y, alrededor de ésta, pon el cordón de yogur.
3. ¡Disfruta el plato!

Muslos de pavo asado

Ingredientes
Para 4 personas

2 cuartos traseros de pavo
¼ kg de cebollas francesas
1 batata
2 dl de caldo de ave
1 cebolla pequeña

pimentón dulce
vino de Jerez
aceite de oliva
sal

Elaboración

1. Pela la batata y saca unas bolitas de ésta con un sacabocados.

2. Pon a cocer las bolitas de batata en una cazuela con agua hirviendo durante 10 minutos.

3. Pela las cebollitas francesas.

4. Incorpora las cebollitas francesas a otra cazuela y déjalas cocer hasta que estén tiernas. Escúrrelas.

5. Saltea las cebollitas en una sartén con aceite y un poco de pimentón.

6. Por otro lado, pela la cebolla, córtala en rodajas y tuéstala en una sartén con un poco de aceite.

7. Moja las rodajas de cebolla con el vino y deja que se evapore el alcohol al fuego.

8. Cuando el alcohol se haya evaporado, incorpora el caldo de ave y déjalo reducir.

9. Cuela la salsa con un colador y vuelve a ponerla al fuego para que espese.

10. Sazona el pavo y márcalo en una sartén (dale vuelta y vuelta) con aceite.

11. Coloca el pavo en una fuente de horno con su propio aceite y hornea durante 1 hora a una temperatura de 160 °C.

12. Sirve el pavo en una fuente acompañado con las bolitas de batata y las cebollitas francesas. Salsea el plato con la salsa elaborada.

Muslos de pavo laqueado

Ingredientes
Para 4 personas

4 muslos de pavo
1 puerro grande
salsa teriyaki
azúcar moreno

1 dl de vino blanco
1 vaso de caldo de ave
aceite de oliva virgen extra
sal

Elaboración

1. Dora los muslos de pavo a fuego fuerte en una sartén con aceite.

2. Una vez dorados, colócalos en una fuente de horno y mete la bandeja en el horno para asarlos a temperatura de 160 °C durante 45 minutos, regando de vez en cuando los muslos con el caldo de ave.

3. Por otro lado, prepara caramelo en un cazo puesto al fuego en el que has de incorporar el vino blanco, el azúcar y la salsa teriyaki.

4. Baña los muslos de pavo con el caramelo durante el final del asado.

5. Lava el puerro y pícalo en tiras para, a continuación, freírlo en una sartén con un poco de aceite.

6. Sirve los muslos de pavo en una fuente y acompáñalos con la guarnición de las tiras de puerro fritas.

7. ¡Disfruta el plato!

Natillas a los cítricos con merengue

Ingredientes
Para 4 personas

1 l de leche
8 yemas de huevo
150 g de azúcar
ralladura de naranja, limón y
   lima

20 g de harina de maíz
2 claras
50 g de azúcar
unas pieles muy finas de limón
   y de naranja en tiras

Elaboración

1. En un bol bate las yemas, un poco de leche y la harina de maíz.

2. Añade al bol el azúcar y sigue batiendo todos los ingredientes.

3. Pon la leche a hervir en un cazo puesto al fuego y agrega las ralladuras de naranja, limón y lima.

4. Incorpora las yemas a la leche en el cazo.

5. Cuela la crema resultante y vuelve a incorporarla al cazo a fuego suave.

6. Mantén el cazo al fuego hasta que la crema rompa a hervir y espese ligeramente.

7. Por otro lado, monta las claras a punto de nieve (para montar las claras es necesario que las batas de forma continuada y a buen ritmo hasta obtener el resultado buscado) y agrega un poco de azúcar para hacer el merengue.

8. Sirve las natillas con un poco de merengue por encima y decora el conjunto con unas pieles de limón y de naranja.

Ñoquis a la gorgonzola

Ingredientes
Para 4 personas

320 g de ñoquis (variedad de pasta
50 g de beicon
2 dl de nata
75 g de queso gorgonzola

nuez moscada
perejil
aceite de oliva
sal

Elaboración

1. Corta el beicon en tiras y rehógalas en una sartén con aceite.
2. Incorpora la nata y el queso gorgonzola troceado a la sartén con el beicon.
3. Calienta todos los ingredientes a fuego suave hasta conseguir una salsa cremosa.
4. Por otro lado, cuece los ñoquis en una olla con abundante agua hirviendo y sal.
5. Una vez hervidos, escurre los ñoquis.
6. Añade los ñoquis a la salsa anterior de la sartén. Por último, condimenta el conjunto con la nuez moscada y el perejil picado.
7. Sirve la pasta en una fuente y disfrútala al momento.

Ñoquis al pesto

Ingredientes
Para 4 personas

300 g de ñoquis (variedad de pasta)
10 hojas de albahaca fresca
1 ajo
50 g de queso parmesano

50 g de piñones
unos cubitos de hielo
aceite de oliva virgen
albahaca seca
sal

Elaboración

1. Cuece los ñoquis en una olla con abundante agua hirviendo con sal.

2. Una vez se hayan cocido, escúrrelos.

3. Por otro lado pela el ajo.

4. Prepara una pasta con el ajo, la albahaca, los piñones, el parmesano, el aceite y la sal, triturando todos los ingredientes en un mortero.

5. A continuación, incorpora a la pasta obtenida de la mezcla anterior un poco de hielo para evitar que se oxide y tritúrala con la batidora.

6. Por último, saltea la pasta triturada en una sartén con aceite y espolvoréala ligeramente con albahaca seca. Ya está listo el pesto.

7. Sólo queda servir los ñoquis en una fuente incorporándole el pesto por encima.

Ñoquis de patata al ajo

Ingredientes
Para 4 personas

1 kg de patatas
200 g de harina
4 ajos
25 g de mantequilla

50 g de tomate triturado
aceite de oliva
sal

Elaboración

1. Pon las patatas a cocer en un cazo con abundante agua hirviendo y sal durante 25 minutos.
2. Una vez cocidas retíralas del fuego y escúrrelas.
3. Tamiza las patatas cocidas con un colador y un mortero e incorpora el puré a un bol.
4. Incorpora la harina y la mantequilla al puré de patatas y mézclalo todo muy bien.
5. De la mezcla resultante forma la masa de los ñoquis con las manos y dales forma de cilindro.
6. A continuación, pon una olla con agua al fuego y, cuando esté hirviendo, incorpora los ñoquis y mantenlos al fuego hasta que floten en la superficie del agua.
7. Una vez estén cocidos, escúrrelos y resérvalos.
8. Por otro lado, pela un ajo y córtalo en láminas. Saltéalo en una sartén con aceite.
9. Añade al ajo salteado una cucharada de tomate y sazona el conjunto.
10. Por último, incorpora los ñoquis a la sartén y cocínalos 1 minuto.
11. Sirve los ñoquis en una fuente con la salsa de ajo y ¡disfrútalos!

Ñoquis de requesón con crema de trufa blanca

Ingredientes
Para 4 personas

450 g de requesón
150 g de queso parmesano
2 huevos
100 g de harina
pimienta
2 patatas hervidas con la piel
150 g de mantequilla

1 cucharada pequeña de crema
   de trufa blanca
queso parmesano rallado
   para condimentar
nata líquida
pan rallado
sal

Elaboración

1. Casca y bate los huevos en un bol.
2. Pela las patatas hervidas y tritúralas en un bol con la ayuda de un tenedor hasta reducirlas a puré.
3. En otro recipiente incorpora y mezcla el requesón con los huevos batidos, las patatas reducidas a puré, el pan rallado, el queso parmesano y la harina.
4. Corrige la mezcla anterior de sal y pimienta, vuelve a mezclar todos los ingredientes otra vez y prepara con éstos una masa homogénea.
5. Con la masa homogénea obtenida forma pequeñas bolitas (ñoquis) y resérvalas.
6. Pon una olla al fuego con agua y sal gorda a hervir, y cuando el agua esté hirviendo incorpora los ñoquis.
7. Deja que los ñoquis cuezan hasta que suban a la superficie (este proceso de cocción tan sólo tardará unos minutos).
8. En una sartén puesta al fuego funde un poco de mantequilla con la crema de trufa y añade a estos ingredientes un poco de nata. Mezcla muy bien los ingredientes al fuego hasta obtener una salsa homogénea y mantén ésta al fuego con poca potencia.
9. A continuación, incorpora los ñoquis, ya escurridos del agua de cocción, a la sartén en la que estás cocinando la salsa y mezcla todo el conjunto muy bien.

10. Por último, sirve los ñoquis en una fuente y espolvorea un poco de queso rallado por encima.

11. ¡El plato está listo!

* * *

Palometa en escabeche

Ingredientes
Para 4 personas

1 palometa (pescado)
1 cebolla
1 zanahoria
1 cabeza de ajo
2 dl de vino blanco
2 dl de vinagre de manzana

1 dl de agua
granos de pimienta
aceite de oliva
harina
sal

Elaboración

1. Pela y corta en trozos la cebolla.

2. Corta por la mitad una cabeza de ajo.

3. Pela y corta en trozos la zanahoria.

4. Fríe en una sartén con aceite la cabeza de ajo partida por la mitad, la cebolla y la zanahoria cortadas. Rehógalo.

5. Incorpora a la sartén el vino blanco, el vinagre de manzana, la pimienta y la sal.

6. Deja que hiervan durante 5 minutos y después de este tiempo tendrás preparado el escabeche.

7. Mientras transcurren los 5 minutos, limpia la palometa y córtala en dados (si te es más fácil pide que te la limpien y corten en la pescadería).

8. Sazona la palometa, enharínala y fríela ligeramente en una sartén con aceite.

9. A continuación, escurre la palometa del aceite que le pueda sobrar, dejándola reposar sobre un plato con papel absorbente, y añádela al escabeche hirviendo.

10. Una vez incorporada la palometa, apaga el fuego del escabeche y deja enfriar el plato.

11. Sirve la palometa en escabeche en una fuente y no la lleves a la mesa hasta que esté templada o fría, nunca caliente.

* * *

Parrillada de verduras al queso azul

Ingredientes
Para 4 personas

1 calabacín
1 berenjena
150 g de espárragos trigueros
150 g de cebolletas
aceite de oliva

50 g de queso azul
150 ml de nata líquida
pimienta
sal

Elaboración

1. Limpia los espárragos y corta sus tallos. Saltea las yemas de los espárragos a la plancha en una sartén puesta al fuego con un poco de aceite.

2. Lava la berenjena y el calabacín y córtalos en bastones cuadrados.

3. Limpia las cebolletas y pártelas por la mitad.

4. En otra sartén puesta al fuego, haz a la plancha todas las verduras hasta que estén «al dente» y salpiméntalas.

5. En un cazo puesto al fuego, incorpora la nata líquida y el queso y deja que la salsa espese ligeramente.

6. Por último, sirve las verduras en una fuente acompañadas de la salsa de queso.

7. ¡Disfruta el plato!

Pasta con ajo y guindilla

Ingredientes
Para 4 personas

400 g de pasta fresca
2 dientes de ajo
1 guindilla
200 g de jamón de york

perejil picado
400 g de salsa de tomate frito
aceite de oliva
sal

Elaboración

1. Pon a cocer en una olla la pasta en abundante agua hirviendo con sal.

2. Cuando la pasta se haya cocido, escúrrela.

3. Pela y pica el ajo.

4. En una sartén con un poco de aceite rehoga el ajo picado y la guindilla entera.

5. Corta el jamón de york en tiras e incorpóralo a la sartén en la que estás rehogando el ajo y la guindilla.

6. A continuación retira la guindilla.

7. Añade a los ingredientes de la sartén un poco de salsa de tomate frito y la pasta y saltea de nuevo todo el conjunto.

8. Sirve la pasta en una fuente y espolvoréala con ajo por encima.

9. ¡Disfruta el plato!

Pastel de nata y crema

Ingredientes
Para 4 personas

6 hojas de pasta bric
250 g de leche
4 yemas
125 g de azúcar
2 cucharadas de harina

vainilla
ralladura de naranja
250 g de nata montada
azúcar molido

Elaboración

1. Hierve en un bol la leche con la vainilla y la ralladura de naranja en el microondas 5 minutos al 100 % de su potencia.

2. En otro bol trabaja (mezcla) con las varillas las yemas y el azúcar.

3. Incorpora la harina tamizada (esto significa, pasada por un colador) al bol con las yemas.

4. Añade la leche hirviendo a la mezcla de yemas, azúcar y harina.

5. Vuelve a meter en el microondas la mezcla anterior, removiéndola cada minuto, hasta que espese la crema pastelera (unos 4 o 5 minutos en total).

6. Dispón cada hoja de pasta bric en un plato y mete cada plato en el microondas al 100 % de su potencia durante 1 minuto.

7. Una vez hecho lo anterior, retira y reserva la pasta bric.

8. Para preparar el pastel, alterna la crema pastelera y la nata montada con las hojas de pasta bric y, al final del conjunto, espolvorea la superficie con azúcar molido.

9. ¡Disfruta el pastel!

Pastel de patatas, beicon y queso parmesano

Ingredientes
Para 4 personas

30 lonchas de beicon
3 patatas variedad mona lisa

mantequilla
40 g de queso parmesano

Elaboración

1. Unta con mantequilla un molde rectangular apto para horno.

2. Pela las patatas y córtalas en láminas.

3. A continuación, dispón las lonchas de beicon estiradas a lo ancho dejando que sobresalgan por los bordes del molde.

4. Encima de las lonchas de beicon monta 6 capas de la siguiente manera: patata cortada en láminas, parmesano rallado, beicon y un poco de mantequilla.

5. Finalmente, cierra el pastel con las puntas de las lonchas de beicon que sobresalen del molde.

6. Una vez montado el pastel, cúbrelo con papel de aluminio y hornéalo 45 minutos a 200 °C.

7. Transcurrido el tiempo indicado, saca el pastel del molde y sírvelo en una fuente.

Pastel de pescado

Ingredientes
Para 4 personas

400 g de cabracho
2 rebanadas de pan de molde
½ l de leche
8 espárragos blancos de
    conserva
4 huevos
mayonesa

ketchup
vermú rojo
tabasco
menta fresca
aceite de oliva
sal
pimienta blanca

Elaboración

1. Tritura unos filetes de cabracho sin espinas e incorpora el resultado en un cazo.

2. Agrega al cazo la leche, la miga de pan y cuatro huevos y pásalo todo por la batidora. Sazona la mezcla resultante con sal y pimienta blanca y vuelve a mezclarlo todo muy bien.

3. Llena con esta mezcla la mitad de un molde antiadherente.

4. Coloca en el centro del molde unos espárragos en conserva y cúbrelos con el resto de la mezcla.

5. Cocina el molde al baño María en el horno 40 minutos a 170 °C, con cuidado de que no hierva.

6. Una vez transcurrido el tiempo indicado, desmolda el pastel en un plato y déjalo enfriar.

7. Por otro lado, prepara una salsa rosa mezclando la mayonesa, el ketchup, el vermú rojo y una pizca de tabasco, removiendo muy bien todos los ingredientes.

8. Sirve las cuatro raciones colocando cada una de ellas en un plato con un poco de salsa rosa en el centro y una porción del pastel a un lado. Decora asimismo el plato con unas gotas de ketchup, mayonesa y unas hojas de menta.

Pastel de pisto y atún

Ingredientes
Para 4 personas

1 lata de atún en aceite
3 cucharadas o un vaso de salsa
   de tomate frito
2 pimientos verdes

2 pimientos rojos
1 cebolla
1 bote de mayonesa
pan de molde

Elaboración

1. Lava y corta en trozos el pimiento verde y el pimiento rojo.

2. Pela la cebolla y córtala en trozos.

3. En una sartén con aceite, echa las verduras troceadas y rehógalas, sazonándolas en el proceso.

4. Añade a la sartén la salsa de tomate frito y vuelve a remover al fuego todos los ingredientes. Una vez hayas rehogado todo el conjunto, retíralo del fuego y resérvalo.

5. Por otro lado unta las rebanadas de pan de molde, de forma alterna, con un poco de mayonesa y con el pisto de verduras elaborado, de forma que cada rebanada lleve varias capas de mayonesa y pisto.

6. Coloca las rebanadas ya montadas en una fuente y sirve el plato.

Pastel de salmón ahumado y queso

Ingredientes
Para 4 personas

400 g de salmón ahumado
300 g de queso fresco
1 tomate pelado
1 pepino
albahaca fresca

1 bote de mayonesa
50 g de pepinillos en vinagre
aceite de oliva
sal

Elaboración

1. Lava el tomate y el pepino y córtalos en rodajas finas.

2. Forra un recipiente con una primera capa de salmón ahumado y continúa con otra de tomate, otra de pepino y otra con las hojas de albahaca fresca y el queso fresco. Continúa montando, de forma alterna, diferentes capas con estos ingredientes hasta que ya no queden más ingredientes por emplear.

3. Por otro lado, pica los pepinillos en vinagre.

4. En un bol aparte, guarnece la mayonesa con los pepinillos en vinagre picados.

5. Sirve el pastel de salmón y queso en una fuente y acompáñalo con la mayonesa de pepinillos.

6. ¡El plato ya está listo!

Patatas asadas con crema agria

Ingredientes
Para 4 personas

4 patatas grandes
100 g de crema agria
50 g de queso Gouda
1 zanahoria pequeña

cebollino fresco
aceite de oliva
sal

Elaboración

1. Envuelve las patatas con papel de aluminio y colócalas en una bandeja de horno.

2. Asa las patatas en el horno durante 1 hora y 30 minutos a 180 °C.

3. Mientras se asan las patatas, pela y corta las zanahorias en dados.

4. Corta el queso Gouda en dados.

5. Una vez asadas las patatas, quítales el papel de aluminio. Córtalas por la mitad y sazónalas.

6. Cubre a continuación las mitades de patata con el queso, la zanahoria y el cebollino picado. Añádeles un chorrito de aceite de oliva y una cucharada de crema agria.

7. Sirve las patatas en una fuente y ¡disfrútalas!

Patatas con alcachofas

Ingredientes
Para 4 personas

¾ kg de patatas
¾ kg de alcachofas
pulpa de pimiento choricero
1 dl de vino oloroso
2 ajos

1 cebolleta
medio pimiento verde
perejil
aceite de oliva
sal

Elaboración

1. Pela y pica la cebolleta y los ajos muy finos.

2. Limpia y pica el pimiento verde muy fino.

3. Pela las patatas y trocéalas.

4. Rehoga los ajos, la cebolleta y el pimiento verde en una sartén puesta al fuego con aceite.

5. Incorpora a la sartén la pulpa de pimiento choricero y las patatas troceadas. Sofríe todo el conjunto.

6. Moja el contenido de la sartén con el vino y deja que se evapore el alcohol.

7. Cubre a continuación los ingredientes con agua y dejalos hervir durante 25 minutos.

8. Por otro lado, confita (cocina a fuego muy suave) en un cazo con aceite las alcachofas.

9. Incorpora las alcachofas al guiso al final de la cocción del caldo y deja que el conjunto hierva durante 2 minutos más.

10. Sirve el plato en una fuente y acompáñalo con el perejil picado.

Patatas con congrio

Ingredientes
Para 4 personas

300 g de congrio abierto
4 patatas
1 puerro
1 pimiento verde
pulpa de pimiento choricero

harina
1 dl de vino blanco
1 l de caldo de pescado
aceite de oliva
sal

Elaboración

1. Limpia y corta el pimiento verde y el puerro en tiras y luego en dados.

2. Incorpora aceite en una cazuela y rehoga el pimiento y el puerro.

3. Sazona ambos ingredientes y añade a continuación la pulpa de pimiento choricero y una cucharadita de harina.

4. Trocea las patatas peladas y lavadas e incorpóralas a la cazuela. Rehógalas.

5. Moja el contenido de la cazuela con el vino blanco y deja que éste se evapore.

6. Cubre el conjunto con caldo de pescado y deja que hierva durante 20 minutos.

7. Saca la ventresca del congrio y quítale la piel (si te es más fácil pide que te lo limpien en la pescadería).

8. Corta la ventresca en trozos, sazónalos y añádelos a las patatas.

9. Deja cocinar todo el conjunto 1 minuto más.

10. Por último, decora el plato con pulpa de pimiento choricero y sírvelo.

Patatas con costillas

Ingredientes
Para 4 personas

400 g de costillas
600 g de patatas
media cebolla
2 pimientos choriceros
4 ajos

1 dl de vino blanco seco
agua
aceite de oliva
sal
perejil

Elaboración

1. Pela las patatas y ponlas en remojo.
2. Pela y pica el ajo y la cebolla y rehoga ambos en una cazuela con aceite de oliva.
3. Añade las costillas a la cazuela, rehógalas y sazónalas.
4. Moja con vino blanco los ingredientes de la cazuela y deja que se evapore el alcohol.
5. Agrega la pulpa de pimiento choricero y riega el conjunto con el agua donde las patatas han estado en remojo.
6. Sube el fuego al máximo y cocina hasta que hierva el guiso.
7. Cuando rompa a hervir, baja el fuego.
8. Corta las patatas e incorpóralas al guiso.
9. Salpimenta el guiso y déjalo cocer durante 25 minutos, removiéndolo de vez en cuando.
10. Por último pica el perejil y añádelo al guiso.
11. ¡El plato está listo!

Patatas con mejillones

Ingredientes
Para 4 personas

½ kg de mejillones frescos
½ kg de patatas cocidas
cebolleta fresca
cebollino

vino de Ribeiro
aceite de oliva
sal gorda
hojas de menta

Elaboración

1. Abre los mejillones frescos y separa la carne de la concha, guardando el agua que suelten.

2. Reduce el vino blanco en un cazo puesto al fuego y agrega el caldo de los mejillones y un poco de aceite de oliva.

3. Coloca una cama de rodajas de patatas cocidas, encima los mejillones y, sobre éstos, espolvorea cebollino y cebolleta picados y sal gorda.

4. Salsea por último el plato con la reducción de vino elaborada y decora el conjunto con hojas de menta.

Patatas con mollejas

Ingredientes
Para 4 personas

¾ kg de patatas
1 pimiento verde
2 ajos
300 g de mollejas de cordero

1 l de caldo de carne
perejil seco
aceite de oliva
sal

Elaboración

1. Pela y pica el ajo.
2. Pela las patatas y resérvalas.
3. En una cazuela con un poco de aceite rehoga el ajo picado.
4. Despepita y trocea el pimiento verde y añádelo a la cazuela.
5. Sazona las mollejas de cordero limpias y agrégalas a la cazuela.
6. Fríe todos los ingredientes hasta que se doren.
7. Cubre el conjunto con el caldo de carne y deja que hierva.
8. Cuando rompa a hervir, incorpora las patatas troceadas.
9. Deja hervir 20 minutos el guiso. En ese tiempo, menea la cazuela de vez en cuando para que ligue el caldo.
10. Por último, espolvorea el guiso con perejil seco picado y sírvelo directamente en la cazuela.

Patatas con pulpo

Ingredientes
Para 4 personas

700 g de patatas	1 guindilla
1 pimiento verde	caldo suave de jamón
2 chalotas (una especie de ajo)	perejil
1 pulpo	aceite de oliva
1 tomate maduro	sal

Elaboración

1. Pon a hervir agua con sal en una olla.

2. Sumerge el pulpo durante 15 segundos, sácalo y vuelve a sumergirlo 15 segundos más.

3. La operación de remojo anterior es para que la piel quede pegada a la carne, se conoce como «asustar al pulpo».

4. Termina de sumergir y cocer el pulpo durante 1 hora y 15 minutos. Cuando haya transcurrido este tiempo, seca el pulpo con un paño de cocina y trocéalo.

5. Por otro lado, pela y trocea las patatas.

6. Pela y pica las chalotas.

7. Limpia y pica también el pimiento verde.

8. Asimismo lava y ralla el tomate.

9. En una cazuela rehoga la chalota picada y el pimiento verde picado con un poco de aceite de oliva.

10. Agrega también el tomate rallado, un trozo de guindilla y las patatas.

11. Rehoga todo los ingredientes y, a los pocos minutos, incorpora el pulpo troceado.

12. Remueve bien el guiso y mójalo con el caldo de jamón. A continuación, deja que el conjunto se cueza durante 20 minutos.

13. Por último, sirve el guiso con un poco de perejil picado y disfrútalo.

Patatas con setas

Ingredientes
Para 4 personas

700 g de patatas
400 g de setas
1 cebolleta
vino blanco
aceite de oliva

1 huevo duro
perejil picado
1 pimiento verde
150 g de chistorra
sal

Elaboración

1. Pon las setas en un bol con agua para que suelten la tierra y una vez estén limpias, escúrrelas.
2. Pela y pica la cebolleta.
3. Lava y pica el pimiento verde.
4. Pela las patatas, lávalas y trocéalas.
5. Pela, pica el huevo duro y resérvalo para la presentación del plato.
6. Rehoga la cebolleta y el pimiento picados en una cazuela con un poco de aceite de oliva. Sazónalos.
7. Por otro lado, corta la chistorra en trozos e incorpóralos al sofrito.
8. Elimina ligeramente el tallo de las setas, trocéalas y añádelas al resto de ingredientes.
9. Rehoga todo el conjunto en la sartén.
10. Incorpora al guiso las patatas y sube el fuego.
11. Moja el conjunto con el vino blanco y deja que se evapore el alcohol.
12. Cuando se haya evaporado, cubre el guiso con agua, tápalo con una tapadera y deja que cueza a fuego suave durante 20 minutos. En este tiempo, rectifica de sal si fuera necesario.
13. Termina el guiso con el huevo duro picado por encima y con un poco de perejil picado.
14. ¡El plato está listo!

Patatas rellenas dos salsas

Ingredientes
Para 4 personas

12 patatas no muy grandes
50 g de aceitunas verdes
    deshuesadas
4 pepinillos
1 huevo duro
1 cebolleta

medio pimiento rojo
medio pimiento verde
aceite de oliva
vinagre
mayonesa
sal

Elaboración

1. Cuece las patatas peladas en una olla con agua hirviendo y sal. Una vez cocidas, escúrrelas y deja que se enfríen.

2. Cuando se hayan enfriado, córtalas por la mitad y vacía un poco de pulpa de cada una de las mitades.

3. Pela y pica la cebolla.

4. Lava los pimientos rojo y verde y pícalos.

5. Incorpora la cebolla y los pimientos picados a un bol.

6. Parte las aceitunas en trozos muy pequeños y añádelas también al bol.

7. Mezcla muy bien todos los ingredientes y con el picadillo resultante rellena las patatas.

8. Cuando hayas rellenado todas las patatas, sirve la mitad en una fuente y la otra mitad en otra fuente.

9. Por otro lado, en un bol prepara una vinagreta con aceite, vinagre y sal. En otro bol, mezcla la mayonesa con los pepinillos picados y el huevo duro troceado.

10. Por último, salsea cada bandeja de patatas con una de las dos salsas anteriores.

11. ¡Disfruta el plato!

Patatas y bacalao

Ingredientes
Para 4 personas

¾ kg de patatas peladas
300 g de bacalao desalado
3 dientes de ajo pelados
4 huevos cocidos

50 g de nueces peladas
aceite de oliva
sal

Elaboración

1. En una olla con agua hirviendo y sal, incorpora las patatas y los ajos pelados y deja cocer ambos ingredientes entre 20 y 25 minutos.

2. Cuando haya transcurrido el tiempo indicado, saca los ajos de la olla y resérvalos.

3. Añade a la olla el bacalao troceado y cocínalo a fuego muy suave.

4. Por otro lado, en un mortero maja los ajos y añade aceite de oliva, sin dejar de remover poco a poco hasta que ambos ingredientes se vayan ligando.

5. Saca las patatas ya cocidas de la olla, aplástalas con la ayuda de un tenedor en un plato e incorpóralas al mortero.

6. Cuando incorpores las patatas al mortero, vierte más aceite si fuera necesario y mézclalo todo muy bien.

7. Termina incorporando la mezcla del mortero a la olla junto con el bacalao ligeramente deshecho.

8. Cuando el bacalao se haya cocinado, sirve el guiso en una fuente y acompáñalo con las nueces y el huevo cocido cortado en láminas.

9. Termina el plato echando un chorro de aceite crudo por encima.

Patatas y setas al horno

Ingredientes
Para 4 personas

1 kg de patatas
½ kg de níscalos y hongos
4 dientes de ajo
200 g de tocino
4 huevos

tomillo
romero
aceite de oliva
sal

Elaboración

1. Pela las patatas, lávalas y córtalas en dados gruesos.

2. En una sartén con aceite, saltea las patatas junto con los ajos sin pelar (con la piel y machacados) hasta que ambos ingredientes cojan un color dorado.

3. A continuación sácalos de la sartén y colócalos en una bandeja de horno.

4. Por otro lado, limpia las setas, córtalas y saltéalas en la misma sartén de las patatas junto con unos dados de tocino.

5. Cuando las setas y el tocino se hayan cocinado, sírvelos en la bandeja de horno y mézclalos con las patatas.

6. Añade al conjunto unas hojas de tomillo y romero y mete la bandeja al horno a 170 °C. No la retires hasta que las patatas y las setas estén en su punto.

7. Cuando saques la bandeja del horno, sazona el plato con sal gorda y sirve las cuatro raciones de patatas y setas, acompañadas con un huevo frito cada una de ellas.

Patatitas con salmón y salsa holandesa

Ingredientes
Para 4 personas

250 g de salmón ahumado
12 patatitas pequeñas
3 yemas de huevo
250 g mantequilla
huevas de salmón

1 vasito de agua fría
el zumo de medio limón
sal
pimienta

Elaboración

1. Cuece las patatitas con su piel en una cacerola con agua hirviendo y sal. Una vez cocidas, escúrrelas y resérvalas.

2. Corta el salmón ahumado en tiras.

3. Derrite la mantequilla en el microondas 1 minuto al 100 % de potencia.

4. Prepara la salsa holandesa echando en un cazo el agua y las yemas de huevo.

5. Pon el cazo al «baño María» (introducirlo en un recipiente lleno de agua al fuego) y remueve su contenido hasta obtener una crema espesa y espumosa. Una vez obtenida, agrega la mantequilla derretida sin dejar de remover.

6. Ya fuera del fuego, incorpora a los ingredientes del cazo el zumo de medio limón y salpiméntalo todo.

7. Corta las patatitas por la mitad y coloca las tiras de salmón entre las dos mitades de cada patatita; ha de quedar la forma de un bocadillo de patata y salmón.

8. Coloca las patatitas rellenas de salmón en una fuente de horno y cúbrelas con la salsa holandesa.

9. Mete la bandeja en el horno para gratinar el plato.

10. Una vez gratinadas las patatitas, sírvelas en una fuente y decóralas con unas huevas de salmón por encima.

11. Sirve el plato rápido, ya que ha de tomarse caliente.

Paté de berberechos

Ingredientes
Para 4 personas

1 lata de berberechos
3 cucharadas de mayonesa
1 tarrina de crema de queso
1 yogur natural

pimentón
palitos de pan
sal

Elaboración

1. Escurre los berberechos del líquido de la conserva.

2. Echa los berberechos en un bol y añade la crema de queso, el yogur y la mayonesa.

3. Bate los ingredientes del bol hasta obtener una crema. Cuando la tengas, sazónala. Por último, echa una pizca de pimentón al conjunto y vuelve a mezclarlo todo muy bien.

4. Tapa el bol y mételo en la nevera para que repose unas 2 horas.

5. Transcurrido el tiempo indicado, sírvelo con unos palitos de pan tostados y ¡disfrútalo!

Pechuga de ave rellena

Ingredientes
Para 4 personas

8 filetes de pechuga de pollo
   muy finos
8 lonchas de jamón serrano
8 lonchas de queso Emmenthal
8 lonchas de beicon

harina
mantequilla
2 dl de caldo de ave
aceite de oliva
sal

Elaboración

1. Coloca los filetes de pollo extendidos, sazónalos y pon en el centro de cada uno de ellos una loncha de jamón serrano.

2. Envuelve sobre sí mismos los filetes, y a su vez, envuélvelos en las lonchas de queso y beicon. Ciérralos con un palillo.

3. Una vez montados los rollos, dóralos en una sartén con aceite a fuego medio.

4. Por otro lado, en un cazo puesto al fuego, incorpora la mantequilla y rehoga la harina.

5. Añade a la mezcla anterior el caldo de ave, poco a poco, y cocina todos los ingredientes hasta formar una crema suave y ligera.

6. Para finalizar el plato, sirve las pechugas de pollo rellenas en una fuente y salséalas con la crema preparada.

Pechuga de pato a la sal

Ingredientes
Para 4 personas

2 magrets de pato envasados y
  limpios
50 g de beicon
1 dl de vino oloroso

2 dl de caldo de jamón
aceite de oliva virgen extra
pimienta negra
sal

Elaboración

1. Realiza unas incisiones superficiales en el lado de la piel del magret.

2. A continuación, pon a calentar una sartén y cocina los magrets por la parte de la piel a fuego fuerte.

3. Una vez cocinados los magrets, retíralos del fuego, colócalos en una bandeja de horno y cúbrelos con sal.

4. Introduce la bandeja en el horno y hornea el plato 15 minutos a 180 °C.

5. Por otro lado, trocea el beicon y rehógalo en una sartén puesta al fuego con aceite.

6. Una vez frito el beicon, elimina su grasa (retírala de la sartén con la ayuda de una espumadera), añade el vino y mantén los ingredientes al fuego hasta que se evapore el alcohol.

7. Moja los ingredientes anteriores con el caldo de jamón y deja que espese la salsa.

8. Saca los magrets del horno una vez transcurridos los 15 minutos indicados, retira la capa de sal y córtalos en filetes.

9. Sirve los filetes de pato en una fuente y salséalos con la salsa preparada.

Peras al vino con chocolate

Ingredientes
Para 4 personas

4 peras
150 g de cobertura de chocolate
300 g de azúcar
1 rama de canela

½ l de vino tinto
75 g de mantequilla
100 g de nata montada

Elaboración

1. Pela las peras dejándoles el rabito.
2. En un cazo puesto al fuego, cuece las peras con el vino, la canela y el azúcar.
3. Una vez cocidas, escúrrelas y deja que se enfríen.
4. Vuelve a poner el líquido resultante de la cocción en el cazo al fuego hasta que se reduzca.
5. En otro cazo funde la cobertura de chocolate junto con la mantequilla.
6. Por último, baña las peras en el chocolate y sírvelas en una fuente acompañadas con nata montada.
7. ¡Disfruta el plato!

Peras con crema de canela

Ingredientes
Para 4 personas

4 peras variedad conferencia
250 ml de vino tinto
250 ml de agua
110 g de azúcar

1 rama de canela
300 ml de nata montada
1 cucharada de azúcar
1 cucharada de canela molida

Elaboración

1. Pela las peras y córtales la base para poder apoyarlas en una superficie plana.

2. Mezcla en un bol el agua, el vino, el azúcar y la rama de canela.

3. Cuece la mezcla anterior, sin taparla, en el microondas 3 minutos al 100 % de su potencia.

4. A continuación, incorpora las peras al bol en el que has preparado el almíbar y cuécelas durante 5 minutos en el microondas al 100 % de su potencia.

5. Transcurridos los 5 minutos, dale la vuelta a las peras en el bol y vuélvelas a introducir en el microondas durante 5 minutos más al 100 % de su potencia.

6. Por último, deja que las peras se enfríen y una vez frías, sírvelas en una fuente acompañadas de la nata montada y una cucharada de azúcar y de canela molida.

Pescadilla a la romana

Ingredientes
Para 4 personas

600 g de pescadilla limpia
harina
huevo
¼ kg de judías verdes

8 patatas pequeñas
2 ajos
aceite de oliva
sal

Elaboración

1. Pela las patatas y pártelas por la mitad.
2. Lava y limpia las judías verdes y trocéalas.
3. Incorpora las patatas en un cazo con agua hirviendo puesto al fuego y, un poco más tarde, las judías.
4. Deja cocer durante 20 minutos las patatas y las judías.
5. Por otro lado, parte la pescadilla en dos lomos y córtale la cabeza, que te valdrá para hacer un caldo.
6. A continuación, trocea la pescadilla (si te es más fácil pide en la pescadería que te corten la pescadilla de la forma indicada).
7. Por otro lado, calienta aceite en dos sartenes puestas al fuego.
8. Pela y corta en láminas un poco de ajo y rehógalo en una de las sartenes.
9. Incorpora en la sartén en la que se rehogan los ajos, las patatas y las judías cocidas. Sazona y saltea los ingredientes.
10. Reboza la pescadilla ya preparada por harina y huevo batido y fríela en la otra sartén puesta al fuego.
11. Una vez frita la pescadilla, quita el exceso de grasa, dejándola reposar en un plato con papel absorbente.
12. Por último, sirve en una fuente la pescadilla con la guarnición de verduras y termina regando el plato con un hilo de aceite de oliva crudo.

Pescado en escabeche

Ingredientes
Para 4 personas

1 rodaja grande de bonito,
    salmón o ½ kg de sardinas
¼ l de aceite de oliva
125 ml de vinagre de vino
125 ml de caldo de pescado
100 ml de vino blanco
1 cucharada de pimienta en
    grano

1 zanahoria en juliana (tiras finas)
1 cebolla en juliana (tiras finas)
5 dientes de ajo
tomillo
laurel
1 guindilla (opcional)
perejil
sal

Elaboración

1. Pela los ajos.

2. Incorpora en un bol la zanahoria, la cebolla y los ajos con aceite de oliva y cuécelos durante 5 minutos en el microondas al 100 % de su potencia.

3. Una vez transcurridos los 5 minutos, añade el vino blanco, el caldo de pescado, el vinagre, la pimienta, el perejil, el tomillo, el laurel y la sal.

4. Introduce de nuevo el bol en el microondas y cuece los ingredientes durante 10 minutos al 100 % de potencia.

5. Pasados los 10 minutos, saca el bol y añádele el pescado que hayas elegido limpio y troceado.

6. Deja cocer 10 minutos más el plato en el microondas al 100 % de potencia y ¡listo!

7. Este plato se puede servir templado o incluso frío.

8. ¡Disfrútalo!

Pescado en papillote

Ingredientes
Para 4 personas

2 lubinas o 2 doradas
verduras al gusto
pimienta
aceite de oliva

el zumo de 1 limón
1 dl de vino blanco
hierbas aromáticas al gusto
sal

Elaboración

1. En una hoja de papel sulfurizado, coloca el pescado bien limpio, sal-piméntalo y riégalo con un chorrito de aceite de oliva, el zumo de un limón y el vino blanco.

2. Acompaña al pescado con verduras variadas al gusto, una vez las hayas lavado, limpiado y cortado en juliana (tiras finas), y con hierbas aromáticas.

3. Por último, cierra bien el conjunto de ingredientes con el papel sulfurizado haciendo un paquetito e introdúcelo en el horno a 180 ºC durante 15 o 20 minutos (el tiempo es estimado, pues deberás ir comprobando el punto de cocción de los ingredientes hasta que el pescado y las verduras estén listos).

4. Sirve el plato directamente en el paquetito y ¡a comer!

Picadillo al vino Marsala

Ingredientes
Para 4 personas

500 g de tapa de ternera blanca
1 vaso de caldo de pollo
1 vaso de vino de Marsala
perejil

aceite de oliva
pimienta negra
50 g de mantequilla
sal

Elaboración

1. Pica la tapa de ternera blanca hasta obtener un picadillo y, a continuación, salpiméntalo.

2. Lava y pica el perejil.

3. Reboza el picadillo en harina.

4. Pon una sartén al fuego con aceite y mantequilla, incorpora el picadillo y mantenlo al fuego hasta que se dore.

5. Una vez dorado, retira el picadillo del fuego y riega el jugo soltado por la carne en la sartén con vino de Marsala.

6. Añade al jugo un poco de caldo de pollo y una cucharada de mantequilla.

7. Deja reducir de nuevo todo el conjunto y con la salsa que obtengas salsea el picadillo.

8. Para terminar la presentación del plato sírvelo todo en una fuente y salsea. Espolvorea por encima perejil picado.

9. ¡Disfruta el plato!

Picantones asados con patatas a lo pobre

Ingredientes
Para 4 personas

4 picantones (pollos pequeños)
¾ kg de patatas
30 dl de cerveza
30 dl de caldo de ave
4 ajos

perejil fresco
sal
vinagre
aceite de oliva

Elaboración

1. Pela y corta las patatas en rodajas no muy gruesas y sazónalas.

2. Pon al fuego una sartén con aceite y fríe las patatas.

3. Una vez fritas las patatas, retíralas del fuego y deja que escurran el exceso de aceite colocándolas en un plato cubierto con papel de cocina absorbente.

4. A continuación, colócalas en una bandeja de horno.

5. Lava el perejil fresco y pela el ajo. En un mortero, maja el perejil y el ajo con aceite de oliva y vinagre.

6. Baña las patatas con la mezcla elaborada en el mortero.

7. Por otro lado, deshuesa los picantones y, a continuación, ciérralos utilizando unos palillos para que no pierdan la forma.

8. Coloca los picantones en otra bandeja de horno, sazónalos y riégalos con aceite de oliva.

9. Moja los picantones con el caldo de ave y con la cerveza.

10. Mete las dos bandejas en el horno (la patatas y los picantones) durante 50 minutos y a temperatura de 160 °C para que todo el conjunto se ase.

11. Cuela la salsa resultante de los ingredientes majados con el mortero y ponla al fuego hasta que espese.

12. Sirve en una fuente los picantones con las patatas y salsea todo el conjunto.

Pimientos rellenos de gambas y bacalao

Ingredientes
Para 4 personas

1 lata de pimientos del piquillo
250 cl de bechamel de brick
50 g de migas de bacalao
   desaladas
unas gambas peladas
2 dl de salsa de tomate

1 cebolla
1 diente de ajo
2 dl de caldo de pescado
pimienta
sal

Elaboración

1. En un bol desmiga el bacalao desalado, añádele la bechamel y mezcla ambos ingredientes.

2. A continuación, añade las gambas, salpimenta el conjunto y vuelve a mezclarlo todo muy bien.

3. Rellena los pimientos con la mezcla anteriormente preparada y resérvalos en un recipiente.

4. Pela y pica la cebolla y el ajo e incorpora ambos en un bol junto con 2 cucharadas de aceite.

5. Introduce el bol con la cebolla y el ajo en el microondas durante 3 minutos y al 100 % de su potencia para que se rehoguen.

6. Una vez rehogados, añade a la cebolla y al ajo la salsa de tomate y el caldo de pescado y vuelve a cocinar en el microondas todo el conjunto durante 2 minutos más al 100 % de su potencia.

7. Sirve los pimientos rellenos en una fuente y cúbrelos con la salsa preparada.

8. Por último, deja cocer los pimientos con la salsa en el microondas por espacio de 8 minutos al 100 % de su potencia.

9. ¡Listos para comer!

Pincho de bacalao y mayonesa al ajo

Ingredientes
Para 4 personas

unas láminas de bacalao
    ahumado
1 barra de pan de baguette
1 bote pequeño de mayonesa

1 diente de ajo
perejil
aceite de oliva
pimentón

Elaboración

1. Corta la barra de pan de baguette en rebanadas y tuéstalas.
2. Pela y pica el diente de ajo en trozos muy pequeños.
3. Lava y pica también el perejil en trozos muy pequeños.
4. A continuación, mezcla en un bol la mayonesa, el ajo y el perejil hasta obtener una salsa de mayonesa de ajo.
5. Unta las rebanadas de pan tostado con la mayonesa al ajo.
6. Coloca encima de las rebanadas untadas con mayonesa de ajo las láminas de bacalao.
7. Por último, echa un chorrito de aceite de oliva. Espolvorea con un poco de pimentón cada rebanada y sírvelas en una fuente.
8. ¡Disfruta el plato!

Pincho de patatas con verduras

Ingredientes
Para 4 personas

2 patatas
4 aceitunas rellenas de anchoa
4 anchoas
1 tomate rojo

1 huevo duro
1 lata de bonito en aceite
1 lata de pimientos rojos asados
cebollino picado

Elaboración

1. Cuece en una olla con agua hirviendo las patatas con la piel.

2. Cuando las patatas se hayan cocido, pásalas por agua fría y déjalas enfriar.

3. Escurre el aceite de conserva del bonito y desmenúzalo con los dedos.

4. En otro cazo con agua hirviendo, cuece el huevo. Una vez esté cocido y se haya enfriado, pélalo y córtalo en cuatro rodajas.

5. Lava el tomate y córtalo también en cuatro rodajas.

6. Corta las patatas cocidas en rodajas de unos 3 cm y pon encima de cada una de ellas el bonito desmenuzado, una rodaja de tomate, una rodaja de huevo cocido, una tira de pimiento rojo asado y un poco de cebollino picado.

7. Termina el pincho sirviendo las patatas en una fuente y colocando una aceituna y una anchoa por encima de cada una.

8. ¡Los pinchos están listos!

Pincho de virutas de jamón

Ingredientes
Para 4 personas

1 baguette
150 g de jamón serrano
4 lonchas finas de jamón
   ibérico

Para la salsa (mayonesa de leche)
50 ml leche
3 cucharadas de vinagre de Jerez
300 ml de aceite de girasol
sal

Elaboración

1. Parte la baguette en rebanadas longitudinales y colócalas en una bandeja de horno para tostarlas en el horno durante 3 minutos a 180 ºC.

2. Por otro lado, pica el jamón serrano en trocitos pequeños.

3. En el vaso de la batidora, prepara la mayonesa batiendo todos los ingredientes (la leche, el vinagre y el aceite) con cuidado para que no se corte.

4. Una vez preparada la mayonesa, déjala enfriar ligeramente en la nevera.

5. Unta las rebanadas de pan de baguette tostadas con la mayonesa de leche y distribuye por encima el jamón serrano picadito.

6. Sirve los pinchos en una bandeja y ¡listo!

Pinchos de beicon con queso de cabra

Ingredientes
Para 4 personas

4 lonchas de beicon
100 g de queso de cabra en rulo
orégano picado
1 tomate

sal en escamas
1 pimiento verde
aceite de oliva
rebanadas de pan tostado

Elaboración

1. Saltea las lonchas de beicon en una sartén.

2. Lava el pimiento verde y córtalo en tiras. A continuación, rehógalo en otra sartén con aceite de oliva.

3. Lava y parte el tomate en rodajas y corta el rulo de queso de cabra en medallones.

4. En cada rebanada de pan tostado, pon una tira de pimiento verde, encima de ésta una loncha de beicon, después una rodaja de tomate y por último, un medallón de queso de cabra.

5. Gratina los pinchos en el horno 2 minutos y, una vez horneados, pon un poco de orégano por encima y añade sal en escamas.

6. Sírvelos en una fuente y ¡disfrútalos!

Pinchos de brandada de bacalao

Ingredientes
Para 4 personas

2 lomos de bacalao en aceite
200 ml de aceite de oliva virgen
    extra
perejil picado
2 dientes de ajo

1 patata cocida sin piel
1 vaso de leche
4 huevos de codorniz
4 rebanadas de pan tostado

Elaboración

1. Echa en una sartén el aceite de oliva virgen y dora los dientes de ajo, previamente pelados y laminados.

2. Añade el bacalao a la sartén y deja que se cocine a fuego medio hasta que el bacalao esté jugoso (unos 10 minutos). Transcurrido este tiempo, retira la sartén del fuego y deja que el bacalao se enfríe.

3. Cuando el bacalao esté frío, límpialo, quitándole la piel y las espinas.

4. A continuación, tritura en la batidora el bacalao con el aceite y los ajos, añadiendo, poco a poco, la leche y la patata cocida.

5. Reserva en la nevera la mezcla obtenida de haber triturado los ingredientes anteriores (la brandada de bacalao).

6. Por otro lado, fríe los huevos de codorniz en una sartén con aceite.

7. Monta los pinchos colocando en cada una de las rebanadas de pan tostado un poco de brandada de bacalao y encima, un huevo frito de codorniz.

8. Sirve los pinchos en una fuente y ¡disfrútalos!

Pinchos de patatas, pavo y guacamole

Ingredientes
Para 4 personas

16 patatas pequeñas
media pechuga de pavo
1 aguacate
1 limón
cebollino

1 lata de yemas de espárragos
1 tomate
aceite de oliva
sal

Elaboración

1. Cuece las patatas en una olla de agua hirviendo con sal.

2. Corta la pechuga de pavo en tacos pequeños y pínchalos en palos de brocheta para, a continuación, freírlos en una sartén puesta al fuego con un poco de aceite.

3. Corta el aguacate por la mitad y saca la pulpa (carne) con una cuchara.

4. Incorpora la pulpa a un bol y aplástala con un tenedor.

5. Agrega el zumo exprimido de un limón al bol y mézclalo con el aguacate.

6. Asimismo, pela el tomate, despepítalo, trocéalo e incorpóralo también al bol con el aguacate. Sazona y mezcla muy bien todos los ingredientes hasta obtener una salsa de guacamole.

7. Por otro lado, corta en trozos las patatas cocidas y pínchalas en las brochetas de pavo de forma alterna junto con las yemas de espárragos.

8. Por último, sirve una pequeña cantidad del guacamole en cada uno de los cuatro platos para acompañar a cada una de los pinchos.

Piña caramelizada

Ingredientes
Para 4 personas

1 piña natural
¼ kg de azúcar

ron
helado de nata (opcional)

Elaboración

1. Corta la piña en rodajas y quítale la corteza.

2. En una sartén puesta al fuego incorpora las rodajas de piña.

3. A continuación, echa el azúcar por la superficie de las rodajas de piña y añádeles un chorrito de ron.

4. Retira las rodajas de piña del fuego cuando veas que van quedando doradas.

5. Sirve la piña en una fuente y, si lo deseas, acompáñalas con helado de nata.

6. ¡Disfruta el plato!

Pisto con huevo

Ingredientes
Para 4 personas

1 barra de pan de baguette
medio calabacín
medio pimiento verde italiano
medio pimiento rojo

media berenjena
media patata
4 huevos de codorniz
salsa de tomate

Elaboración

1. Corta el pan de baguette en rebanadas y tuéstalas en el horno.

2. Limpia y pela las verduras (el calabacín, el pimiento verde italiano, el pimiento rojo y la berenjena) y córtalas en dados.

3. Calienta aceite en una sartén, rehoga y sazona las verduras cortadas en dados.

4. Cuando la verdura esté blandita incorpora la salsa de tomate.

5. En otra sartén con aceite, fríe las patatas previamente peladas y cortadas en dados. Una vez se hayan frito, agrégalas al pisto que se está cocinando en la otra sartén.

6. En la misma sartén de las patatas, fríe los huevos de codorniz y sálalos.

7. Por último, coloca las rebanadas de pan tostado en una fuente y sobre cada una de ellas sirve un poco de pisto coronado con un huevo de codorniz.

8. ¡A comer!

Pisto de berenjenas

Ingredientes
Para 4 personas

1 berenjena grande
2 cebollas
2 pimientos verdes
2 rebanadas de pan de molde
salsa de tomate

4 huevos
aceite de oliva virgen
leche
harina
sal

Elaboración

1. Pela las cebollas y córtalas en dados.
2. Lava las berenjenas y los pimientos y córtalos en dados.
3. En una sartén con aceite rehoga la cebolla y el pimiento.
4. A continuación, incorpora la salsa de tomate al sofrito y deja cocer todo el conjunto unos minutos más.
5. Por otro lado, remoja las berenjenas en un bol con leche para que pierdan parte de su amargor.
6. Una vez empapadas en leche, escúrrelas y pásalas por harina para, a continuación, freírlas en una sartén con aceite.
7. Incorpora la berenjena frita al resto de verduras del sofrito y cocina todo el conjunto 3 minutos más.
8. Fríe los huevos en otra sartén con aceite y sazónalos.
9. Por último, tuesta las rebanadas de pan de molde y córtalas en tiras de 2 cm.
10. Sirve el pisto en los cuatro platos acompañando cada uno de ellos de pan tostado y un huevo frito por encima.

Pisto manchego con bacalao

Ingredientes
Para 4 personas

200 g de migas de bacalao
    desalado
2 calabacines
2 cebollas
1 berenjena
1 pimiento verde

2 dientes de ajo
3 tomates
aceite de oliva
azúcar
sal

Elaboración

1. Limpia las verduras y córtalas en dados pequeños.

2. Pela los tomates y trocéalos.

3. En una sartén con aceite, rehoga la cebolla y el ajo pelado y picado.

4. Incorpora, a continuación, los dados de calabacín y de berenjena.

5. Añade el tomate y deja cocer lentamente el conjunto durante unos 20 minutos. Sazona el plato echándole sal y azúcar.

6. En el último momento, incorpora las migas de bacalao.

7. Cocina el plato al fuego 2 minutos más y ¡listo!

Pizza

Ingredientes
Para 4 personas

½ kg de harina de panadería
1 sobre de levadura en polvo
10 g de sal
3 dl de agua
200 g de salsa de tomate frito
100 g de mozzarella

100 g de jamón de york
aceitunas deshuesadas
orégano
½ dl de aceite de oliva
sal

Elaboración

1. En un bol, incorpora y mezcla la harina, la sal, la levadura, el agua y el aceite de oliva hasta conseguir una masa.

2. Saca la masa del bol y trabájala sobre una superficie lisa hasta que quede homogénea.

3. Tapa la masa con un paño y deja que repose durante 30 minutos.

4. Estírala con la ayuda de un rodillo (si no tienes rodillo puede servirte una botella) y colócala sobre una placa de horno previamente engrasada con aceite, dándole la forma de pizza.

5. Cubre la masa con la salsa de tomate frito, la mozzarella cortada en láminas, el jamón de york cortado en tiras y las aceitunas.

6. Introduce la bandeja en el horno y hornea la pizza durante 10 minutos a 200 °C.

7. Pasado el tiempo indicado, saca la pizza del horno y espolvorea por encima el orégano.

8. ¡Disfruta el plato!

Pizza a los cuatro quesos

Ingredientes
Para 4 personas

600 g de harina de pan
1 sobre de levadura en polvo
3 dl de agua
½ dl de aceite
pimienta blanca
75 g de mozzarella
75 g de queso de cabra

75 g de queso Brie
75 g de queso Emmenthal
200 g de tomate triturado
orégano fresco
aceite de oliva virgen extra
sal

Elaboración

1. En un bol, incorpora y mezcla la harina, la sal, la levadura liofiliza-da, el agua y el aceite de oliva hasta conseguir una masa.

2. Saca la masa del bol y trabájala sobre una superficie lisa hasta que quede homogénea.

3. Tapa la masa con un paño y deja que repose durante 30 minutos.

4. Estira la masa con la ayuda de un rodillo (si no tienes rodillo puede servirte una botella) y colócala sobre una placa de horno previamen-te engrasada con aceite, dándole forma rectangular.

5. Cubre la masa con la salsa de tomate (tomate triturado).

6. Corta los distintos quesos en láminas finas y colócalas encima del tomate.

7. Introduce la placa en el horno y hornea la pizza durante 5 minutos a 250 °C.

8. Transcurrido este tiempo, saca la pizza del horno y espolvorea por encima un poco de orégano; asimismo riégala con una gota de acei-te de oliva virgen extra.

9. Sirve la pizza en una fuente rectangular y ¡disfrútala!

Polenta a la parrilla con espárragos trigueros y jamón ibérico

Ingredientes
Para 4 personas

175 g de harina de polenta
jamón ibérico
espárragos trigueros
agua
75 g de mantequilla

100 g de queso parmesano
  rallado
sal
pimienta
aceite de oliva

Elaboración

1. Pon a hervir agua en un cazo al fuego y añádele una cucharadita de sal.

2. Una vez que el agua esté hirviendo, baja la potencia del fuego.

3. Añade al agua que hierve a fuego lento, de forma gradual, la harina de polenta sin dejar de remover.

4. Cocina la mezcla anterior al fuego durante 45 minutos.

5. Cuando veas que la polenta se separa de los lados del cazo (que está suelta), es que ya está lista. Retírala del fuego.

6. Añade entonces a la polenta la mantequilla y el queso parmesano rallado y salpimenta todo el conjunto.

7. Estira la masa obtenida en una placa de horno y déjala enfriar.

8. Por otro lado, en una sartén al fuego, haz los espárragos a la plancha con un poco de aceite y sal.

9. Una vez que la polenta se haya enfriado, córtala en porciones y sírvela en una fuente con los espárragos a la plancha y el jamón ibérico.

Pollo Satay

Ingredientes

Para 4 personas

½ kg de pechugas de pollo fileteadas
60 ml de caldo de ave
130 g de mantequilla de cacahuete

2 cucharadas de miel
2 cucharadas de salsa de soja
1 cucharada de curry
1 cucharada de zumo de limón
250 ml de leche de coco

Elaboración

1. Mezcla en un recipiente la mantequilla de cacahuete con el caldo, la salsa de soja y el zumo de limón.

2. Añade las pechugas de pollo fileteadas al recipiente y deja los filetes marinando toda la noche en la nevera.

3. Una vez marinados los filetes, córtalos en trozos y pínchalos en palos de brocheta.

4. Reserva la marinada empleada y añádele la leche de coco.

5. Cuece la mezcla anterior introduciendo el recipiente en el microondas durante 5 minutos al 100 % de su potencia. Cuando hayan transcurrido 2 minutos y medio, deberás remover la salsa y seguir cocinándola.

6. Pon los pinchos de pollo en un plato e introdúcelo en el microondas durante 8 minutos al 70 % de su potencia, dándoles la vuelta a los pinchos, cuando lleven 4 minutos.

7. Sirve los pinchos de pollo en una fuente y acompáñalos con la salsa caliente.

Ponche Air Jeruk

Ingredientes
Para 4 personas

2-3 naranjas grandes
3 cucharaditas de azúcar
1 rama de canela

3 clavos de especia
nuez moscada rallada

Elaboración

1. Exprime el zumo de las naranjas con un exprimidor.

2. Reserva la piel de una de las naranjas y córtala en tiritas.

3. A continuación, calienta en un cazo al fuego el zumo de naranja con la rama de canela y los clavos de especia.

4. Sirve el ponche en cuatro copas y espolvorea nuez moscada por encima de cada una de ellas.

5. Por último, decora las cuatro copas con las tiras de piel de naranja cortadas con anterioridad.

Pulguitas de jamón y tomate

Ingredientes
Para 4 personas

150 g de jamón ibérico cortado
   muy fino
2 tomates muy maduros

aceite de oliva virgen extra
bollitos de pan

Elaboración

1. Abre con un cuchillo los bollitos de pan por la mitad.
2. Lava los tomates y córtalos en rodajas muy finas.
3. Rocía los bollitos de pan abiertos con unas gotas de aceite de oliva virgen extra.
4. A continuación, coloca en los bollitos el jamón ibérico cortado en lonchas muy finas.
5. Para terminar, añade encima del jamón ibérico las rodajas de tomate ya cortadas.
6. Una vez completado el relleno de los bollitos de pan, sírvelos en una bandeja.
7. ¡El plato está listo!

Pulguitas de paté con mermelada

Ingredientes
Para 4 personas

8 pulguitas de pan
1 tarrina de paté

mermelada de frambuesa

Elaboración

1. Abre las pulguitas de pan por la mitad con un cuchillo.
2. Unta una capa muy fina de mermelada de frambuesa en las dos rebanadas de cada pulguita.
3. Unta, tan sólo encima de una de las dos rebanadas de cada pulguita, una capa más gruesa de paté.
4. Por último cierra las pulguitas untadas y sírvelas en una fuente.
5. ¡Listas para comer!

Pulpo a la gallega

Ingredientes
Para 4 personas

1 pulpo mediano
aceite de oliva
sal gorda
pimentón picante

laurel
2 patatas
pan

Elaboración

1. Limpia muy bien el pulpo.
2. En una cazuela lo suficientemente grande, puesta al fuego, pon gran cantidad de agua a hervir y un hoja de laurel.
3. Cuando el agua llegue a la temperatura de 100 °C, coge el pulpo con unas pinzas y mételo y sácalo 3 veces seguidas de la cazuela.
4. Finalmente, incorpora el pulpo a la cazuela durante unos 15 minutos junto con las patatas que previamente has pelado y cortado en trozos.
5. Cuando todos los ingredientes se hayan cocido, retira la cazuela del fuego y sácalos.
6. A continuación, corta el pulpo con unas tijeras en pequeñas rodajas.
7. Asimismo corta las patatas cocidas en rodajas.
8. Ve depositando las rodajas de pulpo sobre una cama de patatas cocidas colocadas en un plato de madera untado con aceite de oliva y sal gorda.
9. Luego rocía el pulpo con otro chorrito de aceite de oliva virgen, sazónalo con sal gorda y espolvorea pimentón picante por encima.
10. Sirve el plato con pan, pues es un buen acompañante para untar el delicioso jugo que queda.
11. ¡Disfruta el plato!

Queso de tetilla frito con ensalada

Ingredientes
Para 4 personas

250 g de queso de tetilla
harina
1 huevo
pan rallado
almendra en polvo

lechugas variadas
1 pechuga de pollo
aceite de oliva virgen extra
vinagre balsámico
sal

Elaboración

1. Corta los distintos tipos de lechuga, lávalas y escúrrelas con la ayuda de un escurridor de lechuga. Una vez hecho lo anterior, reserva las lechugas cortadas.

2. Corta unas lonchas del queso de tetilla y quítales la corteza.

3. Casca el huevo y bátelo.

4. Pasa las lonchas de queso por la harina y el huevo batido, el pan rallado y la almendra molida.

5. En una sartén puesta al fuego con aceite caliente, dora las lonchas de queso empanadas por ambos lados.

6. En otra sartén con un poco de aceite haz la pechuga de pollo a la plancha, sazónala y, una vez frita, retírala del fuego y córtala en tiras.

7. En un bol prepara una vinagreta con el aceite de oliva, el vinagre y la sal y, con la ayuda de una varilla (si no tuvieras varilla utiliza un tenedor) emulsiona estos ingredientes.

8. Incorpora las lechugas al bol donde has preparado la vinagreta y mézclalo todo muy bien.

9. Sirve las lechugas aderezadas en una fuente con las tiras de pollo salteado y el queso frito por encima.

10. ¡El plato está listo!

Queso parmesano con mermelada de cebolla roja

Ingredientes
Para 4 personas

150 g de queso parmesano
500 g de cebollas rojas
50 cl de agua

250 g de azúcar
medio vaso de vino blanco seco

Elaboración

1. Pela y corta las cebollas rojas en tiras.

2. Incorpora las cebollas rojas en un cazo puesto al fuego y, a continuación, añade el azúcar, el agua y el vino blanco.

3. Deja confitar los ingredientes anteriores durante 3 horas a fuego muy lento.

4. No debes retirar el cazo del fuego hasta que compruebes que la cebolla y la salsa compuesta por los otros ingredientes incorporados se ponen de color oscuro.

5. Una vez conseguido el color oscuro, retira la salsa y la cebolla del fuego, y sirve en un bandeja el queso parmesano cortado en trocitos acompañado con un poco de la mermelada de cebolla roja preparada.

Quiche de espárragos y cebolleta

Ingredientes
Para 4 personas

1 paquete de pasta brisa o de
   hojaldre
2 cebolletas
1 manojo de espárragos
100 g de beicon
½ l de nata

4 yemas de huevo
pimienta blanca
nuez moscada
aceite de oliva
sal

Elaboración

1. Limpia y trocea las cebolletas y corta las yemas de los espárragos.

2. Rehoga las cebolletas y las yemas de espárragos en una sartén puesta al fuego con aceite, hasta que las verduras estén «al dente».

3. Añade el beicon cortado en tiras finas a la sartén.

4. En un bol, incorpora la nata, las yemas de huevo y la nuez moscada. Salpiméntalos.

5. Forra un molde de horno con la pasta brisa o el hojaldre.

6. Rellena el molde con la mezcla del bol.

7. Introduce el molde en el horno y hornea el plato durante 25 minutos a 175 °C.

8. Por último, deja enfriar la *quiche* y desmolda ésta para servirla.

Rape a la bilbaína

Ingredientes
Para 4 personas

600 g de rape limpio
½ kg de patatas
3 ajos
aceite de oliva virgen
vinagre

1 guindilla
1 cucharada pequeña de
   pimentón dulce
sal

Elaboración

1. Pela las patatas, tornéalas (dales forma con la ayuda de un cuchillo) y lávalas.
2. Pon a cocer las patatas en una olla con agua puesta a fuego suave entre 18 y 20 minutos.
3. Por otro lado, corta el rape en trozos y sazónalo.
4. Pela el ajo y córtalo en láminas.
5. En una sartén con un poco de aceite y la guindilla cortada en aros, rehoga el ajo laminado.
6. Incorpora a la sartén los trozos de rape y cocina hasta que el pescado quede jugoso.
7. A continuación, añade las patatas, un chorrito de vinagre y una cucharada pequeña de pimentón dulce.
8. Deja que el plato se cocine unos minutos más y no tardes en servirlo en una fuente y llevarlo a la mesa.

Rape con limón y alcaparras

Ingredientes
Para 4 personas

4 filetes de rape limpios
2 cucharadas soperas de
    alcaparras

2 limones
200 g de mantequilla
sal

Elaboración

1. Ralla la piel del limón con un rallador de cocina.
2. En un bol funde la mantequilla 2 minutos en el microondas al 75 % de su potencia.
3. Añade una parte de la mantequilla fundida al rape. Cuécelo en el microondas en un recipiente tapado durante 3 minutos al 100 % de su potencia.
4. A continuación, sazona el rape y añádele la ralladura de limón.
5. Calienta el resto de la mantequilla en otro bol que también debes introducir en el microondas, de 2 a 3 minutos al 100 % de su potencia.
6. Por último, sirve el rape en una fuente y salséalo con la salsa de alcaparras y mantequilla.
7. ¡El plato está listo!

Rape encebollado

Ingredientes
Para 4 personas

800 g de rape limpio y cortado
   en filetes
1 cebolla
1 copa de vino blanco
½ l de caldo de pescado

harina
perejil picado
aceite de oliva
sal

Elaboración

1. Pela y pica la cebolla en medios aros y rehógala en una sartén puesta al fuego con un poco de aceite de oliva.

2. Por otro lado, sazona el rape y rebózalo con harina.

3. Añade los trozos de rape rebozados a la sartén con la cebolla.

4. Deja el rape al fuego 2 minutos y, a continuación, vierte el vino blanco y el caldo de pescado.

5. Deja que el conjunto hierva a fuego suave durante 4 minutos.

6. Añade a continuación el perejil picado.

7. Por último, sirve el rape en una fuente acompañado con la cebolla y salsea el plato con el jugo de la cocción.

8. ¡A comer!

Raya a la molinera

Ingredientes
Para 4 personas

¾ de raya
100 g de mantequilla
2 patatas medianas
½ l de caldo de pescado
el zumo de 1 limón

harina
perejil
aceite de oliva
sal

Elaboración

1. Pela y corta las patatas en tiras.

2. Coloca las patatas cortadas en tiras en moldes de papel de aluminio y cuécelas al horno a 160 °C durante 25 minutos.

3. Funde la mantequilla en un bol en el microondas.

4. Limpia y trocea la raya en tiras (si te es más fácil pide que te la preparen en la pescadería), sazónala y colócala en un recipiente con la mantequilla derretida.

5. Déjala reposar unos minutos en el recipiente con la mantequilla y añade, a continuación, el zumo de limón y el caldo de pescado.

6. Sirve los ingredientes anteriores en una cazuela y déjalos hervir 2 minutos a fuego suave.

7. Por último, espolvorea el plato con perejil picado.

8. Sirve la raya y los moldes de patata como guarnición y ¡disfruta el plato!

Raya en salsa verde

Ingredientes
Para 4 personas

600 g de raya
4 ajos
perejil
1 dl de vino blanco
3 dl de caldo de pescado

harina
1 cayena (especia muy picante)
6 patatas pequeñas
aceite de oliva
sal

Elaboración

1. En una olla con agua hirviendo y sal cuece las patatas con piel cortadas en medallones.

2. A continuación, trocea la raya primero en lomos y luego en trozos (si te es más fácil pide que te la preparen en la pescadería).

3. Sazona los trozos de raya y enharínalos.

4. Por otro lado, pela y pica el ajo y ponlo a rehogar en una sartén puesta al fuego con aceite.

5. Agrega los trozos de raya a la sartén y cocínalos ligeramente por ambos lados.

6. Cuando ya estén dorados, coloca los trozos de raya en un plato y hazles unos cortes transversales a cada uno de ellos.

7. Incorpora dos cayenas en una sartén junto con el vino blanco, el caldo de pescado y el perejil.

8. Deja reducir los ingredientes de la sartén con ligeros movimientos para que ligue la salsa.

9. Cuando la salsa se haya ligado, vuelve a introducir la raya y las patatas en la sartén.

10. Deja hervir el plato unos minutos más al fuego y añade un poco más de caldo si hace falta.

11. Por último, sirve la raya con las patatas en salsa verde en una fuente y ¡listo!

Rebozados de pescado y marisco

Ingredientes
Para 4 personas

4 filetes de merluza limpios
8 gambas
1 calamar limpio
harina
huevo
pimienta

aceite de oliva
vinagre
mostaza
1 bolsa de escarola
sal

Elaboración

1. Pela las gambas y corta el calamar en tiras.
2. Corta los filetes de merluza a lo largo y échales sal y pimienta. A continuación, úntalos con la mostaza.
3. Salpimenta también las gambas y los calamares.
4. Enrolla una gamba y dos tiras de calamar con cada filete de merluza.
5. A continuación, pincha con palillos los rollos de merluza rellenos.
6. En un bol casca y bate el huevo.
7. Pasa los rollos de merluza por la harina y el huevo batido.
8. En una sartén con aceite moderadamente caliente, fríe los rollos de merluza.
9. Una vez fritos los rollos deja que suelten el exceso de aceite en un plato cubierto con papel de cocina absorbente.
10. Por último, lava la escarola y alíñala con aceite, vinagre y sal y sírvela como acompañamiento de los rebozados de pescado y marisco.
11. ¡El plato está listo!

Revolcón de patata con puré de chistorra

Ingredientes
Para 4 personas

2 patatas
1 chistorra
1 dl de caldo de carne
2 dl de nata

1 yema de huevo
pimienta
aceite de oliva
sal

Elaboración

1. Pela, lava y corta las patatas en rodajas finas.
2. Fríe las patatas en una sartén con aceite a fuego suave y ve rompiéndolas a medida que se cocinan.
3. Sazona las patatas y remuévelas bien para que terminen de deshacerse.
4. Por otro lado, trocea la chistorra y rehógala en un cazo puesto al fuego con un poco de aceite.
5. Agrega al cazo el caldo de carne y cocina ambos ingredientes 2 minutos.
6. Tritura el resultado del cazo hasta obtener un puré de chistorra.
7. Pon a reducir en un cazo aparte la nata líquida con sal y pimienta.
8. Ya fuera del fuego, incorpora a la nata la yema de huevo sin dejar de batir para que no cuaje.
9. Por último, sirve las patatas con el puré de chistorra en una fuente y acompaña el plato con la salsa de nata.

Revuelto de ajetes y gambas

Ingredientes
Para 4 personas

4 huevos
1 manojo de ajetes
16 colas de gambas frescas
    peladas

pimienta
aceite de oliva
100 g de chistorra
sal

Elaboración

1. Limpia y pela los ajetes. Lávalos y quédate con su parte más tierna. A continuación, trocéalos.

2. En una sartén con aceite de oliva, saltea los ajetes y sazónalos.

3. Añade las colas de gambas y rehoga todo el conjunto.

4. Por otro lado, casca los huevos en un bol y bátelos hasta que espumen.

5. A continuación, incorpóralos a la sartén y cuájalos sin dejar de remover para que quede una textura cremosa.

6. Por otro lado, pica la chistorra.

7. En otra sartén puesta al fuego con aceite, fríe la chistorra.

8. Por último, sirve el revuelto en una fuente y acompáñalo con la chistorra y con un poco del aceite con el que la has frito.

9. ¡El plato está listo!

Revuelto de bacalao y espinacas

Ingredientes
Para 4 personas

200 g de bacalao desalado
200 g de espinacas frescas
8 huevos
1 dl de nata

50 g de queso parmesano
  rallado
aceite de oliva
sal

Elaboración

1. En una cazuela con agua hirviendo cuece las espinacas. Una vez estén cocidas, escúrrelas.

2. En una sartén con un poco de aceite de oliva, rehoga el bacalao una vez lo hayas troceado.

3. Casca los huevos en un bol y bátelos añadiendo un poco de nata.

4. Añade la mezcla de los huevos y la nata a la sartén y termina de rehogar el conjunto para que cuaje el huevo. Debe quedar una textura cremosa.

5. Sirve el revuelto en una fuente y espolvorea el queso rallado por encima.

Revuelto de espárragos trigueros

Ingredientes
Para 4 personas

250 g de espárragos trigueros
8 huevos
50 cl de nata

aceite de oliva
4 rebanadas de pan
sal

Elaboración

1. Tuesta las rebanadas de pan e imprégnalas con ajo y sal gorda.

2. Limpia, lava y trocea los espárragos.

3. En un bol casca los huevos y bátelos.

4. En una sartén con un poco de aceite, saltea los espárragos.

5. Cuando los espárragos estén tiernos, añade los huevos batidos, sazonados y mezclados con la nata.

6. Cuaja los huevos a fuego suave en la sartén y sirve el revuelto acompañado de las rebanadas de pan tostado.

7. ¡Disfruta el plato!

Revuelto de morcilla, bacalao y piñones

Ingredientes
Para 4 personas

8 huevos
1 morcilla
100 g de bacalao desalado
40 g de piñones
½ dl de nata líquida
pimienta blanca

1 rebanada de pan de molde
aceite de oliva virgen extra
nuez moscada
pimentón
sal

Elaboración

1. Abre la morcilla, pélala y trocéala.
2. En una sartén puesta al fuego con aceite, saltea la morcilla hasta que se deshaga totalmente.
3. Tuesta la rebanada de pan de molde sin corteza en una sartén al fuego, en un poco de aceite y pimentón.
4. Trocea el bacalao desalado, quítale la piel y fríelo junto con la morcilla.
5. Incorpora los piñones a la sartén con el bacalao y la morcilla.
6. En un bol casca, bate los huevos y sazónalos con nuez moscada, pimienta blanca y sal.
7. Incorpora también la nata líquida a los huevos.
8. Sube el fuego a la sartén con todos los ingredientes e incorpora el huevo batido.
9. Cuaja el huevo hasta que quede una textura cremosa.
10. Sirve el revuelto en una fuente acompañado del pan de molde tostado en aceite y pimentón.
11. ¡Disfruta el plato!

Revuelto de morcilla, pasas y piñones

Ingredientes
Para 4 personas

8 huevos
1 morcilla grande de Burgos
100 g de piñones
50 g de pasas
1 vaso de mosto

2 rebanadas de pan de molde
cebollino
aceite de oliva
menta
sal

Elaboración

1. Quítale la piel a la morcilla y desmenuza el picadillo.
2. En una sartén puesta al fuego con un poco de aceite de oliva, rehoga la morcilla desmenuzada y el cebollino picado.
3. En un bol casca, bate los huevos y sazónalos.
4. En otro bol, remoja las pasas en mosto y déjalas macerar.
5. Cuando la morcilla esté cocinada, añade el huevo a la sartén y cuájalo sin dejar de remover.
6. A media cocción, incorpora las pasas remojadas y los piñones.
7. Pon al fuego otra sartén con aceite y fríe el pan de molde.
8. Rectifica el revuelto de sal y sírvelo en una fuente acompañado de los trozos de pan frito.
9. Decora el plato con una ramita de menta.

Revuelto de morcilla con piñones

Ingredientes
Para 4 personas

4 huevos
250 g de morcilla
200 g de piñones
canela en polvo

media cebolla
aceite de oliva
sal

Elaboración

1. Pela y pica la cebolla.
2. En un bol casca y bate los huevos.
3. Pon una sartén al fuego con aceite y sofríe la cebolla picada hasta que se ablande.
4. Añade a la sartén la morcilla de arroz desmenuzada e incorpora los piñones y un poco de canela.
5. Sofríe el conjunto anterior hasta que los piñones se doren y añade los huevos batidos.
6. Rectifica de sal, si fuera necesario, y sirve el revuelto al instante en una fuente para que no se enfríe.

Revuelto de setas de temporada

Ingredientes
Para 4 personas

250 g de setas variadas
25 g de beicon
8 huevos
aceite de oliva
nata líquida o crema de leche

1 diente de ajo
perejil picado
pan de molde
pimienta
sal

Elaboración

1. Limpia, lava las setas y trocéalas con las manos.

2. Corta el beicon en tiras.

3. Pela y pica el ajo.

4. Pon una sartén al fuego con un poco de aceite y sofríe el ajo picado con el beicon y las setas limpias.

5. Añade sal y un poco de pimienta a los ingredientes de la sartén.

6. Incorpora asimismo el perejil picado.

7. Casca y bate los huevos en un bol y añádeles un poco de crema de leche o nata líquida.

8. Incorpora el salteado de la sartén al bol donde está el huevo batido.

9. En otra sartén pon un poco de aceite de oliva e incorpora la mezcla del bol.

10. Cuaja el revuelto hasta que quede jugoso.

11. Por último, sirve el revuelto en una fuente y acompáñalo con costrones de pan de molde frito o tostado.

Rollitos de col y conejo

Ingredientes
Para 4 personas

1 conejo de 1½ kg (troceado
  en cuartos)
50 g de mantequilla
75 g de jamón curado
100 g de cebolla
100 g de zanahoria

5 dientes de ajo
1 vaso de vino blanco
1 l de caldo
1 col mediana que esté dura
sal

Elaboración

1. Pela y pica muy fino la cebolla, la zanahoria y el ajo.

2. Rehoga todas las verduras hasta que estén tiernas, introduciéndolas en un recipiente junto con la mantequilla en el microondas por espacio de 5 minutos y al 100 % de su potencia.

3. Dispón el conejo troceado (si te es más fácil pide que te lo troceen en la carnicería) en una cazuela, junto a las verduras previamente rehogadas y el jamón en lonchas.

4. Añade el vino y deja que se evapore en el microondas al 100 % de su potencia durante 5 minutos.

5. Incorpora el caldo a la cazuela hasta cubrir su contenido y cuécelo en el microondas, unos 20 minutos al 100 % de potencia, hasta que la carne esté tierna.

6. Pasados los 20 minutos, saca el conejo de la cazuela y deshuésalo.

7. Tritura la salsa de cocción resultante y pásala por un pasapurés.

8. Lava, deshoja la col y selecciona las hojas más amarillas.

9. Cuece las hojas seleccionadas en un cazuela con agua y sal e introduce ésta en el microondas por espacio de 5 minutos y al 100 % de su potencia, hasta que estén tiernas pero que no se deshagan.

10. Escurre bien las hojas de col y forma unos canelones de col que rellenarás con el conejo y con un poco de la salsa obtenida del pasapurés.

11. Cuando hayas incorporado el conejo y la salsa a las hojas de col, enrolla cada una de ella sobre sí misma y dispón en una fuente los rollitos resultantes.

12. Para terminar el plato rocíalo con el resto de la salsa reservada y calienta la fuente con los rollitos durante 10 minutos en el microondas al 100 % de potencia.

13. ¡Ya está listo para comer!

*   *   *

Rollitos de gallo a las hierbas con champiñones y zanahorias

Ingredientes
Para 4 personas

8 filetes de gallo
perejil
cilantro
1 paquete de espinacas
   congeladas de 500 g
500 g de champiñones

1 cebolla
2 zanahorias
1 l de caldo de verduras
pimienta
aceite de oliva
sal

Elaboración

1. Pon a descongelar las espinacas.

2. Lava y pica el perejil y el cilantro.

3. Extiende los filetes de gallo sobre una tabla de cocina, salpiméntalos y espolvoréalos con las hierbas picadas (el perejil y el cilantro).

4. A continuación, enrolla los filetes de gallo sobre sí mismos en forma de rulo y pínchalos con un palo de brocheta.

5. En una cazuela con un poco de aceite, dora los rollos de gallo.

6. Por otro lado, pela y trocea la cebolla y las zanahorias.

7. Asimismo, limpia y trocea los champiñones.

8. En la misma cazuela en la que has dorado el gallo, pero con un poco más de aceite, rehoga la cebolla y las espinacas, una vez hayan soltado estas últimas todo el agua que les sobre.

9. Luego incorpora a la cazuela los champiñones y las zanahorias y rehoga todos los ingredientes.

10. Por último, añade a la cazuela los rollos de gallo y el caldo de verduras y deja cocinar el plato 20 minutos o hasta que se reduzca bastante el líquido.

11. ¡El plato está listo!

* * *

Rollitos de pavo con queso y finas hierbas

Ingredientes
Para 4 personas

4 filetes finos de pavo	½ l de caldo
4 lonchas de queso crema	1 bote de tomate triturado
estragón	azúcar
cebollino picado	laurel
perejil picado	sal

Elaboración

1. Cubre cada filete de pavo con una loncha de queso y sobre ésta incorpora las finas hierbas picadas.

2. Enrolla y envuelve en papel film (papel de cocina transparente) cada filete una vez agregados los ingredientes anteriores, como si se tratase de un caramelo.

3. Calienta el caldo en una cazuela en el microondas.

4. Sumerge los filetes envueltos en el caldo caliente e introduce la cazuela en el microondas por espacio de 7 minutos al 100 % de su potencia.

5. A continuación, añade a la cazuela el tomate, el azúcar, el laurel y la sal.

6. Vuelve a introducir la cazuela en el microondas por espacio 15 minutos y al 100 % de su potencia, removiendo su contenido durante el transcurso de los 15 minutos.

7. Sirve en una fuente los rollitos de pavo con la salsa y ¡disfrútalos!

Rollitos de primavera

Ingredientes
Para 4 personas

medio puerro
media zanahoria
medio repollo/berza
50 g de brotes de soja en
    conserva

pasta china
1 clara de huevo
1 dl de caldo de verdura
salsa de soja/salsa agridulce

Elaboración

1. Lava y corta toda la verdura en bastones pequeños.

2. En una cazuela puesta al fuego incorpora toda la verdura junto con el caldo de verduras y mantén al fuego hasta que se cuezan.

3. Una vez cocidas, escurre las verduras del caldo. A continuación, sirve las verduras en un recipiente e incorpórales los brotes de soja.

4. Por otro lado, corta la pasta china en rectángulos y coloca sobre cada rectángulo un poco de verdura. Una vez rellenos, cierra cada rectángulo de pasta sobre sí mismo en forma de rulo.

5. Una vez montados los rollitos y para evitar que se peguen a la sartén al freírlos, úntalos con clara de huevo.

6. Pon una sartén al fuego con aceite y fríe los rollitos hasta que se doren.

7. Retira los rollitos a un plato con papel de cocina para escurrir el exceso de aceite. Sírvelos en una fuente con salsa agridulce o de soja.

8. ¡Disfruta el plato!

Rollitos de primavera con gambas

Ingredientes
Para 4 personas

pasta china
1 bandeja de brotes de soja
100 g de zanahoria rallada
1 bote de maíz
1 bote de guisantes

50 g de beicon
100 g de gambas peladas
salsa agridulce
salsa de soja

Elaboración

1. En una sartén con un poco de aceite saltea los brotes de soja con la zanahoria rallada.

2. Añade a los ingredientes de la sartén el beicon cortado en tiras y, en el último momento, añade las gambas.

3. Escurre el maíz y los guisantes, añádelos a la sartén y saltéalos.

4. Retira del fuego y sazona todos los ingredientes con la salsa de soja.

5. A continuación, forma los rollitos cortando la pasta china en rectángulos e incorporando a cada uno de ellos un poco de la verdura con gambas cocinadas. Una vez hecho esto, cierra los rectángulos de pasta sobre sí mismos formado rulos.

6. Por último, en una sartén con aceite caliente, fríe los rollitos y una vez fritos, deja que suelten el aceite que les sobra sirviéndolos sobre un plato cubierto con papel de cocina absorbente.

7. Para presentar el plato, sirve los rollitos en una fuente y acompáñalos con la salsa agridulce.

Rollitos de repollo y carne picada

Ingredientes
Para 4 personas

8 hojas grandes de repollo
400 g de carne de ternera picada
50 g de jamón serrano
2 patatas
2 ajos

perejil
2 dl de vino amontillado
2 dl de caldo de carne
aceite de oliva virgen extra
sal

Elaboración

1. Corta el repollo en hojas y cuécelas durante 5 minutos en una olla con agua hirviendo y sal.

2. Una vez cocido el repollo, escúrrelo del agua de cocción y refréscalo con agua fría.

3. Pela y corta en trozos las patatas y, a continuación, ponlas a cocer en una cazuela con agua hirviendo.

4. Una vez cocidas las patatas, escúrrelas y en un bol, aplástalas con un tenedor.

5. Agrega al bol con las patatas aplastadas, la carne de ternera, los ajos, el perejil y el jamón serrano, todo muy picado. Salpimenta todo el conjunto y mézclalo muy bien.

6. Pon una pequeña cantidad de la mezcla anterior sobre cada hoja de repollo y forma rollitos.

7. En una sartén puesta al fuego con un poco de aceite, fríe los rollitos.

8. Incorpora a la sartén con los rollitos el vino y deja que se evapore el alcohol.

9. Riega asimismo el plato con el caldo de carne y deja cocer el conjunto durante 10 minutos.

10. Sirve los rollitos en una fuente y espolvorea perejil picado por encima.

Rosbif

Ingredientes
Para 4 personas

800 g de rosbif
1 cucharada de sal
1 cucharada de pimienta
2 dientes de ajo
4 cucharadas de aceite de oliva

Para la salsa
2 yemas de huevo
aceite de oliva
2 cucharadas de mostaza
1 cucharada de vinagre balsámico
2 chalotas picadas

Elaboración

1. Precalienta el horno a 250 °C.
2. Lava la carne, sécala con un paño y frótala con sal y pimienta.
3. Pela los dientes de ajo y májalos en un mortero con aceite de oliva.
4. Unta la carne con la majada resultante.
5. Coloca la carne en una bandeja de horno e introdúcela en el horno para asarla durante 25 minutos a una temperatura de 220 °C.
6. Una vez transcurridos los 25 minutos indicados, baja la temperatura del horno a 150 °C y continúa asando la carne 20 minutos más.
7. Deja reposar en el horno la carne una vez hayan transcurrido los 20 minutos y hayas apagado el horno.
8. Mientras la carne se cocina en el horno prepara la salsa de mostaza. Para ello, bate en un bol las dos yemas de huevo, añade la mostaza y ve asimismo añadiendo poco a poco y mientras bates los ingredientes, el aceite, el vinagre y la chalota picada.
9. Saca la carne del horno y filetéala.
10. Sirve los filetes de rosbif en una fuente y acompáñalos de la salsa de mostaza preparada.

Rosbif clásico

Ingredientes
Para 4 personas

1½ kg de lomo bajo
medio vaso de brandy
16 patatas pequeñas
1 puerro
2 ajos

1 cebolla
pimienta
aceite de oliva
sal

Elaboración

1. Brida (ata con una cuerda) y salpimenta la carne y, a continuación, fríela, por los dos lados, en una sartén con aceite de oliva.

2. Lava y pela el puerro.

3. Pela los ajos.

4. Pela y pica la cebolla.

5. En otra sartén con aceite, sofríe el puerro, los ajos y la cebolla picada. Añade el brandy y flambea el conjunto.

6. Coloca la carne y el sofrito flambeado en una bandeja de horno y hornea el conjunto durante 25 o 30 minutos a una temperatura de 185 ºC.

7. Mientras tanto, pela las patatas y ponlas a cocer en un cazo con agua hirviendo durante 30 minutos.

8. Saca la carne del horno transcurrido el tiempo indicado y córtala en rodajas finas.

9. Sirve el rosbif en una fuente y acompáñalo con la salsa de verduras y las patatas hervidas.

10 ¡Disfruta el plato!

Salchichas al vino

Ingredientes
Para 4 personas

16 salchichas frescas magras
1 cucharada de aceite de oliva
2 vasos de vino blanco
2 cucharaditas de pan rallado

4 patatas
perejil
pimienta

Elaboración

1. Pincha las salchichas con un tenedor para que no revienten al fuego y dóralas en una sartén con poco aceite hasta que suelten parte de su grasa.

2. Cuando veas que han soltado grasa, retira la grasa de la sartén y sigue dorando las salchichas incorporando un poco más de aceite.

3. Sube un poco el fuego y, a continuación, agrega pan rallado y deja que se fría unos instantes junto con las salchichas.

4. Añade el vino blanco y deja que reduzca.

5. Una vez que haya reducido el vino, sazona todos los ingredientes.

6. Por otro lado, pela las patatas y córtalas en dados. Fríelas en otra sartén con abundante aceite. A continuación sazónalas.

7. Lava el perejil y pícalo.

8. Por último, sirve las salchichas y las patatas en una fuente y decora el plato con perejil picado por encima.

9. ¡Listo!

Salchichas con hojaldre

Ingredientes
Para 4 personas

8 salchichas bratswurt

¼ kg de hojaldre

8 lonchas largas de pavo cocido

mostaza agridulce

ketchup

pepinillos en vinagre

1 huevo batido

2 huevos

1 lechuga de hoja de roble

aceite de oliva

sal

Elaboración

1. Envuelve las salchichas en las lonchas de pavo y cúbrelas con la masa de hojaldre.

2. Pinta las salchichas recubiertas de pavo y hojaldre con el huevo batido (utiliza para hacer esto un pincel o brocha de cocina).

3. A continuación, coloca en una bandeja de horno los hojaldres de salchicha.

4. Introduce la bandeja en el horno y pon el plato a hornear entre 15 y 20 minutos a una temperatura de 180 ºC.

5. Pon un cazo al fuego y cuece los huevos.

6. Pica los pepinillos y los huevos cocidos y mézclalos en un bol con la mostaza y el ketchup.

7. Por otro lado, lava la lechuga y pícala.

8. Por último, sirve los hojaldres de salchicha en una fuente acompañados con la salsa preparada y la lechuga picada.

Salmón con crema de espinacas

Ingredientes
Para 4 personas

4 rodajas de salmón fresco
½ kg de espinacas congeladas
40 g de harina
40 g de mantequilla
½ l de leche

pimienta
nuez moscada
aceite de oliva
sal

Elaboración

1. En un bol incorpora las espinacas sin descongelar con dos cucharadas soperas de agua.

2. Tapa el bol con papel film (papel de cocina transparente) e introdúcelo en el microondas y, conecta éste 7 minutos al 100 % de su potencia. A continuación, remueve las espinacas y resérvalas.

3. Para preparar la bechamel en el microondas, incorpora en otro bol la harina con la mantequilla y rehoga estos ingredientes durante 3 minutos al 100 % de su potencia. Añade a la mezcla obtenida la leche, sin dejar de batir con unas varillas de cocina. A continuación, salpimenta la mezcla e introdúcela de nuevo en el microondas durante 5 minutos al 100 % de su potencia.

4. Una vez preparada la bechamel incorpórala al bol con las espinacas y mezcla ambos ingredientes.

5. Por otro lado, en un recipiente cubierto con tapa de microondas, dispón las rodajas de salmón unas al lado de otras.

6. Riega las rodajas de salmón con un chorro de aceite y conecta el microondas 3-4 minutos al 100 % de su potencia.

7. Por último, rectifica de sal si fuera necesario y, a continuación, sirve el salmón en una fuente acompañado de las espinacas con bechamel.

8. ¡Disfruta el plato!

Salmón con vinagreta templada

Ingredientes
Para 4 personas

800 g de salmón fresco en lomos
1 tomate rojo y firme
4 patatas cocidas
8 cucharadas de aceite de oliva
3 cucharadas de vinagre de Jerez

1 manojo de cebollino
unas gotas de zumo de limón
pimienta blanca
perejil fresco
sal

Elaboración

1. Salpimenta el salmón y riégalo con unas gotas de zumo de limón.

2. Ponlo en una fuente refractaria, tápala y mete la fuente en el microondas al 100 % de potencia durante 3 o 4 minutos.

3. Una vez cocinado el salmón retíralo del microondas y resérvalo.

4. Por otro lado, escalda el tomate poniéndolo en agua caliente durante 1 minuto en el microondas. Cuando se haya escaldado, pélalo y pártelo en trozos pequeños.

5. En un bol aparte prepara una vinagreta con el aceite y el vinagre, y añade a ésta el tomate y el cebollino picado. Una vez mezclados los ingredientes de la vinagreta, rectifica de sal y pimienta si fuera necesario.

6. Por último, sirve en una fuente el salmón con la vinagreta de tomate, el cebollino y el perejil picado. Acompáñalo con una guarnición de patatas cortadas en rodajas y ¡listo!

Salmón marinado

Ingredientes
Para 4 personas

1 lomo de salmón fresco
eneldo
azúcar
media copa de brandy
2 limas
1 huevo cocido

aceite de oliva virgen extra
cebollino picado
sal
mantequilla y pan de
    molde (opcional)

Elaboración

1. Corta una lima y exprime su zumo sobre un recipiente con sal gorda.
2. Agrega al recipiente el azúcar y el brandy.
3. Incorpora el eneldo troceado y mezcla todos los ingredientes del recipiente muy bien.
4. En una fuente de cristal coloca parte de esta mezcla y pon encima el salmón limpio de piel y espinas (si te es más fácil pide que te lo preparen en la pescadería).
5. Cubre el salmón con el resto de la mezcla y aplasta bien todo el conjunto.
6. Deja marinar la mezcla del recipiente entre 24 y 36 horas en la nevera.
7. Una vez haya transcurrido el tiempo indicado, lava el salmón de la marinada bajo un chorro de agua fría y, a continuación, sécalo.
8. Corta el salmón en lonchas muy finas.
9. Por otro lado, incorpora en un bol aceite de oliva, el zumo de la otra lima y un huevo cocido aplastado.
10. Sirve el salmón en una fuente, vierte la vinagreta por encima y decóralo con el cebollino picado.
11. Puedes también servir el salmón sobre rebanadas de pan de molde tostado untadas con una fina capa de mantequilla.

Salmonetes en papillote

Ingredientes
Para 4 personas

16 salmonetes
2 cebolletas
2 zanahorias
1 calabacín

2 ajos
aceite de oliva virgen extra
sal

Elaboración

1. Limpia y parte las cebolletas por la mitad y luego en tiras.

2. Pela y corta el calabacín y la zanahoria en bastoncitos.

3. Rehoga la cebolleta en una sartén con un poco de aceite de oliva y, en el último momento, incorpora el calabacín para saltearlo.

4. Sobre unos rectángulos de papel de aluminio, reparte la mezcla de cebolleta y calabacín.

5. Encima de cada papel de aluminio coloca dos salmonetes sin espina abiertos y sin la cola (si te es más fácil pide que te los preparen en la pescadería).

6. Incorpora a los salmonetes sal y aceite de oliva y tapa el conjunto con otro rectángulo de papel de aluminio.

7. Cierra los rectángulos de aluminio dándoles forma de paquete y, a continuación, introdúcelos en el horno y hornéalos durante 10 minutos a 180 ºC.

8. Por último, pela y pica un poco de ajo. Saltéalo en una sartén con aceite e incorpora la zanahoria para saltearla también.

9. Sirve el papillote en una fuente y corta el papel de aluminio con unas tijeras para que pueda verse el pescado. Acompáñalo con la zanahoria como guarnición.

10. ¡Disfruta el plato!

Salmorejo de sandía

Ingredientes
Para 4 personas

400 g de sandía pelada
3 tomates muy maduros
1 ajo
pan duro
1 huevo duro

75 g de jamón serrano
   en un trozo
aceite de oliva
vinagre
sal

Elaboración

1. Haz bolitas con la pulpa de la sandía y resérvalas.

2. En un bol coloca los recortes de la sandía.

3. Lava y corta los dos extremos de cada tomate, trocéalos e incorpóralos en el bol con los recortes de sandía.

4. Añade al bol el pan del día anterior troceado y el ajo pelado.

5. Echa un chorro de vinagre y otro de aceite de oliva a los ingredientes del bol.

6. Mezcla muy bien todos los ingredientes del bol y sazona el conjunto.

7. A continuación, tritura la mezcla con la batidora y cuélala para obtener una crema homogénea.

8. Por último, sirve el salmorejo en una sopera y espolvorea el jamón serrano cortado en taquitos y el huevo picado. Decora el plato con las bolitas de sandía.

Salpicón tibio de pochas

Ingredientes
Para 4 personas

200 g de pochas en conserva
1 cebolla
1 pimiento verde
1 tomate
150 g de gambas

aceite de oliva
1 huevo cocido
vinagre de Jerez
sal

Elaboración

1. Pela la cebolla y córtala en trozos.
2. Lava el tomate y el pimiento y córtalos en trozos.
3. A continuación, incorpora todos lo ingredientes anteriores ya troceados en un bol.
4. Aderézalos con aceite de oliva, vinagre de Jerez y sal.
5. Con la ayuda de un escurridor, deja que las pochas suelten el líquido de la conserva y acto seguido, refréscalas con agua fría.
6. Incorpora las pochas al bol con las verduras aliñadas.
7. Por otro lado, pela las gambas, sazónalas y cocínalas a la plancha en una sartén con un poco de aceite.
8. Pela el huevo cocido y pícalo.
9. Por último, sirve el salpicón en una fuente y acompáñalo con las gambas y el huevo cocido picado.
10. ¡Disfruta el plato!

Salsa inglesa

Ingredientes
Para 4 personas

125 cl de leche
125 g nata
25 g azúcar

3 yemas de huevo
1 vaina de vainilla

Elaboración

1. Bate las yemas de huevo en un bol con el azúcar hasta obtener una mezcla de color blanquecino.

2. Hierve la leche en un cazo puesto al fuego, con la nata y la vaina de vainilla abierta por la mitad.

3. Cuela la mezcla de la leche con la nata una vez haya hervido e incorpórala al bol con la mezcla de yemas y azúcar.

4. Incorpora la mezcla del bol a un cazo puesto a fuego suave y, antes de que empiece a hervir, aparta la salsa resultante del fuego.

5. La salsa inglesa que has preparado sirve para todo tipo de postres pero combina extremadamente bien con fruta o con pudin.

Salsa Mamma Rosa

Ingredientes
Para 4 personas

200 g de salsa de tomate frito   pimienta
media taza de nata líquida   sal

Elaboración

1. En un cazo puesto al fuego calienta la salsa de tomate frito.

2. Cuando la salsa de tomate esté caliente, agrega la nata líquida.

3. Remueve bien ambos ingredientes para que no se peguen.

4. A continuación salpimenta la salsa.

5. Esta salsa se recomienda especialmente para acompañar cualquier tipo de pasta. ¡Va bien con todas!

Salsa rabiatta

Ingredientes
Para 4 personas

1 guindilla	400 g salsa de tomate frito
1 diente de ajo	perejil
100 g de jamón de york	sal

Elaboración

1. Trocea el jamón de york.

2. Pela y pica el ajo.

3. Pica la guindilla.

4. Calienta la salsa de tomate frito en un cazo puesto al fuego e incorpórale el jamón de york, la guindilla y el ajo.

5. Mezcla muy bien todos los ingredientes del cazo, corrige de sal si fuera necesario y espolvorea la salsa con perejil picado.

6. Sirve esta salsa con pasta, arroz o con verduras. ¡Es exquisita, disfrútala!

Salteado de avestruz con cebolla morada

Ingredientes
Para 4 personas

500 g de carne de avestruz
1 pimiento verde
2 cebollas moradas

1 dl de vino blanco
aceite de oliva virgen extra
sal

Elaboración

1. Pela y trocea la cebolla morada y el pimiento verde en daditos y rehoga ambos en una sartén con aceite a temperatura media.

2. Moja los ingredientes de la sartén con vino blanco y deja que éste se reduzca suavemente.

3. Cocina las verduras de la sartén hasta que estén hechas.

4. Por otro lado, saltea los filetes de avestruz en una sartén con aceite.

5. Sirve los filetes de avestruz en una fuente y guarnece el plato con la cebolla y el pimiento.

Salteado de boletus con alcachofas

Ingredientes
Para 4 personas

200 g de hongos boletus
1 bote de corazones de
    alcachofa
1 morcilla

media cebolla
medio puerro
aceite de oliva
perejil

Elaboración

1. Quítale la piel a la morcilla y corta en trozos su carne.

2. Pela la cebolla y córtala en trozos.

3. Limpia el puerro y trocéalo.

4. Saltea la cebolla y el puerro en una sartén con aceite.

5. Añade a continuación a la sartén la carne de morcilla y rehoga todo el conjunto.

6. Limpia los boletus, córtales el «sombrero» y lamina éstos. Una vez laminados, incorpóralos a la sartén, rehógalos y sazónalos.

7. Escurre los corazones de alcachofa del líquido de la conserva, córtalos por la mitad y añádelos también a la sartén.

8. Por último, incorpora al plato un poco de perejil picado.

9. Sirve el salteado de boletus en una fuente y ¡disfrútalo!

Salteado de gambas con gulas

Ingredientes
Para 4 personas

600 g de gambas frescas enteras
200 g de gulas
1 cerveza

1 tomate
aceite de oliva
sal

Elaboración

1. Pela las gambas y reserva las cabezas.

2. En una sartén con un poco de aceite de oliva, saltea las cabezas y, a continuación, mójalas con cerveza.

3. Una vez vertida la cerveza deja que ésta se reduzca e incorpora un poco de agua.

4. Deja cocer los ingredientes hasta que quede un caldo muy reducido y concentrado de sabor y, una vez obtenido, cuela el caldo en un bol con la ayuda de un colador.

5. Por otro lado, pela el tomate, quítale las pepitas y tritúralo con la batidora para rehogarlo en una sartén puesta al fuego con un poco de aceite.

6. Añade a la sartén las gulas, las gambas y, en el último momento, el caldo concentrado de las cabezas de las gambas.

7. Deja cocinarse el plato unos instantes y, a continuación, sirve el salteado en una fuente y ¡listo!

Salteado de mollejas, almejas y piñones

Ingredientes
Para 4 personas

½ kg de mollejas de cordero
400 g de almejas
1 ajo
1 cebolleta
50 g de piñones

1 dl de vino de Jerez
perejil picado
aceite de oliva
sal

Elaboración

1. Pica la cebolleta y el ajo y rehógalos en una sartén puesta al fuego con un poco de aceite.

2. Limpia muy bien las mollejas de grasa con la ayuda de un cuchillo, incorpóralas a la sartén y rehógalas junto con las verduras durante 10 minutos.

3. Añade las almejas, los piñones y el vino de Jerez y saltea el conjunto hasta que las almejas se abran al vapor.

4. Por último, espolvorea el perejil picado por encima, rectifica de sal si fuera necesario y sirve el plato.

Salteado de pasta cremosa con setas de temporada

Ingredientes
Para 4 personas

400 g de lazos de pasta
250 g de setas de temporada
media cebolla picada
medio diente de ajo picado

500 cl de leche semidesnatada
25 cl de aceite de oliva
pimienta blanca
sal

Elaboración

1. Pocha la cebolla y el ajo en una sartén con aceite.

2. Añade al sofrito anterior las setas limpias y troceadas. Rehógalas junto con la cebolla y el ajo.

3. Una vez que las setas estén bien salteadas, añade la leche y hierve el conjunto hasta que ésta se reduzca a la mitad.

4. Por otro lado, cuece la pasta en una olla con abundante agua hirviendo con sal y escúrrela una vez esté cocida.

5. Incorpora la pasta a la crema de setas de la sartén y saltea todo el conjunto unos minutos. Por último, prueba el plato de sal y pimienta por si hubiera que rectificar y ¡listo!

Salteado de pavo y manzana

Ingredientes
Para 4 personas

2 contramuslos de pavo
2 manzanas «verde doncella»
100 g de champiñón pequeño
1 manojo de ajetes

2 dl de caldo de ave
perejil picado
aceite de oliva
sal

Elaboración

1. Corta los contramuslos de pavo en dados, sazónalos y saltéalos en una sartén con aceite de oliva.

2. Lava los champiñones y los ajetes y pícalos.

3. Añade los champiñones y los ajetes picados a la sartén y rehoga todos los ingredientes a fuego medio durante 5 minutos.

4. Mientras tanto, pela la manzana en trozos y, a continuación, incorpóralos a la sartén.

5. Moja todo el conjunto con el caldo de ave y mantén la sartén al fuego hasta que el caldo se haya reducido.

6. Sirve el salteado en una fuente y decóralo con perejil picado.

San Jacobos de pavo y calabacín

Ingredientes
Para 4 personas

8 filetes de pavo finos
4 lonchas de jamón de york
1 calabacín ancho
¼ kg de judías verdes
2 ajos

harina
huevo
pan rallado
aceite de oliva
sal

Elaboración

1. Corta unas láminas muy finas de calabacín y, en un cazo con agua hirviendo, incorpóralas y mantenlas en el agua hasta que se blanqueen.

2. Corta unas judías verdes en tiras y, en otro cazo con agua hirviendo, incorpóralas y mantenlas al fuego hasta que estén tiernas.

3. Saca el calabacín y las judías verdes del agua una vez que hayan hervido.

4. Adereza las judías verdes con aceite de oliva y sal y resérvalas.

5. Corta unas lonchas de jamón de york en tiras.

6. Extiende los filetes de pavo con la ayuda de un rodillo (si no tuvieras rodillo, un vaso de largo de tubo o una botella podrían servirte) y sazónalos.

7. Para montar los San Jacobos, coloca una lámina de calabacín y una de jamón de york encima de cada uno de los filetes de pavo.

8. Una vez hecho lo anterior con los ocho filetes, dobla cada filete de pavo sobre sí mismo.

9. Casca y bate el huevo en un bol.

10. Pela los ajos.

11. Pasa los San Jacobos por harina, huevo y pan rallado.

12. Pon una sartén con aceite al fuego e incorpora los ajos.

13. Fríe los San Jacobos en la sartén con los ajos.

14. Sirve los San Jacobos en una fuente acompañados de las judías verdes y ¡disfrútalos!

San Jacobos de ternera y jamón

Ingredientes
Para 4 personas

4 filetes de tapa de ternera
4 lonchas de jamón de york
4 lonchas de queso
2 patatas
harina

huevo
pan rallado
aceite de oliva
sal

Elaboración

1. Sazona los filetes de ternera y extiéndelos con la ayuda de un rodillo (si no tuvieras rodillo, un vaso de tubo o una botella podrían servirte).

2. Coloca una loncha de jamón de york y una loncha de queso encima de cada filete de ternera extendido.

3. Una vez incorporados el queso y el jamón de york en los cuatro filetes, dobla cada uno sobre sí mismo y ya tendrás montados los San Jacobos.

4. Pela las patatas y córtalas en dados.

5. Casca el huevo en un bol y bátelo.

6. A continuación, pasa los San Jacobos por harina, huevo y pan rallado.

7. En una sartén con aceite, fríe los cuatro San Jacobos.

8. Asimismo, en otra sartén puesta al fuego con aceite, fríe los dados de patata.

9. Sirve los San Jacobos acompañados de las patatas y disfrútalos calentitos.

Sandía rellena de fruta helada

Ingredientes
Para 4 personas

1 sandía
2 kiwis
2 melocotones
2 plátanos
media lata de piña en almíbar

1 manzana
¼ kg de fresones
1 melón pequeño
250 g de nata montada

Elaboración

1. Parte la sandía por la mitad y retira y reserva su pulpa.

2. Lava las distintas frutas, pélalas y córtalas.

3. Para que las frutas queden mejor presentadas, puedes, en vez de trocearlas, sacar bolitas de cada una de ellas con la ayuda de un sacabocados.

4. Mezcla la fruta con la nata montada y el azúcar.

5. Por último, introduce la mezcla dentro de la sandía y ésta, a su vez, en el congelador, 30 minutos antes de servirla.

Sándwich caliente de sobrasada, Brie y miel

Ingredientes
Para 4 personas

8 rebanadas de pan de molde
200 g de sobrasada

200 g de queso Brie
50 g de miel

Elaboración

1. Unta un poco de sobrasada en cuatro rebanadas de pan de molde.

2. Añade un poco de miel por encima.

3. Termina colocando una porción de queso encima de la miel y la sobrasada y después, cierra los sándwiches, poniendo las otras cuatro rebanadas de pan de molde sin untar encima.

4. Para terminar, parte en forma de triángulo los cuatro sándwiches preparados y, una vez colocados en una fuente de horno, hornéalos durante 5 minutos a 200 °C, hasta que se tueste el pan y se funda el queso.

5. Sácalos del horno y rápidamente sírvelos en una fuente para poderlos disfrutar calientes.

Sándwich de beicon con ventresca de bonito y cebolla caramelizada

Ingredientes
Para 4 personas

8 rebanadas de pan de molde
1 lata de ventresca de bonito en
    aceite
16 lonchas de beicon

2 cebollas
azúcar
50 g de mantequilla
mayonesa

Elaboración

1. Tuesta el pan y unta las rebanadas con mayonesa.

2. Corta las lonchas de beicon en tiras.

3. A continuación, en una sartén sin aceite, saltea el beicon. Una vez salteado, retíralo del fuego y resérvalo.

4. Pela y trocea la cebolla en tiras.

5. En otra sartén, echa un poco de mantequilla, azúcar y la cebolla en tiras y, a fuego lento, cocina los ingredientes hasta conseguir caramelizar la cebolla. Una vez caramelizada, retira la sartén del fuego y reserva la cebolla.

6. Para montar los sándwiches, coloca sobre las rebanadas de pan la ventresca y, encima, el beicon.

7. Termina coronando las rebanadas anteriores con un poquito de cebolla caramelizada y sobre ésta coloca las otras rebanadas de pan para formar los sándwiches.

8. Sirve los sándwiches en una fuente y ¡disfrútalos!

Sándwich de cangrejo con huevas de salmón

Ingredientes
Para 4 personas

10 palitos de cangrejo
20 g de huevas de salmón
8 rebanadas de pan de molde

**Para la salsa de mayonesa
de leche**
50 ml leche
3 cucharadas de vinagre de Jerez
una pizca de sal
300 ml de aceite de girasol

Elaboración

1. Para preparar la mayonesa de leche, incorpora en el vaso de la batidora la leche, el vinagre y la sal.

2. A continuación, añade en hilo fino (quiere decir dejar caer un líquido en poca cantidad y muy despacio para que ligue sin problemas con ingredientes previamente mezclados), y poco a poco, el aceite de girasol y sigue batiéndolo todo con cuidado para que no se corte la mezcla.

3. Una vez preparada la mayonesa de leche, mézclala en un bol con los palitos de cangrejo previamente desmenuzados.

4. Por otro lado, tuesta las rebanadas de pan de molde y úntalas con la mezcla anterior.

5. Una vez untadas las rebanadas, cierra los sándwiches tapándolos con las otras rebanadas de pan de molde.

6. Corta los sándwiches en triángulos y decora cada uno con huevas de salmón por encima.

7. Sirve los sándwiches en una fuente y ¡a comer!

Sándwich de crema de pollo y nueces

Ingredientes
Para 4 personas

2 pechugas de pollo
125 ml de nata
125 g de nueces peladas

8 rebanadas de pan de molde
aceite de oliva
sal

Elaboración

1. En una sartén con un poquito de aceite, fríe el pollo a la plancha y, una vez frito, retíralo en un plato y déjalo enfriar.

2. Cuando las pechugas de pollo estén frías, pícalas en trocitos pequeños.

3. Por otro lado, mezcla en un bol las nueces peladas con la nata «semi-montada» (bate la nata sin llegar a montarla) y sazona esta mezcla.

4. Incorpora también a la mezcla anterior las pechugas de pollo picado y vuelve a mezclar todos los ingredientes del bol.

5. Para finalizar, unta la mitad de las rebanadas de pan de molde con la crema y cierra los sándwiches, tapando las rebanadas untadas con las restantes rebanadas de pan.

6. Sirve los sándwiches en una fuente y ¡disfruta el plato!

Sándwich de jamón y piña

Ingredientes
Para 4 personas

8 rebanadas de pan de molde
4 lonchas de jamón de york
4 lonchas de queso suizo
mantequilla

unas hojas de lechuga
4 rodajas de piña
8 guindas

Elaboración

1. Unta la mitad de las rebanadas de pan con mantequilla.

2. Lava y trocea la lechuga en tiras y colócalas encima de las rebanadas untadas con mantequilla.

3. Sobre la lechuga incorpora una loncha de jamón de york, otra de queso y unos trozos de piña por cada sándwich.

4. Cierra los sándwiches con las otras cuatro rebanadas de pan de molde y córtalos en triángulos.

5. Por último, pincha una guinda con un palillo en cada triángulo de sándwich y sírvelos en una bandeja.

Sándwich de jamón y queso

Ingredientes
Para 4 personas

4 lonchas de jamón de york
4 lonchas de queso en lonchas

8 rebanadas de pan de molde
mantequilla

Elaboración

1. Coloca una loncha de jamón de york y una loncha de queso entre dos rebanadas de pan de molde hasta formar cuatro sándwiches.

2. Unta con mantequilla por las dos caras los cuatro sándwiches.

3. En una sartén al fuego, pasa a la plancha las dos caras de los cuatro sándwiches, tan sólo vuelta y vuelta.

4. Sirve los sándwiches en cuatro platos y ¡a disfrutarlos!

Sándwich de pollo

Ingredientes
Para 4 personas

pan de molde
1 pechuga de pollo
mayonesa

unas hojas de lechuga
sal

Elaboración

1. Cuece la pechuga de pollo en un cazo puesto al fuego con agua y un poco de sal.

2. Una vez cocida la pechuga de pollo, pícala bien y échala en un bol con un poco de mayonesa.

3. Por otro lado, lava las hojas de lechuga y córtalas en tiras muy finas.

4. Asimismo, incorpora a los ingredientes del bol las tiras de lechuga y vuelve a mezclarlo todo otra vez.

5. Unta la mezcla anterior entre dos rebanadas de pan de molde para elaborar cada uno de los sándwiches.

6. Cuando tengas preparados todos los sándwiches, sírvelos en una fuente.

Sándwich de pollo especiado

Ingredientes
Para 4 personas

8 rebanadas de pan de molde
2 filetes de pechuga de pollo
unas hojas de rúcula
1 yogur natural
2 cucharadas de curry

1 pizca de jengibre
1 pizca de canela
aceite de oliva
sal

Elaboración

1. Tuesta las rebanadas de pan de molde en el tostador.

2. Lava las hojas de rúcula.

3. En una sartén con muy poco aceite, cocina los filetes de pechuga de pollo a la plancha y condiméntalos con sal. Cuando se hayan frito, retíralos del fuego y córtalos en tiras.

4. En un bol mezcla el yogur, el curry, el jengibre y la canela.

5. Unta las rebanadas de pan tostadas con una capa fina de la salsa preparada en el bol.

6. Coloca encima de las rebanadas untadas unas hojas de rúcula y unas tiras de pollo y, a continuación, cierra los sándwiches con las otras rebanadas de pan. Cuando los sándwiches estén montados, corta cada uno de ellos por la mitad.

7. Sírvelos en una fuente y ¡disfrútalos!

Sándwich de revuelto de morcilla de arroz con langostinos

Ingredientes
Para 4 personas

1 morcilla de arroz
4 huevos
4 langostinos

piñones
1 cebollino picado
8 rebanadas de pan de molde

Elaboración

1. Cuece en una cazuela al fuego con agua y sal los langostinos 3 minutos y déjalos enfriar en un bol con hielo.

2. Cuando los langostinos se hayan enfriado, pélalos y trocéalos con un cuchillo.

3. Quítale la piel a la morcilla de arroz.

4. Dora ligeramente los piñones en una sartén.

5. Añade la morcilla sin la piel a la sartén con los piñones.

6. Casca los cuatro huevos y échalos también a la sartén sin parar de remover todos los ingredientes. El huevo tiene que cuajarse ligeramente para que el revuelto quede jugoso. Añade el cebollino picado.

7. Cuando el revuelto esté listo, retira la sartén del fuego.

8. Tuesta las ocho rebanadas de pan en un tostador o al fuego en una sartén y monta cuatro sándwiches que lleven como relleno el revuelto y los langostinos picados.

9. Sirve los sándwiches en una fuente y ¡listo!

Sándwich de salmón ahumado con trigueros

Ingredientes
Para 4 personas

8 lonchas de salmón ahumado
8 espárragos trigueros
80 g de crema de queso con
    sabor de salmón

pan de molde
mantequilla
aceite de oliva
sal

Elaboración

1. Tuesta en una sartén el pan de molde untado con una capa finísima de mantequilla.

2. Unta las rebanadas de pan de molde con la crema de queso con sabor a salmón.

3. En otra sartén, cocina los espárragos a la plancha con un poco de aceite y sal.

4. Corta el salmón ahumado en tiras y colócalas encima de las rebanadas untadas con la crema de queso.

5. Añade los espárragos trigueros al salmón y termina tapando los sándwiches con la otra rebanada de pan de molde.

6. Sirve los sándwiches en una fuente y ¡a comer!

Sándwich de verduras a la plancha con lomo

Ingredientes
Para 4 personas

1 calabacín
1 tomate
1 berenjena
4 filetes de lomo de cerdo

aceite de oliva
sal
8 rebanadas de pan de molde

Elaboración

1. Tuesta las rebanadas de pan de molde en un tostador o en una sartén.

2. Lava muy bien el tomate, el calabacín y la berenjena.

3. Una vez lavadas las verduras, córtalas en rodajas finas.

4. Cocina las verduras a la plancha en una sartén con un poco de aceite y sal.

5. Fríe en otra sartén los filetes de lomo de cerdo, sazonándolos ligeramente.

6. Una vez fritos, deja escurrir el aceite de los filetes sirviéndolos en un plato cubierto de papel de cocina absorbente.

7. Intercala entre dos rebanadas de pan de molde tostado un filete de lomo por persona acompañado de las verduras cocinadas.

8. Cuando tengas montados los cuatro sándwiches, sírvelos en una fuente y ¡listo!

Sándwich especial de queso de cabra

Ingredientes
Para 4 personas

1 rulo de queso de cabra
tomatitos de cóctel
8 rebanadas de pan de molde
leche
2 huevos

margarina de maíz
queso Gouda en lonchas
canónigos
piña natural en trozos

Elaboración

1. Bate en un bol los huevos con un poco de leche e introduce las rebanadas de pan de molde en esta mezcla durante 2 minutos para que se empapen bien.

2. Lava los canónigos.

3. Lava los tomatitos y vacíalos con una cucharita pequeña de su pulpa.

4. A continuación rellena los tomatitos con queso de cabra.

5. Por otro lado, unta las ocho rebanadas de pan con margarina por las dos caras.

6. En una sartén fríe por las dos caras las rebanadas de pan untadas con margarina.

7. Coloca encima de cuatro tostadas una loncha de queso Gouda para que se funda ligeramente con el calor de la fritura.

8. Pon encima del queso Gouda los canónigos y unos trozos de piña.

9. Cuando hayas puesto todos los ingredientes, cierra los cuatro sándwiches con sus respectivas tostadas.

10. Como adorno y para evitar que los sándwiches se abran, prepara cuatro brochetas con los tomatitos rellenos de queso de cabra.

11. Pincha las brochetas preparadas en cada uno de los sándwiches y sírvelos calientes en una fuente.

Sándwich vegetal

Ingredientes
Para 4 personas

8 rebanadas de pan de molde
   integral
6 cucharadas de mayonesa *light*
1 huevo cocido

1 tomate
1 pepino
unas hojas de col

Elaboración

1. Unta un poco de mayonesa en cuatro de las rebanadas de pan de molde integral.

2. Pela el huevo cocido, el tomate y el pepino y córtalos en rodajas finas.

3. Lava las hojas de col, trocéalas y colócalas encima de las rebanadas de pan de molde untadas con mayonesa.

4. Distribuye por encima de las hojas de col las rodajas de tomate, pepino y huevo cocido.

5. Pon un poquito más de mayonesa a los ingredientes de los cuatro sándwiches y tápalos con las cuatro rebanadas de pan restantes.

6. Para finalizar, corta los sándwiches en triángulos y sírvelos en una bandeja.

Sándwiches de colores con ensalada César

Ingredientes
Para 4 personas

Para los sándwiches
8 rebanadas de pan de molde
4 lonchas de lomo de cerdo
   adobado
2 pimientos verdes italianos
8 lonchas de queso para fundir
8 lonchas de jamón cocido
   picadas
medio calabacín
mayonesa
2 tomates

Para la ensalada César
1 lechuga
30 g de beicon en lonchas
1 cucharada de mostaza
1 cucharada de anchoas bien
   picadas
20 g de queso parmesano rallado
1 diente de ajo
el zumo de medio limón
1 yema de huevo
aceite de oliva
pimienta negra
vinagre de Jerez
sal

Elaboración

Para los sándwiches

1. Tuesta las rebanadas de pan de molde en un tostador o en una sartén.

2. Lava los pimientos y córtalos en tiras.

3. Lava el calabacín y córtalo en trozos.

4. Lava el tomate y córtalo en rodajas.

5. En una sartén puesta al fuego con aceite, fríe los filetes de lomo por ambos lados. Una vez frito, retíralos del fuego y resérvalos.

6. En el mismo aceite en el que has frito los filetes de lomo, fríe el pimiento verde en tiras, el calabacín y el jamón cocido.

7. Pon los filetes de lomo sobre cada una de las rebanadas de pan tostadas y, encima de éstos, el queso, el pimiento verde, el tomate y el calabacín, y cubre todo el conjunto con mayonesa.

8. Sobre la mayonesa incorpora el jamón cocido.

9. Para terminar los sándwiches, tapa cada uno de ellos con otra rebanada de pan tostado para cerrarlos. Sírvelos en una fuente.

Para la ensalada César

1. Lava la lechuga y córtala en trozos.
2. Trocea el beicon en tiras y, en una sartén puesta al fuego, saltéalo sin incorporar aceite.
3. Pela el ajo.
4. Por otro lado, unta un bol con un diente de ajo, e incorpora la yema de huevo y las anchoas bien picadas. Mueve los ingredientes con una varilla de cocina (si no tuvieras varilla, remueve los ingredientes con un tenedor) y añade, sin dejar de remover, la mostaza, el vinagre y el zumo de limón.
5. Añade aceite muy despacio hasta que la mezcla emulsione. A continuación, sazona la salsa preparada.
6. Por último, incorpora la lechuga en el bol y mézclala bien con la salsa. Añade el beicon salteado y el queso parmesano rallado.

Acabado

1. Sirve los sándwiches en una fuente acompañados de la ensalada César.
2. ¡Disfruta el plato!

Sándwiches de embutido y queso

Ingredientes
Para 4 personas

12 rebanadas de pan de molde
75 g de cabeza de lomo en
lonchas
75 g de jamón serrano en
lonchas

75 g de chopped en lonchas
150 g de queso en lonchas
2 tomates
aceite de oliva virgen extra
sal

Elaboración

1. Lava los tomates, córtalos en lonchas muy finas y colócalas encima de la mitad de las rebanadas de pan de molde.

2. Echa por encima del tomate un poco de aceite de oliva y una pizca de sal.

3. Encima de algunas rebanadas de pan coloca unas lonchas de chopped y queso; en otras rebanadas coloca unas lonchas de cabeza de lomo y queso y en otras coloca sólo lonchas de jamón serrano.

4. Una vez incorporados todos los rellenos de los sándwiches, ciérralos tapándolos con las restantes rebanadas de pan y a continuación córtalos en forma de triángulos.

5. Sirve los sándwiches en una fuente y ¡disfrútalos!

Sangría

Ingredientes
Para 4 personas

2 naranjas
1 limón
1 pera
2 melocotones
½ kg de fresas
1 l de vino tinto
media rama de canela

media corteza de naranja y
limón ralladas
1 cucharadita de azúcar
⅛ l de brandy
¼ l de gaseosa
cubitos de hielo

Elaboración

1. Pela y trocea las naranjas, el limón, la pera y los melocotones.

2. Lava las fresas y quítales el rabito si lo tuvieran y, a continuación, córtalas en trozos.

3. En un recipiente grande y alto mezcla el vino tinto con la gaseosa, el brandy y el azúcar y remuévelo todo muy bien.

4. Incorpora en el recipiente anterior la fruta troceada, las cortezas de naranja y limón y los cubitos de hielo.

5. Deja enfriar un poco la sangría y sírvela en una jarra de cristal.

Saquitos rellenos de revuelto de hongos

Ingredientes
Para 4 personas

1 paquete de pasta bric
400 g de hongos o setas
aceite de oliva

4 huevos
1 dl de leche
sal

Elaboración

1. Limpia los hongos y córtalos en trozos pequeños.

2. Prepara una sartén al fuego con un chorro de aceite que moje la base.

3. Fríe los hongos en la sartén y cuando estén dorados, agrega los huevos batidos y un chorrito de leche. A continuación, remuévelo y añade un poco de sal.

4. Por otro lado, prepara la pasta bric cortándola en cuadrados y rellénalos con el revuelto preparado en la sartén. Cierra la pasta bric ya rellena en forma de saco.

5. Coloca los saquitos en una bandeja de horno y hornéalos de 8 a 10 minutos a 180 °C.

6. Ya fuera del horno, sirve los saquitos rellenos de hongos en una fuente y ¡disfrútalos!

Sardinas con tomate

Ingredientes
Para 4 personas

½ kg de sardinas
200 g de tomate natural triturado
1 cebolla
2 ajos

harina
azúcar
aceite de oliva
sal

Elaboración

1. Pela y pica la cebolla.
2. Pela el ajo y córtalo en láminas.
3. Rehoga la cebolla picada y el ajo laminado en una cazuela puesta al fuego con aceite de oliva.
4. A continuación, añade a la cazuela el tomate natural triturado, la sal y deja que los ingredientes se cocinen lentamente.
5. Incorpora un poco de azúcar para contrarrestar la acidez del tomate.
6. Por otro lado, quita las espinas de las sardinas y saca los lomos o filetes (si te es más fácil pide en la pescadería que te las preparen).
7. Echa sal en los filetes de sardina y pásalos por harina. En una sartén fríelos con aceite moderadamente caliente.
8. Por último, incorpora los lomos de sardina en la cazuela con el tomate.
9. Mezcla bien el pescado con la salsa de tomate y deja reposar el plato.
10. Sirve las sardinas con la salsa de tomate en una fuente y ¡listo!

Sardinas en escabeche

Ingredientes
Para 4 personas

1 ½ kg de sardinas
1 cabeza de ajo
2 hojas de laurel
aceite de oliva

pimentón
harina
vinagre
sal

Elaboración

1. Calienta en una olla al fuego aceite de oliva.

2. Por otro lado, enharina las sardinas y fríelas en una sartén con aceite. Cuando las sardinas estén fritas retíralas del fuego y resérvalas.

3. Retira un poco de aceite de la fritura de pescado e incorpora parte de ese aceite con un chorro de aceite nuevo en otra sartén. Añade los dientes de ajo y un poco de pimentón.

4. Incorpora abundante vinagre, agua y dos hojas de laurel a la sartén con el resto de los ingredientes.

5. Deja cocer este escabeche durante 10 minutos a fuego lento.

6. Por último, añade las sardinas al escabeche y deja que se cocinen a fuego muy suave durante 5 minutos.

7. Pon las sardinas en escabeche en una fuente y sirve el plato caliente o frío.

8. ¡Disfrútalo!

Sardinas en vinagre

Ingredientes
Para 4 personas

1 kg de sardinas
4 dientes de ajo
½ l de vinagre
perejil

aceite de oliva virgen extra
vinagre
sal

Elaboración

1. Pon una cazuela al fuego con agua a hervir e incorpora tres dientes de ajo.

2. Cuando los ajos se hayan cocido retíralos del fuego e incorpóralos a un bol. Agrega agua fría, sal y el vinagre.

3. Por otro lado, limpia las sardinas de espinas y tripas y saca los lomos (si te es más fácil pide en la pescadería que te las limpien).

4. Pon a macerar los lomos de sardinas en el bol con la mezcla anterior, y mételo a continuación en el congelador durante 48 horas.

5. Cuando haya transcurrido el tiempo indicado, saca el bol del congelador para que se descongele su contenido. Una vez descongelado, retira los lomos de sardinas escurridos.

6. Por último, pica el ajo restante muy fino y pica también el perejil.

7. Sirve los lomos de sardina en una fuente y agrégales por encima el aceite de oliva, el perejil y el ajo picado.

8. ¡El plato está listo!

Sashimi de salmón con ensalada de espinacas y almendras

Ingredientes
Para 4 personas

300 g de salmón limpio
el zumo de medio limón
5 cucharadas de aceite de oliva
    virgen

4 cucharadas de salsa de soja
hojas de menta fresca
1 bolsa de espinacas frescas
100 g de almendras

Elaboración

1. Corta el salmón fresco en láminas.

2. Lava las espinacas.

3. Coloca encima de las láminas de salmón las hojas de menta.

4. En un cazo puesto al fuego pon a calentar el aceite de oliva con la salsa de soja y el zumo de limón.

5. Salsea bien el salmón con la salsa del cazo.

6. Por último, sírvelo en una fuente acompañado de las espinacas frescas y las almendras.

Sepia con mariscos

Ingredientes
Para 4 personas

2 sepias frescas
150 g de coquinas
150 g de berberechos
1 vasito de vino blanco

cebollino
aceite de oliva
sal

Elaboración

1. Limpia las sepias, córtales los bordes y lávalas bien (si te es más fácil pide en la pescadería que te la limpien).

2. Pela y corta en láminas la mitad del ajo y, la otra mitad, pícala.

3. En una sartén puesta al fuego, rehoga con un poco de aceite y el ajo laminado y picado, las coquinas y los berberechos muy bien lavados.

4. Agrega a la sartén el vino blanco seco para que se vayan abriendo las coquinas y los berberechos.

5. Por otro lado, corta la sepia en tiras y hazle unas incisiones para que no se encojan al freírlas.

6. Pon otra sartén al fuego y deja que se caliente hasta que eche humo para cocinar la sepia a la plancha.

7. Pica el cebollino y espolvoréalo por encima de las coquinas y los berberechos.

8. Por último, incorpora a la sartén de las coquinas y los berberechos las tiras de sepia y rehoga el conjunto un instante más.

9. Sirve la sepia con los mariscos en una fuente y ¡disfruta el plato!

Setas gratinadas

Ingredientes
Para 4 personas

1 kg de setas variadas
1 cebolla
ajo
perejil
½ l de crema de leche

aceite de oliva
pimienta
queso rallado
sal

Elaboración

1. Limpia las setas y lávalas bien.
2. En una sartén puesta a fuego lento con un poco de aceite, saltea las setas para que vayan soltando su líquido.
3. Cuando el líquido se haya evaporado, retira las setas del fuego.
4. Añade en esa misma sartén la crema de leche, la sal, la pimienta y el queso rallado.
5. Cocina el conjunto anterior ligeramente para que se reduzca un poco.
6. A continuación, coloca las setas en una fuente de horno y cúbrelas con la salsa preparada en la sartén.
7. Gratina las setas en el horno hasta que se doren.
8. Sirve las setas gratinadas en una fuente y ¡listo!

Solomillo al pimentón

Ingredientes
Para 4 personas

600 g de solomillo limpio
4 dl de nata
pimentón
100 g de champiñones

aceite de oliva virgen extra
harina
sal

Elaboración

1. Corta la pieza de solomillo en filetes de grosor medio.
2. Una vez cortado el solomillo en filetes, sazónalos y echa una pizca de pimentón por ambos lados de cada filete.
3. A continuación, pasa cada filete por harina.
4. Por otro lado, lava y corta en láminas los champiñones y, en una sartén con aceite, saltéalos.
5. En otra sartén con aceite, fríe los solomillos ligeramente.
6. Agrega a la sartén con los solomillos los champiñones laminados y cubre todo el conjunto con la nata líquida.
7. Vuelve a sazonar el plato con sal y un poco más de pimentón.
8. Deja la sartén al fuego hasta que la nata se reduzca.
9. Sirve los solomillos con la salsa en una fuente y disfrútalos calentitos.

Solomillo de cerdo a la mostaza antigua

Ingredientes
Para 4 personas

4 solomillos de cerdo
1 zanahoria
1 chalota
2 cucharadas de mostaza en grano
3 tomates

1 vaso de vino blanco seco
1 vaso de caldo
3 cucharadas de nata líquida
pimienta
aceite de oliva
sal

Elaboración

1. Pon un poco de aceite en un recipiente y caliéntalo en el microondas durante 2 minutos al 100 % de su potencia.

2. Cuando el aceite esté caliente, incorpora los solomillos al recipiente y dale varias vueltas con la ayuda de un tenedor para que se doren por todas sus caras.

3. Una vez dorados, salpiméntalos y deja que reposen envueltos en papel de aluminio.

4. Pela y pica la zanahoria.

5. Lava los tomates y córtalos en cuadrados pequeños.

6. Por otro lado, pela y pica la chalota. A continuación, rehógala en el mismo recipiente en el que previamente rehogaste los solomillos con el aceite caliente para que así se puedan aprovechar los jugos de la carne.

7. Cuando la chalota esté tierna, añade al recipiente la zanahoria picada y, por último, el tomate cortado en cuadrados.

8. Incorpora al conjunto anterior el vino blanco y, a continuación, introduce el recipiente con todas las verduras en el microondas al 100 % de su potencia durante 3 minutos para que se evapore el alcohol y, acto seguido, 2 minutos más para que terminen de cocinarse las verduras.

9. Una vez transcurridos los 5 minutos, añade el caldo y la mostaza y rectifica de sal, si fuera necesario.

10. Por último, añade al conjunto anterior los solomillos, una vez cortados en láminas, y la nata líquida y vuelve a calentar el plato al microondas por espacio de 3 minutos al 100 % de su potencia.

11. El plato ya está listo, ¡sírvelo en una fuente y disfrútalo!

Solomillo en hojaldre

Ingredientes
Para 4 personas

500 g de solomillo de ternera
100 g de champiñones
1 manojo de ajetes
300 g de hojaldre
1 huevo batido

5 dl de caldo de carne
harina de maíz
2 cucharaditas de mostaza
aceite de oliva
sal

Elaboración

1. Lava y pica los champiñones y los ajetes.
2. En una sartén con aceite, saltea los champiñones y los ajetes.
3. En una bandeja de horno extiende el hojaldre.
4. Por otro lado, corta el solomillo, sazónalo y coloca los filetes encima del hojaldre junto con las verduras salteadas.
5. Envuelve el hojaldre sobre sí mismo para que quede cerrado en forma de caramelo.
6. Unta el rulo de hojaldre con el huevo, con la ayuda de un pincel o brocha de cocina.
7. A continuación, introduce la bandeja en el horno y hornea durante 20 minutos a una temperatura de 200 ºC.
8. Por otro lado, pon un cazo al fuego e incorpora el caldo de carne, la mostaza y liga ambos ingredientes con la harina de maíz. Deja cocer el conjunto sin dejar de removerlo hasta que se reduzca el caldo y obtengas una salsa de mostaza homogénea. Una vez conseguida, retira el cazo del fuego y reserva la salsa.
9. Transcurridos los 20 minutos indicados anteriormente, apaga el horno y sirve el solomillo al hojaldre con la salsa de mostaza en una fuente y ¡a la mesa!

Solomillo ibérico a la mostaza

Ingredientes
Para 4 personas

4 solomillos de cerdo limpios
75 g de mostaza
½ l de caldo de carne
1 dl de nata

aceite de oliva
pimienta
sal

Elaboración

1. Salpimenta los solomillos de cerdo y, en una sartén puesta al fuego con un chorrito de aceite, dóralos.

2. Cuando los solomillos cojan color, retíralos de la sartén. Colócalos sobre una fuente de horno y hornéalos entre 5 y 10 minutos.

3. Por otro lado, en un cazo puesto al fuego, calienta el caldo de carne y agrega la nata y la mostaza hasta que la salsa tenga la consistencia y el sabor deseado.

4. Saca los solomillos del horno una vez haya transcurrido el tiempo indicado y córtalos en láminas.

5. Sirve el solomillo en una fuente y acompáñalo por encima con la salsa preparada.

Sopa caliente de tomate y queso

Ingredientes
Para 4 personas

½ kg de tomates
1 cebolla
1 dl de caldo de verduras
50 g de jamón serrano
50 g de queso fresco

4 tomates cherry
azúcar
aceite de oliva
sal

Elaboración

1. Pela y corta en trozos la cebolla.
2. Lava y corta en trozos los tomates. Resérvalos para decorar.
3. Lava y corta por la mitad los tomates cherry.
4. Pon una cazuela al fuego con aceite y rehoga la cebolla y el tomate troceado.
5. Sazona los ingredientes de la cazuela y cúbrelos con el caldo de verduras y deja hervir el conjunto durante 15 minutos.
6. Añade a la cazuela el queso y un poco de azúcar para rectificar la acidez del tomate.
7. A continuación, tritura todos los ingredientes con la batidora y cuélalo para obtener una sopa homogénea.
8. Sirve la sopa de tomate y queso en cuatro cuencos y decora cada uno de ellos con unas tiras de jamón serrano y dos mitades de tomate cherry por cuenco.
9. ¡Disfruta la sopa!

Sopa cremosa de almendras

Ingredientes
Para 4 personas

300 g de pasta de almendra
1 l de leche semidesnatada
150 g de azúcar
50 g de pan

2 ramas de canela
1 corteza de limón
menta fresca
helado de vainilla

Elaboración

1. En una cazuela pon a cocer 30 minutos a fuego lento la pasta de almendra, la leche, el azúcar, el pan troceado, las ramas de canela y la corteza de limón.

2. Una vez cocidos, retira la canela y el limón de la cazuela.

3. Tritura todos los ingredientes de la cazuela con la batidora hasta conseguir una pasta fina y suave.

4. A continuación, sirve la crema en cuatro cuencos individuales y déjala enfriar en la nevera.

5. A la hora de servir la sopa de almendras en los cuatro cuencos, dispón una cucharada de helado de vainilla en cada cuenco y decora cada uno de ellos con una hoja de menta.

Sopa de cebolla

Ingredientes
Para 4 personas

300 g de cebolla
100 g de queso Emmenthal
50 g de mantequilla
3 cucharadas de aceite de oliva

1 l de caldo
4 rebanadas de pan de la víspera
pimienta
sal

Elaboración

1. Pela y corta las cebollas en rodajas muy finas.
2. Incorpora la mantequilla y las rodajas de cebolla en un recipiente para microondas.
3. Cocina en el microondas los ingredientes del recipiente durante 11 minutos al 100 % de potencia, removiendo a mitad de cocción.
4. Añade el caldo al recipiente y vuelve a cocinar el conjunto en el microondas 5 o 6 minutos más al 100 % de potencia hasta que hierva.
5. Una vez cocinada la sopa, sazónala antes de servirla.
6. Sirve la sopa en cuatro cuencos individuales y reparte rebanadas de pan sobre la superficie.
7. Cubre el pan con queso rallado y mete los cuencos al grill del microondas o del horno para que se funda.
8. ¡Disfruta la sopa calentita!

Sopa de cebolla montañesa

Ingredientes
Para 4 personas

300 g de cebolla
100 g de queso rallado
2 rebanadas de pan frito cortado
    en dados
2 huevos

150 cl de aceite de oliva
600 cl de caldo
pimienta
sal

Elaboración

1. Pela y corta la cebolla en medios aros.

2. En una cazuela puesta al fuego, pocha la cebolla durante 20 minutos, a fuego suave, sin que coja color.

3. A continuación, cubre la cebolla con el caldo de ave y deja que hierva lentamente durante 15 minutos.

4. Bate los huevos en un bol y añádelos a la sopa de la cazuela removiéndolos hasta que cuajen.

5. Agrega por último el queso rallado y los dados de pan frito y salpimenta la sopa.

6. Deja reposar la sopa antes de servirla en cuatro cuencos individuales.

7. ¡La sopa está lista!

Sopa de marisco

Ingredientes
Para 4 personas

1 calamar
200 g de chirlas
100 g de gambas
100 g de rape
1 l de caldo de pescado
media cebolla
1 tomate

1 cucharada de pulpa de
    pimiento choricero
harina
1 dl de vino blanco
aceite de oliva virgen extra
sal

Elaboración

1. Pela y pica medio ajo y media cebolla y rehoga ambos en una cazuela puesta al fuego con aceite de oliva. A continuación, sazónalos.

2. Por otro lado, ralla el tomate pelado en un bol.

3. Incorpora en la cazuela una cucharada pequeña de pulpa de pimiento choricero, el tomate rallado, una cucharada de harina y deja rehogar a fuego lento todo el conjunto.

4. Cubre con el caldo de pescado todos los ingredientes de la cazuela y deja que hiervan durante 10 minutos.

5. Mientras tanto, corta el rape en trozos pequeños y sazónalos.

6. Sazona asimismo las chirlas, los calamares y las gambas peladas.

7. En una sartén con un poco de aceite, saltea las chirlas, los trozos de rape, los calamares y las gambas.

8. Moja los ingredientes de la sartén con el vino y deja que reduzca.

9. Para presentar el plato, sirve los mariscos y el pescado en el centro de cada uno de los cuatro platos y cúbrelos con la sopa.

Sopa de menudillos

Ingredientes
Para 4 personas

1 cuarto trasero de gallina limpio
1 punta de jamón
2 huevos cocidos
1 cebolleta
1 ajo

azafrán
pan tostado
1 copita de vino de Jerez
aceite de oliva
sal

Elaboración

1. En una olla puesta al fuego, incorpora la gallina limpia y la punta de jamón.

2. Cubre los ingredientes con agua y deja que hiervan a fuego suave durante 45 minutos.

3. Transcurrido el tiempo indicado, retira la gallina y el jamón del caldo.

4. Por otro lado, pela y corta en trozos las cebolletas y el ajo.

5. En otra olla con un poco de aceite sofríe la cebolleta y el ajo picados.

6. Cubre la cebolleta y el ajo con el caldo y deja que hierva a fuego alto durante 2 minutos.

7. En un mortero, maja el pan frito en dados, la yema de huevo cocido, el vino y las hebras de azafrán.

8. Incorpora el majado al caldo.

9. Por último, pica la carne de gallina, el jamón y el huevo cocido y agrega todo al caldo.

10. Sirve el caldo en una sopera y ¡a la mesa!

Sopa de pescado y huevos escalfados

Ingredientes
Para 4 personas

¼ kg de pescado blanco limpio
   (congrio, merluza, etc.)
1 patata
1 puerro
4 huevos

pimentón
hierbabuena
harina
aceite de oliva
sal

Elaboración

1. Limpia y trocea el puerro.
2. En un cazo con agua puesto al fuego, cuece el pescado y el puerro durante 15 minutos.
3. Después de la cocción, cuela el caldo en un bol y sazónalo.
4. Por otro lado, pela la patata y córtala en dados para a continuación rehogarla en una cazuela puesta al fuego con aceite.
5. Incorpora a esta cazuela el caldo, añade también el pimentón y deja cocer unos 20 minutos.
6. En un cazo aparte puesto al fuego, escalfa los huevos en agua salada con vinagre durante 4 minutos. Y, una vez escalfados, añádelos a la sopa.
7. Trocea el pescado e incorpóralo también al caldo.
8. Corta la hierbabuena en tiras muy finas y añádelas también al caldo pero ya fuera del fuego.
9. Sirve la sopa en una sopera y ¡llévala a la mesa!

Sopa de pollo y huevo hilado

Ingredientes
Para 4 personas

2 contramuslos de pollo en
    filetes
1 punta de jamón
1 puerro
2 huevos

azafrán
hierbabuena
harina
aceite de oliva
sal

Elaboración

1. En una cazuela puesta al fuego, prepara un caldo con agua, el puerro limpio y la punta de jamón.

2. Una vez que el caldo esté listo, retíralo del fuego y cuélalo.

3. Por otro lado, corta en tiras muy finas los filetes de pollo y rehógalos en otra cazuela puesta al fuego con aceite.

4. Sazona las tiras de pollo y cúbrelas con el caldo preparado.

5. Incorpora unas hebras de azafrán al caldo y deja cocer el conjunto unos 15 minutos.

6. A continuación sirve la sopa en cuatro cuencos individuales.

7. En un bol mezcla los huevos batidos, una cucharada de harina y un poco de agua y con esta mezcla forma hilos de huevo sobre la sopa muy caliente, con ayuda de una manga pastelera o una jeringuilla.

8. Por último, decora la sopa con hierbabuena picada.

Sopa de rape y huevos de codorniz

Ingredientes
Para 4 personas

¼ kg de rape
200 g de gambas
100 g de chirlas
1 patata
1 puerro
8 huevos de codorniz

azafrán
hierbabuena
harina
aceite de oliva
sal

Elaboración

1. Pela las gambas y lava muy bien las chirlas.
2. Pela la patata y córtala en trozos.
3. Lava el puerro y pícalo.
4. En una olla puesta al fuego, prepara un caldo con agua, la espina de rape y las cabezas de gambas.
5. Una vez el caldo esté listo, retíralo del fuego y cuélalo.
6. En otra cazuela puesta al fuego con aceite, incorpora el puerro y la patata, sazona ambos ingredientes y rehógalos.
7. Moja los ingredientes de la cazuela con el caldo de pescado y déjalo cocer durante 20 minutos.
8. Añade las hebras de azafrán, las gambas peladas y las chirlas.
9. Casca los huevos de codorniz sobre la sopa.
10. Por otro lado, corta el rape en dados, sazónalo, enharínalo y fríelo en una sartén puesta al fuego con aceite.
11. Sirve la sopa acompañada de los trozos de rape y decórala con unas hojitas de hierbabuena por encima.
12. ¡Disfrútala calentita!

Sopa de verduras

Ingredientes
Para 4 personas

2 zanahorias
medio repollo
1 cebolla mediana
5 dientes de ajo
1 l de caldo de verduras

4 huevos
perejil picado
aceite de oliva virgen extra
sal

Elaboración

1. En un mortero, maja los ajos pelados con un poco de sal.

2. Rehoga el majado anterior en una cazuela puesta al fuego con un poco de aceite.

3. Pela y corta la cebolla y la zanahoria.

4. Asimismo lava, limpia el repollo y córtalo en bastones.

5. Incorpora las verduras anteriores a la cazuela y deja que se rehoguen.

6. Cubre los ingredientes de la cazuela con el caldo de verduras y deja cocer todo el conjunto entre 15 y 18 minutos.

7. Por otro lado, separa las yemas de huevo de las claras.

8. Baja el fuego de la cazuela e incorpora las yemas a la sopa con cuidado.

9. Por último, sirve la sopa en cuatro cuencos individuales, poniendo una yema de huevo por persona y decora cada cuenco con un poco de perejil picado.

Sopa fría de melón con jamón

Ingredientes
Para 4 personas

medio melón	cubitos de hielo
miga de pan duro	aceite de oliva
1 ajo	vinagre
50 g de jamón ibérico	sal

Elaboración

1. Corta una porción de melón, quítale la piel, pártelo por la mitad y despepítalo.

2. A continuación, saca unas bolitas de melón con un sacabocados y resérvalas.

3. Trocea el resto del melón e incorpóralo a un bol.

4. Añade al bol el pan, el ajo, el aceite de oliva, el vinagre y los cubitos de hielo y tritura todos los ingredientes con la batidora.

5. A continuación, cuela la mezcla obtenida para conseguir una crema homogénea.

6. Sirve la sopa de melón en cuatro cuencos individuales y acompáñala con las bolitas de melón.

7. Por último, decora cada cuenco con el jamón ibérico cortado en tiritas.

Sorbete de calabaza

Ingredientes
Para 4 personas

½ kg de pulpa de calabaza
1 mango
2 cucharadas de azúcar integral
  de caña

esencia de naranja
esencia de vainilla
hojas de menta

Elaboración

1. Cuece en un cazo al fuego la pulpa de calabaza con muy poca agua hasta que quede blanda.

2. Una vez cocida la pulpa de calabaza, déjala enfriar y resérvala.

3. En el vaso de la batidora, tritura la pulpa de la calabaza cocida con la batidora y vierte el resultado en una bandeja de cubitos de hielo.

4. A continuación, mete en el congelador la bandeja de cubitos de hielo y déjalos ahí hasta que se congelen.

5. Por otro lado, pela el mango y, en el vaso de la batidora, tritura su pulpa con la batidora, junto con las esencias de vainilla y de naranja y el azúcar integral de caña.

6. Cuando los cubitos de calabaza estén congelados, tritúralos con la batidora junto con el puré de mango.

7. Sirve el sorbete en cuatro copas de forma inmediata y decora cada una con una hoja de menta.

Tabla de embutidos con acompañamiento

Ingredientes

Para 4 personas

200 g de jamón ibérico
200 g de lomo ibérico
200 g de chorizo
200 g fuet
200 g de queso manchego

2 chapatas de pan
1 kg de tomates maduros
aceite de oliva
sal

Elaboración

1. Coloca en una fuente el jamón, el lomo, el chorizo, el fuet y el queso.

2. Lava los tomates y rállalos y, a continuación, mézclalos con el aceite de oliva y con un poquito de sal.

3. Por otro lado, corta las dos chapatas en rebanadas y úntalas con la mezcla de tomate obtenida con anterioridad.

4. Para presentar el plato, coloca las rebanadas de chapata untadas con tomate, en una fuente distinta de la de los embutidos.

Tacos de berenjena con pisto

Ingredientes
Para 4 personas

2 berenjenas
1 cebolla
1 pimiento verde

salsa de tomate
aceite de oliva
sal

Elaboración

1. Cuadra la parte central de las berenjenas, sazónalas por todas las caras y colócalas en una fuente de horno.

2. Riega las berenjenas con aceite de oliva y hornéalas 25 minutos a 180 °C.

3. Pela y trocea la cebolla.

4. Lava el pimiento verde y trocéalo.

5. Rehoga la cebolla y el pimiento en una sartén con un poco de aceite.

6. Sazona las verduras de la sartén y agrégales la salsa de tomate. Cocina todo el conjunto a fuego suave hasta que las verduras estén «al dente».

7. Por último, sirve los tacos de berenjena en una fuente y acompáñalos con el pisto.

Tallarines a la marinera

Ingredientes
Para 4 personas

300 g de tallarines · pimentón
¼ kg de chirlas perejil fresco picado
1 sepia pequeña harina
2 ajos aceite de oliva
1 cucharada de tomate triturado sal
1 dl de caldo de pescado

Elaboración

1. Pon en remojo en un bol las chirlas con un poco de sal para eliminar la arenilla y escúrrelas.

2. Cuece la pasta fresca en un cazo puesto al fuego con abundante agua hirviendo y sal. Cuando la pasta se haya cocido, escúrrela y resérvala.

3. Pela el ajo y filetéalo.

4. A continuación, rehoga el ajo en una cazuela puesta al fuego con aceite de oliva.

5. Agrega a la cazuela el tomate triturado, el caldo de pescado y las chirlas.

6. Lava y limpia la sepia y agrégala también a la cazuela.

7. Añade a la cazuela una cucharada de harina para ligar la salsa y un poco de pimentón.

8. Por último, incorpora la pasta a la cazuela y saltéala.

9. Sirve la pasta en una fuente y decora el plato con perejil fresco picado.

Tallarines con chirlas

Ingredientes
Para 4 personas

300 g de tallarines
¼ kg de chirlas
2 ajos
1 copa de vino oloroso

cebollino
perejil picado
aceite de oliva
sal

Elaboración

1. Cuece la pasta en un cazo con abundante agua hirviendo y sal.

2. En otro cazo puesto al fuego agrega un poco de vino oloroso e incorpora las chirlas, poniéndoles una tapa para que se abran al vapor.

3. Una vez que los tallarines se hayan cocido, escúrrelos del agua y saltéalos en una sartén con un poco de aceite y con ajo picado.

4. Agrega a continuación las chirlas abiertas a la sartén en la que se saltean los tallarines.

5. Por último, sirve los tallarines en una fuente y decora el plato con el cebollino picado y el perejil picado.

Tallarines de arroz con sopa de setas

Ingredientes
Para 4 personas

200 g de tallarines finos de arroz
200 g de setas shitake
salsa de soja
2 huevos

1 dl de vino de Jerez
aceite de oliva
sal

Elaboración

1. Lava y limpia las setas shitake y trocéalas para rehogarlas en una sartén con aceite de oliva.
2. Sazona las setas y mójalas con el vino de Jerez.
3. Deja que se evapore el alcohol del vino al fuego y añade a continuación la salsa de soja.
4. Incorpora agua y deja que el conjunto rompa a hervir.
5. Agrega unos tallarines de arroz despegándolos ligeramente y déjalos cocer junto con el resto de los ingredientes.
6. Por otro lado, casca y bate los huevos en un bol.
7. Mete los huevos batidos en una jeringa para incorporar el huevo en forma de hilo en la sopa.
8. Sirve la sopa al instante con los hilitos de huevo.

Tarta de queso y frambuesas

Ingredientes
Para 4 personas

150 g de galletas trituradas
80 g de mantequilla fundida
60 ml de mermelada de
    frambuesa
250 g de frambuesas
250 g de queso de crema

75 g de azúcar
2 cucharadas de harina de maíz
300 ml de nata
4 huevos
ralladura de limón
2 cucharadas de zumo de limón

Elaboración

1. Mezcla las galletas con la mantequilla en un bol.

2. Forra con la mezcla resultante un molde de tarta.

3. En otro bol incorpora y bate el queso con el azúcar y la harina de maíz.

4. Añade a este bol la nata, los huevos, la ralladura y el zumo de limón. Introduce el bol en el microondas para que se cueza durante 10 minutos al 100 % de su potencia y remueve la mezcla a menudo en el transcurso de ese tiempo.

5. Con la mezcla obtenida después de la cocción, llena el molde de tarta.

6. Calienta la mermelada de frambuesa en el microondas.

7. Deja enfriar el contenido del molde y cúbrelo con la mermelada y las frambuesas.

8. Por último, mete el molde en la nevera para que se enfríe y una vez esté frío ¡disfruta la tarta!

Tartaletas de beicon con cebolla

Ingredientes
Para 4 personas

12 tartaletas de hojaldre
3 huevos
4 lonchas de beicon

media cebolla
unas pasas

Elaboración

1. Pica el beicon en tiritas.

2. Trocea la cebolla en dados.

3. Rehoga en una sartén con un poco de aceite de oliva el beicon en tiritas y la cebolla troceada.

4. Por otro lado, bate los tres huevos en un bol e incorpora la mezcla de cebolla y beicon rehogados.

5. En otra sartén con una gota de aceite, cuaja un revuelto con los ingredientes del bol.

6. Una vez cocinado, rellena las tartaletas de hojaldre con el revuelto y, a continuación, coloca las tartaletas en una fuente.

7. ¡Listo para compartir!

Tartar de lubina con huevas de salmón

Ingredientes
Para 4 personas

400 g de lubina fresca
huevas de salmón
1 cucharada sopera de perejil
1 cucharada de mostaza
4 cucharadas soperas de aceite
   de oliva

4 escalonias
2 cucharadas de vino blanco
zumo de lima
pimienta
sal

Elaboración

1. Corta en dados pequeños la lubina.

2. Pica las escalonias.

3. Macera los dados de lubina en un bol con aceite de oliva, perejil, escalonias picadas, vino blanco, sal y pimienta.

4. Añade al conjunto anterior un poco de zumo de lima y una pizca de mostaza.

5. Sirve en cuatro platos una ración de tartar de lubina y acompáñalas con las huevas de salmón por encima.

6. ¡Disfruta el plato!

Tartar de trucha asalmonada

Ingredientes
Para 4 personas

2 truchas asalmonadas sin
  espina y en lomos
50 g de huevas de salmón
2 huevos cocidos
1 cebolleta
mostaza

pepinillos en vinagre
alcaparras
pimienta negra
aceite de oliva
sal

Elaboración

1. Pica con un cuchillo los lomos de trucha en trozos muy pequeños e incorpora éstos en un bol.

2. Pela los huevos cocidos y trocéalos. Incorpóralos al bol de la trucha.

3. Asimismo, trocea los pepinillos y la cebolleta e incorpóralos al bol de la trucha.

4. Por otro lado, incorpora en otro recipiente la mostaza, la cebolleta picada, los pepinillos picados, las alcaparras, la sal y la pimienta negra molida y mezcla todos estos ingredientes muy bien.

5. Incorpora la mezcla de este último recipiente al bol del pescado y vuélvelo a mezclar todo muy bien.

6. Sirve el plato en una fuente y acompáñalo con las huevas de salmón.

7. ¡El plato está listo!

Tatín de tomate

Ingredientes
Para 4 personas

8 tomates pelados
1 cebolla
1 puerro
300 g de hojaldre
100 g de queso fresco de cabra
azúcar

aceite de oliva
sal
hierbas aromáticas al gusto
   (eneldo, perejil, cilantro,
   romero...)

Elaboración

1. Pela y parte la cebolla en medios aros y el puerro en rodajitas.

2. Rehoga la cebolla y el puerro en una olla baja puesta al fuego con un poco de aceite.

3. Incorpora a la olla azúcar para caramelizar y baja el fuego.

4. Por otro lado, corta unos tomates pelados por la mitad y colócalos en una cazuela de barro.

5. Echa azúcar y unos trozos de mantequilla por encima de los tomates.

6. Sazona la cebolla y el puerro, por un lado, y los tomates, por otro.

7. Corta una plancha de hojaldre en forma redonda con un molde.

8. Cubre la cazuela de barro con el tomate con el hojaldre, recorta los bordes y ajusta al molde de horno.

9. Hornea los tomates durante 20 minutos a unos 180 °C.

10. Por último, desmolda el hojaldre y sírvelo en una fuente.

11. Sirve por encima del hojaldre la cebolla confitada y el queso de cabra troceado, una vez hayas retirado su corteza. Por último, añade al plato hierbas aromáticas al gusto.

12. ¡Disfruta el plato!

Tejas de almendra y trufas de chocolate

Ingredientes
Para 4 personas

Para las tejas de almendra
120 g de mantequilla
180 g de almendras en polvo
125 g de azúcar
2 claras de huevo
papel sulfurizado o de horno

Para las trufas de chocolate
150 g de chocolate negro
90 g de nata
50 g de cacao en polvo

Elaboración

1. Para preparar las tejas, funde en un bol la mantequilla en el microondas 2 minutos al 100 % de su potencia.

2. Añade a la mantequilla fundida, la almendra en polvo, el azúcar y las claras de huevo.

3. Distribuye pequeñas cucharadas de la mezcla resultante sobre un papel engrasado y mete éste en el microondas 3 minutos al 100% de su potencia.

4. Nada más cocinar las pequeñas cucharadas de la mezcla anterior, coloca cada una de ellas sobre una botella para darles forma de teja.

5. A continuación, deja que las tejas se enfríen.

6. Para preparar las trufas, calienta la nata en un bol en el microondas durante 1 minuto y medio al 100 % de su potencia.

7. Incorpora al bol anterior el chocolate troceado y vuelve a calentar la nata con el chocolate 3 minutos más al 50 % de su potencia.

8. Mezcla muy bien la crema resultante y déjala enfriar en la nevera para que se endurezca.

9. Una vez fría la crema, forma bolitas con dos cucharas y reboza éstas en cacao amargo.

10. Sirve las tejas y las trufas en una fuente y ¡disfrútalas!

Tempura de alitas de pollo marinadas

Ingredientes
Para 4 personas

1 kg de alones de pollo
1 cerveza
2 ajos
comino en polvo
jengibre
salsa de soja

harina de arroz
1 huevo
2 dl de nata líquida
mostaza semidulce
aceite de oliva

Elaboración

1. Limpia los alones de pollo quitándoles la piel y deshuésalos.

2. Pon el pollo a marinar, durante 8 horas, en un recipiente con el ajo machacado, la cerveza, la salsa de soja, el comino y el jengibre.

3. Casca un huevo en un bol y separa su yema.

4. Por otra parte, prepara la pasta de tempura mezclando en otro recipiente la harina de arroz, la yema de huevo y agua muy fría. Deja reposar.

5. Asimismo, pon un cazo al fuego e incorpora la nata y la mostaza semidulce hasta que la salsa se ligue.

6. Escurre muy bien los alones del marinado (para ello puedes colocar los alones en un plato al que previamente hayas cubierto con papel de cocina absorbente) y, a continuación, pasa los alones por la pasta de tempura.

7. En una sartén con aceite, fríe los alones previamente rebozados en la pasta de tempura.

8. Sírvelos en una fuente y acompáñalos con la salsa de mostaza.

9. ¡A comer!

Tempura de mariscos

Ingredientes
Para 4 personas

12 langostinos pelados
8 mejillones
1 sepia
8 palitos de mar
harina de arroz
1 yema de huevo

agua fría
aceite de oliva virgen extra
salsa de soja
vinagre de arroz
sal

Elaboración

1. Llena un bol con agua muy fría.
2. Añade al bol la harina de arroz y mézclala bien con el agua con la ayuda de unas varillas.
3. Incorpora al bol una yema de huevo y, una vez integrada y ligada la pasta resultante, déjala reposar.
4. Por otro lado, lava y limpia la sepia y trocéala.
5. Calienta el aceite de oliva en un *wok* o en un recipiente hondo para freír.
6. Por otro lado, en una cazuela puesta al fuego con agua, cuece al vapor (tapando la cazuela con una tapadera) los mejillones y sácalos de su concha, una vez se hayan abierto. Seca los mejillones una vez les hayas escurrido el agua.
7. Con la pasta preparada con anterioridad, ve bañando los mejillones, la sepia, los langostinos y los palitos de mar.
8. Por último, en el wok o recipiente hondo, fríe los mariscos y pescados (la sepia, los langostinos, los mejillones y los palitos de mar) rebozados en la pasta. Elimina el exceso de aceite poniéndolos sobre un plato con papel de cocina absorbente.
9. Sirve la tempura de marisco en una fuente y acompáñala con la salsa de soja y el vinagre de arroz.
10. ¡Disfruta el plato!

Tempura de verduras y pescado

Ingredientes
Para 4 personas

1 manojo de espárragos verdes	1 yema de huevo
1 manojo de ajetes frescos	230 ml de agua fría
1 calabacín	250 g de harina
12 gambas peladas con colita	aceite de oliva suave
300 g de salmón fresco	salsa de soja
flores de brécol escaldadas	sal

Elaboración

1. Limpia y corta las verduras.

2. Asimismo, limpia y seca muy bien las gambas y el salmón antes de freírlos.

3. Mezcla en un bol la yema de huevo con el agua fría y, a continuación, ve incorporando la harina mezclando todo el conjunto suavemente. Prueba la mezcla de sal y rectifica si fuera necesario.

4. Reboza las verduras, el salmón y las gambas con la pasta del bol.

5. Pon una sartén al fuego con aceite y, una vez que esté bien caliente, fríe las verduras y, seguidamente, el salmón y las gambas.

6. Cuando las verduras se hayan dorado, sácalas de la sartén y escurre el exceso de grasa dejándolas reposar sobre un plato cubierto con papel de cocina absorbente.

7. Asimismo, una vez que se haya dorado el pescado, retíralo del fuego y escurre el exceso de grasa dejándolo reposar sobre un plato cubierto con papel de cocina absorbente.

8. Por último, sirve en una fuente las verduras y el pescado frito mezclados y acompaña el plato con salsa de soja.

Tentempié de paté de atún

Ingredientes
Para 4 personas

2 latas de atún en aceite de oliva
1 bote de mayonesa

media cebolla
colines de pan

Elaboración

1. Abre las dos latas de atún y escurre el aceite.
2. Pela y pica la cebolla en trocitos muy pequeños.
3. En un bol, mezcla el atún con la cebolla e incorpórale a estos ingredientes cuatro cucharadas de mayonesa hasta que obtengas el paté de atún.
4. Sirve el paté en un cuenco y acompáñalo con colines finitos de pan para mojar. ¡El tentempié ya está listo!

Terrina de foie

Ingredientes
Para 4 personas

1 hígado de pato fresco
50 ml de Oporto
azúcar en polvo
pimienta blanca molida
sal fina

Para la guarnición
2 manzanas Golden
medio vaso de agua
1 vaso de vino blanco
5 cucharadas de azúcar
3 cucharadas de mantequilla

Elaboración

1. Forra un molde de *plum cake* con papel de cocina transparente (papel film).
2. Limpia bien el hígado de pato quitándole todas las venas. Sazónalo con sal, azúcar molido y pimienta blanca.
3. Dispón el hígado en un bol con vino de Oporto y mezcla muy bien todos los ingredientes con las manos.
4. Deja macerar el hígado 1 hora en la nevera.
5. Transcurrida la hora, saca el hígado de la nevera e introdúcelo en el molde. Cierra el molde muy bien con el papel film y coloca encima del papel film algo de peso para conseguir que el foie se compacte bien.
6. Llena otro molde más grande con agua hasta la mitad para introducirle el molde con el foie y hornéalo al baño María durante 30 minutos a 150 °C.

Para la guarnición

1. Pela las manzanas y córtalas en trozos y, a continuación, échales un poco de sal.
2. En una sartén puesta al fuego, cocina la manzana con el vino, el agua, el azúcar y la mantequilla.
3. Deja hervir el conjunto a fuego suave y cuando los trozos de manzana hayan cogido color, sácalos del fuego y déjalos enfriar.
4. Sirve una lámina de foie en cada plato y acompáñala con unos trozos de manzana.
5. El plato está listo para disfrutarlo.

Terrina de salmón con crema de pepino

Ingredientes
Para 4 personas

120 g de salmón ahumado
120 g de crema de queso
media cucharada de gelatina
    en polvo
4 cucharadas de
    mantequilla
aceite de oliva
caldo de ave
tabasco
pimienta en grano
perifollo

pimienta blanca
el zumo de 1 limón

Para la guarnición
1 pepino cortado en dados
medio brick de nata líquida
1 cucharada sopera de vinagre
    de Jerez
media cucharada de perifollo
    picado
sal

Elaboración

1. En un cazo puesto al fuego, vierte el zumo de un limón e incorpora la gelatina para disolverla al fuego.

2. Reserva un par de lonchas de salmón y el resto tritúralas con la batidora junto con la crema de queso. Añade a esta crema un poco de caldo de ave, aceite de oliva, mantequilla, tabasco y pimienta. Mezcla de nuevo muy bien todos los ingredientes y, por último, incorpora la gelatina y vuelve a mezclarlo todo muy bien.

3. Extiende en un molde una de las lonchas de salmón reservadas, cúbrela con la mousse preparada con anterioridad y cubre el conjunto con la otra loncha de salmón.

4. Deja enfriar el molde en el que has montado la terrina de salmón durante 24 horas en la nevera.

5. Por otro lado, con la ayuda de la batidora, bate la nata líquida con el vinagre y el perifollo picado. Y por último, agrega los daditos de pepino y prueba de sal por si tuvieras que rectificar.

6. Para presentar el plato, corta la terrina de salmón en cuatro porciones, pon cada una en un plato y sírvela acompañada de la crema de pepino preparada.

7. ¡Disfruta el plato!

Tomate relleno de melva canutera

Ingredientes
Para 4 personas

4 tomates rojos
2 latas de 180 g de melva
   de atún
1 pimiento verde italiano
media cebolla

sal
mayonesa
pistachos
unas hojas de albahaca

Elaboración

1. Lava el pimiento verde y trocéalo.

2. Pela la cebolla y córtala también en trozos.

3. Para pelar los tomates, mételos en un cazo puesto al fuego con un poco de agua y déjalos hervir 2 minutos.

4. Una vez transcurridos los 2 minutos, retira el cazo del fuego y pela los tomates haciéndoles un corte con un cuchillo en forma de cruz por su base (lado contrario al que tendría el tallo).

5. Corta la parte superior o «sombrero» de los tomates (la parte del tallo) y resérvalas.

6. Saca la pulpa del tomate, con mucho cuidado, con la ayuda de una cucharita.

7. Por otro lado, mezcla en un bol la cebolla y el pimiento troceados con la melva de atún, previamente desmenuzada, y añade a la mezcla cuatro cucharadas soperas de mayonesa. Una vez introducidos todos los ingredientes en el bol, mézclalo todo muy bien y sazónalo.

8. Rellena los tomates vaciados con la mezcla del bol y una vez rellenos, tápalos con sus correspondientes partes superiores o «sombreros».

9. Para presentar el plato, sirve los tomates rellenos en una fuente y decóralos con pistachos troceados y hojas de albahaca por encima.

Tomate relleno de sepia con ensalada

Ingredientes
Para 4 personas

Para los tomates rellenos
4 tomates
300 g de sepia
2 dientes de ajo
vinagre de Módena
el zumo de medio limón
1 chorrito de vino blanco
cebollino picado
aceite de oliva
salsa rosa
2 pepinos
1 cebolla morada
sal

Para la vinagreta de manzana verde y comino
2 manzanas verdes Granny Smith
el zumo de medio limón
50 ml de vinagre de Jerez
200 ml de aceite de oliva virgen extra
cebollino picado
comino
sal

Elaboración

1. Cuece los tomates en agua hirviendo durante 1 minuto.

2. Enfría en agua con hielo los tomates una vez cocidos y cuando los hayas escurrido del agua, pélalos y quítales las pepitas y, con una cuchara, vacía un poco de la pulpa.

3. Pela y corta en láminas los ajos.

4. En una sartén puesta al fuego con aceite saltea los ajos cortados en láminas.

5. Por otro lado, trocea la sepia en dados muy pequeños e incorpóralos a la sartén para saltearlos junto con los ajos.

6. Añade a la sartén vino blanco, zumo de limón y vinagre. Baja el fuego y cocina todo el conjunto unos minutos más. A continuación, pon los ingredientes a punto de sal y añade el cebollino picado.

7. Una vez cocinados los ingredientes de la sartén, escurre el aceite sobrante colocándolos en una fuente cubierta con papel de cocina absorbente. Mezcla con la salsa rosa.

8. Rellena los tomates con el sofrito de sepia y resérvalos.

9. Por otro lado, prepara la ensalada con la que acompañarás los tomates rellenos.

10. Para la ensalada, lava los pepinos y pícalos en juliana (trozos finitos).

11. Pela la cebolla y pícala en juliana.

12. Para preparar la vinagreta con la que aliñarás la ensalada, pela y corta las manzanas en cuadrados pequeños. Échalas en un bol con el zumo de limón, el vinagre, el aceite, el cebollino y el comino. Mezcla bien todos los ingredientes de la vinagreta y aliña la cebolla y el pepino con ella.

13. En una fuente sirve los tomates rellenos de sepia y acompáñalos de la ensalada aliñada con la vinagreta preparada.

* * *

Tomates rellenos de carne

Ingredientes
Para 4 personas

4 tomates grandes
200 g de carne picada de ternera
100 g de carne picada de cerdo
    ibérico
2 ajos

1 pimiento verde
1 pimiento rojo
1 cebolla
aceite de oliva
sal

Elaboración

1. Lava y vacía los tomates de su pulpa.

2. Pela y pica el ajo.

3. Tritura la pulpa de los tomates con la batidora y pásala por un colador.

4. Saltea la pulpa colada en una sartén puesta al fuego con un poco de aceite.

5. Incorpora las carnes picadas y el ajo picado a la sartén y saltéalas 1 minuto.

6. Sazona y rellena los tomates con el sofrito de carne.

7. Coloca a continuación los tomates rellenos en una bandeja de horno.

8. Hornea los tomates en el horno a 180 °C durante 20 minutos.

9. Por otro lado, lava los pimientos y córtalos en tiras muy finas.

10. Pela y corta la cebolla también en tiras muy finas.
11. Fríe las verduras picadas en una sartén con abundante aceite.
12. Una vez fritas, deja que reposen en un plato cubierto con papel de cocina absorbente para que suelten el aceite sobrante.
13. Por último, sirve los tomates rellenos en una fuente y acompáñalos con las verduras fritas en tiras.
14. ¡El plato está listo!

* * *

Tortellini a la crema

Ingredientes
Para 4 personas

250 g de tortellini rellenos de carne
1 puerro limpio
2 dl de nata liquida
2 yemas de huevo batidas

1 rama de romero fresco
nuez moscada
aceite de oliva
sal

Elaboración

1. Cuece los tortellini en una cazuela de agua hirviendo con sal y romero.
2. Una vez cocidos, escúrrelos y resérvalos.
3. Por otro lado pica el puerro y rehógalo en una sartén con aceite.
4. Añade la nata al puerro, pon un poco de nuez moscada y deja que el conjunto reduzca.
5. Incorpora los tortellini a la sartén y deja hervir los ingredientes 1 minuto más.
6. Agrega por último las yemas de huevo batidas, mantén unos segundos todo al fuego y retíralo.
7. Sirve los tortellini en una fuente con la crema acompañados de romero fresco y ¡disfrútalos!

Tortilla de calabaza

Ingredientes
Para 4 personas

½ kg de calabaza
media cebolla
6 champiñones
1 patata mediana

8 huevos
salsa de tomate
aceite de oliva
sal

Elaboración

1. Pela la calabaza y las patatas y córtalas en láminas.

2. Pela la cebolla y córtala en medios aros.

3. Fríe la calabaza, la patata y la cebolla en una sartén con abundante aceite.

4. Escurre el aceite de la fritura colocando los ingredientes sobre un plato cubierto con papel de cocina absorbente.

5. En un bol casca y bate los huevos y mézclalos con las verduras fritas. Sazona la mezcla.

6. Cuaja la tortilla en una sartén con un poco de aceite de oliva.

7. Por otro lado, saltea en una sartén los champiñones, previamente limpios y cortados en láminas y añade la salsa de tomate. Deja hervir esta mezcla unos minutos.

8. Sirve la tortilla en una fuente acompañada de la salsa de champiñones y ¡disfrútala!

Tortilla de manzana y beicon

Ingredientes
Para 4 personas

2 manzanas «verde doncella»   8 huevos
2 patatas pequeñas   aceite de oliva
4 lonchas de beicon   sal

Elaboración

1. Pela las patatas, lávalas y trocéalas.
2. En una sartén con aceite de oliva rehoga las patatas.
3. Pela las manzanas y trocéalas como si fueras a hacer una tortilla de patatas.
4. Rehoga la manzana en otra sartén aparte con un poco de aceite de oliva.
5. Escurre el aceite de la manzana y la patata dejándolas reposar sobre un plato cubierto con papel de cocina absorbente.
6. Casca en un bol los huevos, bátelos e incorpora a éstos la manzana y la patata.
7. Agrega también al bol el beicon cortado en tiritas. Mézclalo todo muy bien y sazona el conjunto.
8. A continuación, echa una pequeña cantidad de aceite en una sartén puesta al fuego y, cuando el aceite esté caliente, incorpora la mezcla anterior y cuaja la tortilla.
9. Da la vuelta a la tortilla para cuajarla por el otro lado.
10. Sirve la tortilla en un plato y ¡listo!

Tortilla de puerros con queso Camembert crujiente

Ingredientes
Para 4 personas

4 puerros grandes
10 huevos
aceite de oliva
1 cucharadita de levadura
1 calabacín
12 lonchas de beicon

orégano
sal en escamas
250 g de queso de Camembert
harina
pan rallado
sal

Elaboración

1. Mete el queso de Camembert en el congelador para que se endurezca.

2. Lava y corta en rodajas finas la parte blanca del puerro y póchala en una sartén puesta al fuego con aceite de oliva.

3. Cuando el puerro esté blando y con un poco de color, retíralo del fuego. Escúrrelo sobre un plato con papel absorbente y sazónalo.

4. Bate ocho huevos en un bol y añádeles una cucharada de levadura y el puerro pochado. Mézclalo todo muy bien.

5. En otra sartén con un poco de aceite, vierte los ingredientes del bol y cuaja la tortilla.

6. Por otro lado, pon otra sartén al fuego con un poco de aceite y dora el beicon, espolvoreándolo con orégano y sal en escamas.

7. Lava y corta el calabacín en tiras finas y saltéalas con un poco de aceite de oliva en una sartén. A continuación sazona el calabacín, retíralo del fuego y resérvalo.

8. Saca el queso del congelador, córtalo en forma de triángulos y pásalos por harina, huevo batido y pan rallado.

9. En otra sartén puesta al fuego y con el aceite muy caliente, fríe los triángulos de queso rebozados.

10. Para terminar el plato, sirve la tortilla en una fuente y acompáñala con el beicon y el queso.

11. ¡Disfruta el plato!

Tortilla de verduras

Ingredientes
Para 4 personas

1 patata
100 g de guisantes frescos
1 pimiento verde
1 calabacín pequeño
1 butifarra blanca

8 huevos
200 g de salsa de tomate
aceite de oliva
sal

Elaboración

1. Pon una sartén al fuego con abundante aceite y caliéntalo a fuego medio.

2. Pela la patata, lávala y córtala en trozos. Una vez troceada, incorpórala a la sartén.

3. Lava el pimiento verde, córtalo en dados y añádelo a la sartén.

4. Sazona la patata y el pimiento.

5. A continuación, lava y trocea el calabacín y agrégalo también a la sartén.

6. Incorpora unos guisantes y deja que se pochen junto con el resto de las verduras.

7. Agrega la carne de la butifarra picada y fríela.

8. Por otro lado, casca y bate los huevos en un bol.

9. Una vez pochadas las verduras y frita la butifarra, retira ambos ingredientes del fuego dejando que escurran sobre un plato con papel absorbente. Cuando se hayan escurrido, vuelve a incorporarlos a la sartén y agrega también los huevos batidos. Rectifica de sal si fuera necesario.

10. Aprovecha un poco del aceite ya utilizado de las verduras para cuajar la tortilla.

11. Dora y cuaja la tortilla por ambos lados.

12. Por último, sirve la tortilla en una fuente acompañada con un poco de salsa de tomate frito previamente calentada y con un hilo de aceite de oliva virgen.

Tortilla paisana

Ingredientes
Para 4 personas

2 patatas
1 pimiento verde
media cebolla
100 g de guisantes en conserva
medio tomate rallado

1 chorizo fresco o butifarra
8 huevos
aceite de oliva
sal

Elaboración

1. Pela las patatas, lávalas y trocéalas para hacer una tortilla.

2. Incorpora las patatas a una sartén con aceite caliente puesta al fuego.

3. Pela y pica la cebolla y el pimiento verde. Incorpóralos a la sartén. Trocea el chorizo y añádelo también.

4. Por otro lado, casca y bate los huevos en un bol.

5. Una vez pochadas las patatas y las verduras y, frita la butifarra, retira estos ingredientes del fuego y ponlos a escurrir sobre un plato cubierto con papel de cocina.

6. Introduce a continuación estos ingredientes en un bol.

7. Añade también el tomate rallado y sazona.

8. Mezcla bien todo el conjunto y añade los guisantes.

9. En una sartén puesta al fuego con un chorro de aceite bien caliente echa la mezcla del bol y cuaja la tortilla por ambos lados.

10. Sirve la tortilla en una fuente y ¡listo!

Tortilla rebozada
(plato de aprovechamiento de restos)

Ingredientes
Para 4 personas

1 tortilla de patata
2 dl de caldo
2 pimientos rojos
perejil
1 dl de cerveza

harina
2 huevos
1 cabeza de ajo
aceite de oliva virgen extra
sal

Elaboración

1. Corta la parte de arriba del pimiento rojo y elimina las semillas.
2. Coloca el pimiento ya limpio en un recipiente y añádele sal y aceite.
3. Calienta el recipiente 6 minutos en el microondas al 100 % de su potencia.
4. Calienta la cerveza en un cazo puesto al fuego, incorpora cuatro dientes de ajo pelados y deja que se evapore el alcohol.
5. Añade el caldo al cazo e introduce la tortilla de patata troceada.
6. Cocina todos los ingredientes durante 15 minutos al fuego.
7. Saca los trozos de tortilla del cazo y sécalos con la ayuda de papel de cocina.
8. Incorpora perejil picado a un bol con el huevo batido.
9. Pasa los trozos de tortilla por harina y huevo batido y dóralos en una sartén puesta al fuego con aceite de oliva.
10. Saca el pimiento rojo del microondas y córtalo en tiras.
11. Sirve el pimiento en el centro del plato como guarnición de la tortilla rebozada y decórala con perejil.
12. ¡El plato está listo!

Tortillas de calabaza y berenjena

Ingredientes
Para 4 personas

200 g de calabaza
1 berenjena pequeña
1 patata
1 chalota (una especie de ajo)

8 huevos
aceite de oliva
salsa de tomate
albahaca fresca

Elaboración

1. Pela la patata, la calabaza, la chalota y la berenjena y córtalas en dados.

2. En una sartén con abundante aceite, fríe los ingredientes anteriores y no los retires del fuego hasta que estén tiernos y ligeramente dorados.

3. Una vez fritas las verduras y las patatas, deja que reposen en un plato con papel de cocina absorbente para que suelten el aceite sobrante.

4. Por otro lado, casca y bate los huevos en un bol e incorpora las verduras frías. A continuación, mézclalo todo muy bien y sazónalo.

5. Vierte pequeñas cantidades de la mezcla anterior en una sartén caliente formando las tortillas.

6. Asimismo, calienta la salsa de tomate en un cazo puesto al fuego y échale albahaca fresca picada por encima.

7. Sirve las tortillas con la salsa de tomate en una fuente y ¡disfruta el plato!

Tortillas de pasta

Ingredientes
Para 4 personas

300 g de tallarines (pasta fresca)   6 huevos
100 g de beicon   50 g de queso curado
1 tomate   aceite de oliva
2 ajos   sal

Elaboración

1. Cuece los tallarines en abundante agua hirviendo con sal.

2. Una vez cocidos, escúrrelos y resérvalos.

3. Lava y corta el tomate en dados.

4. Corta el beicon en tiras y saltéalo en una sartén con aceite puesta al fuego.

5. Incorpora a la sartén los dados de tomate, sofríelos y cuando estén cocidos, agrega los tallarines.

6. Retira la sartén del fuego y deja enfriar su contenido.

7. Por otro lado, bate los huevos en un bol y agrega la pasta con el beicon y el tomate y mezcla todo el conjunto.

8. Unta una sartén con un diente de ajo para aromatizar y cuaja las tortillas echando pequeñas cantidades de la mezcla.

9. Ralla queso por encima de las tortillas una vez las hayas cuajado y gratínalas en el horno durante 2 minutos.

10. Sirve las tortillas al instante.

Tortillas de San José

Ingredientes
Para 4 personas

400 g de miga de pan duro
2 huevos
1 ajo
perejil picado
leche para rebajar la masa
1 l de caldo de ave

1 pimiento choricero
pan rallado
2 ajos
harina
aceite de oliva virgen extra
sal

Elaboración

1. Pon en remojo en un bol con agua el pimiento choricero.
2. En otro bol casca los huevos y mézclalos con un poco de pan rallado.
3. Añade a la mezcla anterior un poco de leche y vuelve a mezclarlo todo.
4. Agrega un ajo picado, perejil y más leche.
5. Sazona la mezcla y déjala reposar.
6. Con una puntilla (si no tuvieras una puntilla utiliza un tenedor) saca la carne del pimiento choricero.
7. Sofríe el otro ajo picado en una olla puesta al fuego con aceite de oliva.
8. Agrega a la olla la carne de pimiento choricero y rehoga el conjunto.
9. Echa también un poco de harina y sigue rehogando.
10. Añade por último el caldo de ave y deja que cueza.
11. En una sartén con un poco de aceite de oliva, fríe porciones de la masa preparada para hacer las tortillas.
12. Cuando las tortillas se hayan dorado, sécalas (que escurran el aceite que les sobre de la fritura) e introdúcelas en la olla con el caldo de ave.
13. Deja que las tortillas se cocinen unos instantes y sírvelas a continuación en un plato sopero.

Tosta de jamón de pato y aguacate

Ingredientes
Para 4 personas

1 barra de pan de baguette
8 lonchas de jamón de pato
1 aguacate

1 lata de paté
unos tomates cherry

Elaboración

1. Corta la barra de pan de baguette en rebanadas y tuéstalas.

2. Corta el aguacate en dos mitades, quítale la semilla y corta la pulpa (carne) en láminas finas.

3. Unta cada rebanada de pan tostado con un poco de paté y encima de éste coloca unas láminas de aguacate y dos lonchas de jamón de pato.

4. Por último, lava y corta los tomates cherry en dos y decora cada tosta con medio tomate cherry.

5. Sirve las tostas de jamón de pato y aguacate en una fuente y ¡disfrútalas!

Tostadas de gambas y gulas al ajillo

Ingredientes
Para 4 personas

8 rebanadas de pan de molde
200 g de gambas
1 guindilla
200 g de gulas

1 ajo
medio bote de mayonesa
perejil picado

Elaboración

1. Tuesta las rebanadas de pan en un tostador o en una sartén al fuego.

2. Pela las gambas.

3. Pela el ajo y pícalo.

4. En una sartén puesta al fuego con aceite, rehoga el ajo picado, la guindilla, las gulas y las gambas peladas. Retira la guindilla antes de que el resto de los ingredientes se hayan rehogado.

5. A continuación, unta cada rebanada de pan con un poco de mayonesa y coloca encima de cada una de ellas las gambas y las gulas rehogadas con el ajo.

6. Sirve los canapés en una fuente y decora con perejil picado.

Tostas a la italiana

Ingredientes
Para 4 personas

1 barra de pan de baguette
1 kg de tomates
1 diente de ajo
300 g de queso mozzarella

aceite de oliva
orégano
sal

Elaboración

1. Corta la barra de pan de baguette por la mitad y parte cada una de ellas en dos mitades.

2. Pon las cuatro rebanadas de pan a tostar en una sartén.

3. Por otro lado pela un diente de ajo.

4. Cuando las cuatro mitades de la baguette estén tostadas, sácalas de la sartén y úntalas con el diente de ajo.

5. Lava los tomates y córtalos en rodajas muy finas.

6. Corta también el queso mozzarella en rodajas muy finas.

7. Encima de las mitades de pan tostado, pon un piso de rodajas de tomate con un poquito de sal y un chorrito de aceite de oliva. Sobre el tomate, incorpora el queso mozzarella y vuelve a regar el conjunto con otro chorrito de aceite de oliva. Termina la elaboración de las tostadas espolvoreando sobre cada una de ellas un poquito de orégano.

8. Coloca las cuatro tostadas en un fuente y ¡disfrútalas!

9. Otra alternativa para preparar este plato es poner los ingredientes sobre las cuatro rebanadas de pan y hornearlas 5 minutos con el grill del horno. De esta forma, al mismo tiempo que se tuesta el pan, la mozzarella se derrite y el tomate se asa ligeramente.

Tostas de chipis con habitas

Ingredientes
Para 4 personas

1 barra de pan de chapata
1 bote de habitas tiernas
1 lata de chipirones
1 puerro

1 cebolleta
unos tacos de jamón serrano
aceite de oliva

Elaboración

1. Corta el pan en rebanadas y tuéstalas.

2. Limpia y pica el puerro y la cebolleta.

3. A continuación, rehoga el puerro y la cebolleta picados en una sartén con aceite de oliva.

4. Escurre tanto las habitas como los chipirones de sus líquidos de conserva e incorpora ambos a la sartén.

5. Añade a la sartén los tacos de jamón serrano.

6. Por último, coloca las rebanadas de pan de chapata tostadas en una fuente y encima de cada una de ellas sirve un poco de la mezcla salteada en la sartén.

7. ¡Disfruta el plato!

Tostas de jamón de pato, champiñones, espinacas y huevos fritos de codorniz

Ingredientes
Para 4 personas

4 rebanadas de pan de baguette
12 lonchas de jamón de pato
4 champiñones
8 hojas de espinaca cruda

4 huevos de codorniz
aceite de oliva
cristales de sal

Elaboración

1. Tuesta en un tostador o en una sartén al fuego, las rebanadas de pan de baguette.

2. Lava las hojas de espinaca.

3. Lava los champiñones, córtalos en láminas y saltéalos ligeramente en una sartén con un poquito de aceite de oliva.

4. Pon otra sartén al fuego, fríe los huevos de codorniz, uno por uno, con aceite caliente.

5. Coloca encima de cada rebanada de pan, tres lonchas de jamón de pato.

6. Encima del jamón de pato, pon unas hojas de espinaca y unos cuantos champiñones salteados.

7. Para coronar las rebanadas de pan, incorpora sobre los ingredientes anteriores un huevo frito de codorniz por persona y, sobre éstos, unos cristales de sal.

8. Sirve las tostas en una fuente y llévalas rápido a la mesa para que no se enfríen.

Tostas dulces de queso manchego

Ingredientes

Para 4 personas

1 barra de pan de baguette
1 cuña de queso manchego
   semicurado
100 g de membrillo

100 g de nueces peladas
1 tomate maduro
aceite de oliva virgen extra

Elaboración

1. Corta el pan de baguette en rebanadas y tuéstalas.

2. Lava y ralla el tomate, con la ayuda de un rallador y mézclalo en un bol con un poco de aceite de oliva virgen.

3. Corta en láminas el queso y el membrillo.

4. Unta cada rebanada con la mezcla de tomate y aceite del bol.

5. Coloca encima de cada una de las rebanadas de pan tostadas unas láminas de queso y de membrillo.

6. Decora cada tosta con unas nueces picadas.

7. Por último, sirve las tostas en una fuente y ¡a la mesa!

Tranche de frutas rojas y crema pastelera

Ingredientes
Para 4 personas

masa de hojaldre congelada
frutas frescas (frutas rojas, kiwi,
    plátano, etc.)
100 g de confitura de frutas
    rojas

Para la crema pastelera
6 yemas de huevo
100 g de azúcar
40 g de harina de maíz
600 ml de leche

Elaboración

1. Estira el hojaldre con un rodillo sobre una superficie enharinada (si no tuvieras rodillo utiliza una botella o un vaso de tubo).

2. A continuación, forra un molde de tarta con el hojaldre.

3. Hornea el hojaldre con algo de peso por encima en el horno a 180 °C durante 15 minutos y, una vez cocinado, déjalo reposar y que se enfríe.

4. Por otro lado, prepara la crema pastelera con las yemas de huevo, el azúcar, la harina de maíz y la leche. Incorpora todos estos ingredientes en un cazo puesto a fuego moderado y deja que se cocinen hasta que la mezcla espese. Una vez haya espesado, retira el cazo del fuego y deja que la crema se enfríe.

5. Rellena el hojaldre con la crema pastelera y coloca encima la fruta pelada y troceada.

6. En otro cazo puesto al fuego, pon a calentar la confitura con agua y cuando la salsa esté preparada, sírvela por encima de la fruta de forma tamizada (pasada por un colador).

7. Por último, desmolda el pastel y deja que se enfríe antes de servirlo.

Verduras al gratén

Ingredientes
Para 4 personas

1 brécol pequeño
medio manojo de espárragos
   verdes
1 berenjena pequeña
2 ajos
50 g de mantequilla
50 g de harina

6 dl de leche
nuez moscada
pimienta blanca
un trozo de queso parmesano
aceite de oliva
sal

Elaboración

1. Cuece el brécol en un cazo puesto al fuego con agua hirviendo y sal.

2. Una vez se haya cocido el brécol, escúrrelo y córtalo en troncos pequeños.

3. Trocea y rehoga los espárragos y las berenjenas en una sartén puesta al fuego con aceite.

4. Pela y pica el ajo.

5. Añade a la sartén el brécol y el ajo picado y saltea ambos ingredientes 1 minuto.

6. Rehoga la harina en un cazo puesto al fuego con la mantequilla, añade la leche y deja que el conjunto hierva hasta que la bechamel quede suave y sin grumos (unos 10 minutos a fuego suave).

7. Condimenta la bechamel con sal, pimienta y nuez moscada.

8. Por último, coloca las verduras en una fuente de horno, cúbrelas con la bechamel, añade el queso rallado y gratina el plato en el horno.

9. Sirve las verduras en una fuente y ¡disfrútalas!

Verduras crujientes con crema agria

Ingredientes
Para 4 personas

6 espárragos verdes
1 calabacín
1 berenjena
crema agria
hierbas aromáticas al gusto

aceite de oliva virgen extra
huevo batido
pan rallado
pimienta
sal

Elaboración

1. Lava bien las verduras (los espárragos verdes, el calabacín y la berenjena) y córtalas en bastones.

2. Pon un cazo al fuego con agua salada a hervir y cuando el agua esté hirviendo incorpora las verduras 2 minutos y luego retíralas.

3. En un bol prepara una salsa con la crema agria, un poco de sal, un poco de pimienta y las hierbas aromáticas picadas. Una vez incorporados todos los ingredientes, mézclalos muy bien.

4. Cuando hayas sacado las verduras del agua, escúrrelas y sécalas con un paño de cocina. A continuación, pásalas por huevo batido y pan rallado.

5. En una sartén con aceite caliente fríe las verduras. Cuando se hayan frito deja que suelten el aceite sobrante colocándolas sobre un plato cubierto con papel de cocina.

6. Para terminar, coloca las verduras en una fuente y, en un cuenco aparte, sirve la salsa de crema agria como acompañamiento.

7. ¡El plato está listo!

Vieiras asadas con boletus

Ingredientes
Para 4 personas

4 vieiras
200 g de boletus (tipo de
   hongo)
1 dl de cava o vino espumoso

cebollino picado
aceite de oliva
sal

Elaboración

1. Limpia bien los boletus y separa los tallos de los «sombreros» de estos hongos.

2. Pica los tallos y rehógalos en una sartén con un poco de aceite; una vez rehogados, cúbrelos de agua y déjalos hervir durante 5 minutos.

3. A continuación, con la batidora tritura los tallos rehogados, cuela la salsa resultante y ponla a reducir en un cazo al fuego.

4. Lamina los «sombreros» de los hongos y saltéalos 2 minutos en otra sartén con un poco de aceite. A continuación sazónalos.

5. Por otro lado, en otra sartén asa las vieiras limpias y sazonadas durante 2 minutos.

6. Espolvorea cebollino picado sobre las vieiras.

7. Incorpora por último el cava y deja reducir hasta que se consuma casi todo el líquido.

8. Coloca en un plato las vieiras acompañadas de los hongos rehogados y salséalas con la salsa de boletus.

Zumo de frutas tropicales

Ingredientes
Para 4 personas

2 mangos
media piña

cubitos de hielo
75 g de azúcar

Elaboración

1. Pela los dos mangos y la media piña con la ayuda de un cuchillo.

2. Cuando hayas pelado los mangos y la piña, introduce su carne (pulpa) en el vaso de la batidora y tritúralo todo muy bien.

3. Añade a la mezcla anterior los cubitos de hielo y, con la ayuda de batidora, tritura de nuevo toda la mezcla.

4. Sirve el zumo en cuatro copas y llévalo rápido a la mesa para tomarlo fresquito.

Zumo de naranja y zanahoria

Ingredientes
Para 4 personas

4 naranjas
4 mandarinas
4 zanahorias

50 g de azúcar
cubitos de hielo

Elaboración

1. Corta las naranjas y las mandarinas por la mitad y exprime su zumo con la ayuda de un exprimidor.

2. Pela las zanahorias y, a continuación, saca algunas tiras con un «pelaverduras» y resérvalas.

3. Trocea la zanahoria restante con un cuchillo.

4. Tritura, con la ayuda de un triturador de cocina o una batidora, el zumo de las naranjas y las mandarinas con la zanahoria partida en trozos y el azúcar.

5. Cuela la mezcla resultante de triturar los ingredientes anteriores.

6. Añade a la mezcla los cubitos de hielo y vuelve a triturarla.

7. Por último, sirve el zumo en cuatro copas y decora cada una con una tira de zanahoria de las reservadas previamente.

8. Es recomendable servir el zumo frío.

Índice

IMPRESO EN LITOGRAFÍA ROSÉS, S.A.
ENERGÍA, 11-27 (POLÍGONO LA POST)
08850 GAVÀ (BARCELONA)